땅의 역사
이야기

• 세상 창조 에세이 •

땅의 역사 이야기

배용찬 지음

태초에 하나님이 천지를 창조하시니라

좋은땅

들어가는 말

태초에 하나님이 천지를 창조하시니라(창 1:1)

자연과학을 전공한 필자는 성경 첫머리에 나오는 이 구절 때문에 오랫동안 절대자 하나님으로부터 멀어져 있었고 또한 이 말씀 때문에 인생이 바뀌는 격변을 겪었다. 도무지 이해가 되지 않았던 일이 어느 날 갑자기 이해되기 시작하면서 바빠지기 시작했다. 이웃에게 이 사실을 알려야 한다는 절박함 때문에 좌충우돌하다 보니 지식의 한계로 주저앉기를 수도 없이 했지만 그때마다 번번이 그 하나님의 소맷자락을 붙잡고 늘어질 수밖에 없었다.

나는 대학에서 땅에 관한 학문을 전공했고 졸업 후 자원해서 강원도 광산현장으로 갔다. 그 현장에서 십수여 년 동안 땅속만 들여다보면서 지하지원탐사에 청춘을 불살랐다. 그때까지 내 지식의 범위는 땅에 대한 애착과 더불어 '지구가 45억 년 전에 생겨났고 인간은 원숭이의 후예'라는 믿음이 확고하였다.

그러나 40대 중반, 이민이라는 격변을 겪으면서 한 세대가 다 갈 동안 나의 땅에 대한 미련은 줄곧 나의 의식 속에서 떠나지 않고 있었다.

그때 절대자 하나님이 찾아 주셨고 그분이 지시하는 대로 살면서 불같은 시간을 보냈다. 은퇴 후 멜본에서 시드니로 이사했지만 땅에 대한 집념은 떨쳐 버릴 수가 없었다.

절대자를 만나는 일을 겪으면서 나는 그에게 내가 배운 땅에 관한 학문과 성경의 가르침이 서로 상반되는 일에 놀라면서 묻고 또 물었다. 그런 후, 이 일을 사람들에게 알려야 한다는 사명감으로 잠을 이룰 수 없게 되었다. 그래서 이에 대한 몇 권의 책을 써 세상에 내놓았지만 사람들은 큰 관심을 보이지 않았다. 인류가 생명을 유지할 수 있는 바탕이며 문명의 발달을 이룬 '땅'에 대한 생각은 그럴수록 나에게는 더욱 중요한 문제로 다가왔다.

그간 호주 기독교계 월간지(크리스챤 리뷰)를 비롯하여 여러 매체에 실렸던 글들을 모아 한 권의 책으로 엮었다. 이 책은 전문적인 지식이나 학술적 논쟁의 대상이 아닌 상식적인 현상들만을 기술하는 데 주력했다. 인생의 마지막에 지녀야 할 신앙적 확신을 심어 주는 데 주안점을 두었기 때문에 일부 학술적인 논증이 부족할 수도 있을 것이며 신앙적 사관이 다를 수도 있을 것이다.

기독교인이 아닌 사람이 이 글을 읽기는 쉽지 않을 것이다. 현대과학에 세뇌되어 있는 지식으로는 황당한 논설로밖에 보이지 않을 것이지만 사고의 영역을 넓혀서 읽어 보면 새로운 세계를 경험하게 될 것이다. 역사 이래로 인류에게 가장 많이 읽힌 성경을 바탕으로 한 글이기 때문에 가볍게 여길 일이 아니라는 점을 강조하고 싶다.

이제 내 나이 80을 넘어섰다. 앞에 남아 있는 시간이 얼마 남지 않은 듯하여 속이 타 들어가고 있다. 진화론으로 세상을 휘젓고 있는 나의 후배들이 세상 사람들에게 환호와 갈채를 받으며 세상의 진리에 반하는 모습에 더 큰 좌절을 맛볼 때마다 나의 마음은 그만큼 더 조급해지고 있다. 사람들이 진리에 조금이라도 가까이 갈 수 있는 길을 만들어 보려고 하는 일에 작은 보탬이 되기를 기원하면서 이 글을 세상에 내어 놓는다.

| 차 례 |

3부 땅에 새겨진 하나님의 흔적들

1부

땅의 첫 모습,
땅의 시작

사람들은 하나님 만나기를 어려워한다. 눈에 보이지도 않으며 가까운 거리에 있지도 않고 어쩐지 두렵기도 하여 쉽게 다가갈 수 있는 존재로 여기지 않는다. 그러나 가까이 가기로 작정하고 보면 그렇게 쉽게 다가갈 수 있는 분이 하나님이시다.

그렇게 만나게 된 하나님과 교제하다 보면 성경은 그분의 치밀하신 계획과 질서가 담겨 있는 역사서이며 과학서이고 그 분의 크신 경륜과 사랑이 배어 있는 대서사시라는 것을 알게 된다. 특별히 첫머리에 있는 창세기는 긴 여정의 출발점이다.

읽으면 읽을수록 기막힌 질서가 그 속에 있고 놀랄 만한 과학이 담겨 있는 기록임을 확인하게 된다. 하늘과 땅을 먼저 만드시고 그 공간을 물과 물로 그리고 식물과 해와 달로 채우신 후 마지막으로 동물과 인간을 설계하신 경륜에 감탄하면서 그 속을 하나씩 더듬어 가게 마련이다.

이렇게 창세기 1장의 기록은 하늘과 땅을 만드신 일부터 시작한다. 이 일이야말로 기적 중의 기적이다. 이 기적을 인정하면 성경 66권에 나타나는 모든 기적이 이해되지 않을 수 없다. 사람들은 첫 번째 기적을 이해한다고 하면서도 모세가 홍해를 가른 사실을 믿으려고 하지 않고 예수가 물 위를 걸은 사실에 시비를 걸고 나선다.

세상에 죄악이 가득할 때 늘 하나님과 동행하던 노아 가족만이 하나님의 눈에 찼다. 그래서 하나님은 노아 가족만 빼고 사람으로부터 육축과 기는 것과 공중의 새까지 모두 지면에서 쓸어버리면서 세상을 다시 여신 사건이 홍수 사건이다. 사람들은 이 사건을 지구의 한 모퉁이에서 일어난 한 작은 일로 치부하며 대수롭지 않게 여긴다. 그러나 인류가 노아 가족 여덟 명으로부터 다시 시작하고 문명을 일으킨 이 사건이야말로 인류 역사에 큰 획을 긋는 대사건이 아닐 수 없다.

사람들은 세상이 오랜 시간 동안 우연히 지금과 같이 변해 왔다고 우기면서 도무지 믿으려고 하지 않는다. 맘모스화석이 한꺼번에 발견되어도 그 동물이 살았던 곳에서 자연적으로 묻혀 있었던 것이라고 하고 살아 펄떡거리는 모습의 물고기화석을 보고는 1억 년 전에 살았던 어류라고 한다. 홍수로 세상을 바꾸는 일도, 지구에 살고 있는 모든 생물의 역사도 모두 하나님의 원대한 계획 속에서 이루어지고 있음을 우리는 홍수의 증거를 보고 추측할 수 있다. 하나님은 처음부터 지금까지 한순간도 우리 곁을 떠나지 않으시며 영원까지 동행하시는 분이시기 때문이다.

1장
땅의 첫 모습들

1. 처음의 3일

발을 디디며 살고 있는 곳이 땅이다. 더 넓은 범위로 보면 육지이고 이 육지를 형성하고 있는 부분과 바다를 이루고 있는 부분 모두를 합하여 지구라는 행성으로 불린다. 이 땅은 생존의 바탕이며 생육하고 번성하는 기본 터전이므로 사람들은 이 땅이라는 존재를 너무 소홀히 생각하면서 그 위에서 살고 있다.

땅은 사람들이 살아가는 데 필요한 모든 것을 제공하는 원천지이기도 하지만 여기서 나오는 더러운 것, 썩은 것들을 모두 버리는 곳이기도 하다. 그렇기 때문에 땅은 사람에게 모든 것을 주기도 하지만 고통과 고독, 절망까지도 받아들여 죽어서 가는 곳도 땅이다. 사람은 그런 땅의 고마움을 모르고 살지만 땅은 더 이상 내려갈 수 없을 만큼 맨 아래에 있어 인간 문명의 기본바탕이 된 주체이기도 하다.

중세 이전 사람들은 이 땅을 매우 제한적으로 인식하고 있었다. 인도 사람들은 코끼리 네 마리가 사방 귀퉁이를 떠받치고 있다고 생각했으며 그리스 사람들은 아틀라스신이 땅 밑에서 붙잡고 있다고 생각했고 일본 사람들은 물고기가 그 역할을 하고 있다고 여겼다.

350년 전 영국의 물리학자 뉴턴(I. Newton, 1643-1727)이 지구에 만유인력이 있음을 증명하여 현대과학의 발전에 크게 이바지하였으나 이보다 훨씬 전인 3,500년 전 '욥'이라는 사람은 하나님이 북쪽을 허공에 펴시며 땅을 아무것도 없는 곳에 매단다고 설파하고 있는 것은 가히 혁명적이다. 땅 혹은 육지는 강이나 바다와 같이 물이 있는 곳을 제외한 지구의 표면을 말한다.

땅을 '뭍'이라고도 하는데, 뭍은 땅 중에서도 섬이 아닌 본토를 주로 가리킨다. 역사상 인간의 활동 대부분은 이 땅 위에서 이루어졌으며 문명이 시작되고 역사가 이어지는 토대이기도 하였다. 지구의 표면적은 약 5억 1,000만 ㎢이며 이 중 해양은 3억 6,000㎢를 넘어 지구 표면의 약 70%를 차지한다. 육지의 평균고도는 823m이고, 바다의 평균심도는 약 3,795m이다.

세상이 처음 만들어질 때 땅에는 아직 생물이 없어 혼돈하고 공허하였다. 다만 물로 감싸여 있어 어두움이 깊이 휘감고 있었다. 그러던 곳에 빛이 생겨났고 땅 위의 물이 갈라지며 궁창을 가운데 두고 궁창 위의 물과 궁창 아래의 물로 나눠지면서 하늘이 나타났다.

얼마 후, 물속에 있던 한 덩어리의 땅(원시대륙, Rodinia)이 솟아올라와 큰 육지가 생겼다. 땅이 처음 생겨나 그 위에 식물이 나타나서 번성하기 시작한 이때가 창조 3일째가 되는 날이다. 이날까지를 현대 지질학에서는 생물이 전혀 살지 않았던 고생대 이전시대인 선캄브리아기(Pre-Cambrian Period)로 구분하고 있다.

처음에는 주로 현무암이라는 암석으로만 되어 있던 땅의 표면이 부스러져 흙이 되면서 울퉁불퉁하게 변하게 되었다. 바닷속 모습은 물결의 운동으로 더욱 변화를 받아 두께가 1,000m정도의 퇴적물이 쌓이게 되고 육지에 가까울수록 그 두께는 더 얇아지는 경향이 있다. 이 암석들은 바닷물과 지하수의 영향으로 수권(Hydrosphere)을 이루게 되고 그 위에 수증기를 포함하는 기권(Atmosphere)이 자리를 잡음으로서 땅의 모습은 조금씩 바뀌게 되었다.

이 땅에는 비가 오지 않고 안개만 올라와 온 지면을 적시고 있어서 각종 식물이 무성하게 자랄 수 있는 온화한 기후와 습도가 유지되었고 후에 아름다운 꽃과 열매가 풍성한 녹색장원의 바탕이 되었다. 이 원시대륙에는 소규모의 퇴적지층과 처음으로 식물화석만 발견되고 있는 것은 땅이 상승하면서 물의 흐름에 따라 만들어진 퇴적지층과 그 위에 번성했던 식물들의 흔적들이다.

2. 그다음의 3일

하늘이라는 빈 공간에 크고 작은 두 개의 광명체가 나타나면서 큰 광명체는 태양으로 낮을 주관하게 하고 작은 광명체는 달로 밤을 주관하게 하는 역할분담이 이루어진 것은 처음의 3일이 지난 4일째의 일이었다. 이로서 낮과 밤이 구분되면서 빛과 어둠이 나누어지고 계절과 날과 해를 구분하는 기준이 되었다.

지구를 중심으로 두 광명체가 주위에 위치한 것은 실로 신묘막측한 배열이 아닐 수 없다. 태양은 부피로 보면 달의 6,400만 배이지만 지구에서 태양까지의 거리가 지구에서 달까지 거리의 400배이며 지름은 태양이 달에 비해 400배 크다는 것은 시사하는 바가 크다.

이들 두 광명체의 크기가 이렇게 달라도 지구에서 보는 크기는 거의 같아 보이는 것은 절묘한 공간거리 때문이며 개기일식현상이 이를 증명하고 있다. 이뿐만 아니라 우주에 넓게 분포되어 있는 별 역시 그 크기가 천차만별이나 우리 눈으로 보는 별은 그 별이 그 별같이 같은 크기로 보인다. 다만 태양과 달만 이들 별과 달리 보이는 현상은 이들이 인간에게 미치는 영향이 지대하기 때문이다. 태양을 중심으로 그 주위를 돌고 있는 아홉 개의 행성은 그 성상이 모두 다르다. 암석행성이 4개, 기체행성이 3개 그리고 얼음행성이 2개로 다양한 것은 그 생성원인이 빅뱅이라는 한 물질에서 출발한 것이 아님을 강력하게 시사하고 있다.

낮과 밤 그리고 해와 달의 변화가 시작된 환경에서 바다에서는 물고기를, 하늘에는 나는 새가 나타나 빈 공간을 채우면서 살아 움직이는 동물들이 처음으로 생겨 생육하고 번성하는 계기가 되었다. 이로서 지구의 낙원인 땅에서 일어날 일들을 모두 준비된 때가 된 것이다.

땅에는 이미 식물이 있었고 이 푸른 장원에 가축과 기는 것 그리고 땅의 짐승들이 들어서게 된다. 지질학에서는 고생대가 시작되는 캄브리아기(5억 4천만 년 전)에 들어오면서 지층 안에 화석이 폭발적으로 나타나기 시작하므로 '캄브리아기 대폭발(Great Cambrian Explosion)'이라고 부르고 있다. 이는 식물을 바탕으로 하는 동물들의 번성이 활발한 창조 5일째를 거치면서 땅은 지금의 모습을 갖추게 된 최초의 모습을 그렇게 부르고 있는 것이다.

모든 환경조건이 다 갖추어지면서 드디어 그 땅의 주인인 사람이 등장한다. 그 사람은 창조주 하나님과 닮은 모양으로 나타나 먼저 생겨난 바다의 물고기와 하늘의 새 그리고 온 땅의 기는 모든 동물들과 함께 살게 된다. 이 사람에게는 특별한 권한이 주어진다. 무생물인 땅은 정복하고, 살아 움직이는 생물에게는 다스릴 권한을 가지게 된다.

생물과 무생물 모두를 사람의 권한 아래에 둔 것은 보통의 특권이 아니다. 다만 먹거리를 식물로 제한한 것은 이 낙원에서 서로 어울려 평화롭게 살아가도록 하기 위한 배려였을 것이다. 이렇게 창조주는 6일 동안 온 세상을 창조한 것이다.

지구라는 행성의 모체가 된 땅과 바다의 형성과 그 위에 있는 식물과 동물 그리고 인간의 출현을 현대과학은 지질학을 위시하여 고고학, 천체물리학 그리고 고생물학이라는 학문으로 그 실체를 규명하려고 많은 노력을 경주해 왔다. 분야마다 많은 과학적 진전이 있었으나 창조주의 존재를 무시하는 전제하에서 결론에 이르기는 불가능하다.

그때 그 당시의 일을 직접 보고 느꼈던 사람이 없었기 때문에 모든 것을 인간의 추측에 의해 도출되는 과학의 결과는 완전할 수 없다. 다만 모든 일을 직접 계획하시고 주관하신 절대자 하나님이 이 일을 하셨다는 성경기록을 믿고 이해하는 편이 훨씬 과학적이라고 말할 수 있을 것이다.

3. 처음사람과 에덴동산

하나님이 하늘과 땅을 만드셨던 그때에는 땅에는 비가 내리지 않앗고 안개만 올라왔다. 하나님이 그 땅(Adamah)의 흙(Aphar)으로 사람(Adam)을 지으신 후 코에 생기를 불어넣으시니 살아 있는 혼(Living Soul)이 되었다. 그가 첫 사람 아담(Adam)이다.

하나님은 그를 위하여 동방의 에덴에 동산을 만드셨는데 지금의 예루살렘 모리아산 인근으로 추정되고 있다. 그곳에는 각종 나무를 비롯한 풍성한 초목으로 된 녹색의 장원으로 이루어져 있어 각종 동물과 함께 인간이 살아갈 수 있는 가장 이상적인 환경이었을 것이다.

그러나 에덴동산의 위치는 현재로서는 확인되지 않고 있다. 다만 에덴에서 나오는 강이 4개의 강으로 나눠졌다고 되어 있기 때문에 에덴이 주변 지역보다 더 높아야 한다는 점을 감안하면 네 개의 모든 강들이 동일한 원천에서 제각각의 길로 흘러 나가는 강을 설명하고 있는 것이 분명하다.

혼자 있는 아담을 측은히 여기신 하나님은 돕는 배필을 두기 위해 갈비뼈 하나로 인류 최초의 유전공학적 기법을 활용하여 하와를 만드신 후 그를 아담에게 이끌어 주니 둘이 한 몸이 되면서 인류 최초의 부부를 기본으로 하는 가정이 시작되었다. 이들은 벗었으나 부끄러워하지 않았으니 하나님이 늘 함께하신 때였기 때문이다. 갈비뼈는 인체 중 감수분열(세포분열)이 가장 왕성한 부위임이 현대의학이 증명하고 있다.

동산 중앙에는 먹음직도 하고 보임직도 하며 탐스럽기도 한 생명나무와 선악을 알게 하는 두 나무가 있었으나 간교한 뱀의 유혹에 넘어간 아담과 하와는 선악나무의 열매를 따 먹음으로서 인간의 원죄가 시작되는 시발점을 만들었다. 뱀은 머리에 제이콥슨기관(Jacobson)이라는 감각기관이 있어 땅의 먼지를 분석하여 흙(Aphar)을 먹는 운명이 되었다.

이로서 하와는 임신의 고통을, 아담은 땀을 흘려야 먹고 살 수 있는 운명이 정해지게 되었다. 하나님은 이들 부부가 생명나무 열매까지 따 먹고 영생할 것을 염려하여 동산 동쪽에 그룹들과 두루 도는 불 칼을 두어 생명나무를 지키게 하셨다. 그룹은 하나님 주위의 천사들이라기 보다 활용할 수 있는 운반수단일 것이라는 추정을 하고 있다.

이후 아담과 하와 부부는 가인과 아벨 형제를 낳았는데 큰아들 가인 은 농사를 지었고 동생 아벨은 양을 치는 사람이었다. 들에 있을 때 형 가인은 동생 아벨을 돌로 쳐 죽여 인류 최초의 살인이 일어났다. 이로 인해 가인은 땅의 저주를 받아 땅에서 유리하는 자가 되었지만 그 역 시 에녹, 라멕, 두발가인 등 많은 후손을 두면서 한 민족을 이루게 되 었다.

인류의 첫 사람 아담 부부의 실제 첫 아들 가인은 살인의 자책감으로 자신을 죽일 자를 두려워했는데 하나님은 그에게 표를 주어 죽임을 면 하게 하셨다. 그러나 이 가인은 후일 자신의 후손 라멕에게 살해되는 운명을 맞았다. 두발가인의 누이 나아마는 노아의 아내가 되어 인류의 중시조가 되었다.

한참 후에 아담과 하와 부부는 또 셋이라는 아들을 낳았으니 먼저 죽 은 아벨을 대신하여 다른 씨를 주셨다고 설명하고 있다. 셋은 에노스 를 낳았을 때에 비로소 여호와의 이름을 불렀다. 아담 이후 235년 후 의 일이었다. 그의 후손들은 10대 후손인 노아 때까지 평균 900살을 넘게 살았다는 기록으로 보아 인간의 수명은 원래 약 1천 년 정도가 아 니었을까 하고 추정해 본다.

4. 그 땅에 사람들이 번성하다

푸른 낙원에서 땅의 흙으로 지어진 처음사람 이후 한참의 세월이 흘렀다. 첫 사람 아담과 하와 사이에 많은 자손들이 태어나면서 인류는 번성하기 시작하였다. 하늘에서 비가 오지 않아도 식물들이 성장하기에 최적의 자연조건을 갖추고 있었고 짐승들은 서로 어울려 살았던 이상적인 자연환경 속에서 인류의 중시조였던 노아까지 10대 1,656년 동안 수많은 사람들이 그 땅에 퍼져 살게 되었다.

100년도 채 살지 못하는 지금 사람들에게 당시 이들의 수명은 경이롭다. 거의 1천 년을 살았던 사람들의 기록을 보며 신화나 전설로 여기기 일쑤이다. 그래도 성경기록이니 사실을 믿어 보려고 한 나머지 900세를 90세로 잘못 오기한 것이 아닌가 하는 의심을 하기도 한다. 그러나 이럴 경우 그 자식을 낳은 나이를 계산해 보면 아담은 10살에, 에녹은 6세에 자식을 낳았다는 모순이 생긴다.

당시의 자연조건은 지금과는 판이하게 달랐다. 우선 하늘에는 두터운 물층이 있어 태양으로부터 오는 자외선과 X선, 감마선과 같은 유해광선이 차단되면서 땅에는 기본적인 장수의 조건을 갖추고 있었다. 지구 자기장의 강도 역시 지금보다 몇 배 강하여 인체의 혈액운동이 원활하고 상처의 자연치료 효과도 컸다. 동식물이 살아갈 때 필수요소인 공기 중의 산소는 지금의 배 이상이 되었을 것이고 습도 60-70%, 섭씨 25도 내외의 기온은 최상의 생존환경이었다. 온화한 기후와 생존의 다툼이 필요 없는 사회에서는 노화도 늦추어지게 마련이다.

특히 인체를 노화시키는 주원인이 되는 활성산소가 전혀 없는 조건이라면 사람은 오래 살 수밖에 없는 자연환경이 된다. 아담이 930세를 살았고 일찍이 요절한 에녹(365세)을 제외한 노아의 선대조상 모두 900살을 넘게 살았음을 보면 당시의 사람들은 영생하기 위해 태어난 사람들처럼 보인다. 365세의 최단명으로 살았던 에녹은 969세의 최장수를 누린 무드셀라를 낳아 자신의 짧은 생애를 보상받는 듯했으며 그 무드셀라는 죽기 전 100년 넘게 아들 라멕과 함께 손자 노아의 방주 제작을 돕다가 홍수가 일어나던 해에 죽어 기막힌 한세월을 보냈다.

아담의 10대손 노아는 세 아들을 낳아 결혼시켜 모두 여덟 명이 되어 있었다. 그러나 방주를 짓는 120년 동안 이 여덟 명 이외 조부인 무드셀라와 아버지 라멕까지 함께 노아의 일을 도왔기 때문에 노동력 부족으로 인한 어려움은 크게 없었을 것이었다. 노아의 아버지와 할아버지는 홍수가 나기 5년 전과 바로 전 서로 앞서거니 뒤서거니 하며 죽었다. 다만 비 한 방울 오지 않던 그때 그 땅의 사람들이 보내는 야유와 질시 그리고 자신들과의 싸움이 더 큰 고통이 되었을 것이다.

이들이 살았던 지역은 지금의 중동 지역으로 추정되며 당시 땅은 지금의 땅과는 판이하게 다른 하나의 대륙이었다. 처음 바다에서부터 위로 솟아오른 대륙이었으니 땅이 갈라지지 않아 많은 사람들이 한데 모여 살았다. 인구학자들의 연구에 의하면 노아의 홍수 때 인구는 최소 10억에서 최대 50억까지도 추산하고 있는 것을 보면 아담의 후손들이 얼마나 많이 온 땅에 퍼져 살았는가를 짐작할 수 있다.

성경에는 아담의 후손들에 대한 기록에 몇 가지 특이한 점이 있다. 아담의 후손들의 나이가 상세히 기록되어 있는 데 비해 첫째 아들 가인의 후손들은 나이가 기록되어 있지 않고, 가인의 족보에는 아내들이 많이 언급되어 있으나 아담의 후손들에는 아내가 언급되지 않고 있다는 점 그리고 가인의 후손 중에 라멕이 최초로 두 명의 아내와 결혼하였으며 그의 자손들의 직업들이 기록되어 있는 데 반해 아담의 후손들은 직업이 명시되어 있지 않고 있음이 특이하다고 하겠다.

5. 넷째 날 태양 이전에 어떻게 그 전 3일이…

1980년대 여름, 자원조사를 위해 캐나다 유콘 지방을 방문한 적이 있다. 4인승 소형 프로펠러비행기로 자갈밭 강변에 착륙하는 모험을 감수하면서 방문한 곳에서의 일주일은 난생처음 경험했던 이상한 며칠이었다. 밤 12시가 되어도 해가 지지 않아 잠을 이루지 못해 여러 날을 힘들게 보냈던 기억이 있다. 밤이 되면 해는 지는 줄 알고 있던 생체리듬이 깨진 것이다.

인류의 역사는 태양으로부터 시작되었다고 해도 과언이 아니다. 일상생활에 가장 크게 영향을 미치고 있는 태양은 생존의 기본조건이었기 때문에 태양을 중심으로 운행되는 하늘의 이치를 알기 위해 고대로부터 점성술과 함께 천문학이 시작되었다. 추위와 더위라는 기후의 원인을 제공하는 원천체였고 농사의 기본조건이었으며 수명에 직접적인 영향을 끼쳤기 때문에 태양은 민족마다 건국신화에 빠짐없이 나오는 단골주제다.

그렇기 때문에 태양에서 나오는 빛을 모든 물질의 원형으로 인식하게 되고 태양의 운행으로 시간이 시작되었으며 인류의 문명 역시 이 태양으로부터 시작되었다는 인식이 역사의 시발점이 되었다. 그래서 나온 의문이 성경의 기록이다. 성경 창세기에서 이 위대한 태양이 어떻게 해서 첫째 날에 만들어지지 않고 넷째 날에 만들어졌으며 태양이 없었던 첫째 날, 둘째 날 그리고 셋째 날은 어떻게 시간을 계산하게 되었는지를 이해할 수 없게 된 것이다.

이 태양빛보다 먼저 있었던 물질이 빛이다. 그러나 이 빛은 저절로 생겨난 물질이 아니라 하나님이 '있으라'라고 해서 나타난 것이다. 이 빛보다 먼저 있었던 것이 물이다. 물은 우주의 기본물질이며 창조의 원천물질이며 완전물질이다. 창조의 첫째 날, 땅은 하늘과 함께 물에 어둠 속에 감싸여 있어 형체가 없었지만 분명 있었던 존재였고 그 후 둘째 날에 빛이 생겨났다.

둘째 날에 생겨난 이 빛이 원천 빛이다. 이 빛은 열과 소리, 진동과 전자기의 운동력의 원인이며 포괄적 에너지의 근본물질로 곧 하나님이심〈고후 4:6〉을 나타낸다. 따라서 처음 빛(Ore)은 자체에서 나오는 빛인 데 반하여 넷째 날의 빛(Maw)은 내뿜는 장치에 불과해 근본적으로 그 성상이 다르다.

따라서 첫째 날과 둘째 날 그리고 셋째 날까지는 지구가 자전만 하다가 넷째 날에 이르러서야 태양이 창조되면서 이 태양을 중심으로 각 행성들이 공전이 시작되고 처음으로 궁창에 두어 땅에 비추게 하시고〈창 1:17〉 드디어 낮과 밤을 주관하게 하시고 빛과 어둠을 나누신 결과〈창 1:18〉로 지금의 태양이 제 역할을 시작하게 된 것이다.

사람들은 태양이 뜨면 아침이 되고 지는 모습을 보고 저녁이 된다는 인식이 확고하기 때문에 그 태양 없이 하루가 지나간다는 사실을 이해하지 못하는 것이다. 이런 이유로 처음의 원천 빛을 모르고 후에 나타난 태양만을 최고의 빛의 원천으로 알고 있는 나라마다 태양신을 만들어 통치의 수단으로까지 삼았던 예를 보면 인간은 역사 안에서 많은 오류를 범하여 왔다.

그러나 무엇보다도 하나님이라는 절대자는 인간의 눈에 보이는 3차원의 존재가 아니라 n차원의 하나님이시라는 사실을 간과해서는 안 될 것이다. 온 우주를 창조하시고 태양계를 창조하신 그 하나님이 처음의 3일간 태양 없이 운행하셨다고 하는 사실을 이해하기에는 인간의 능력이 모자라도 한참 모자란다는 사실을 알아야 한다.

2장
지구라는 행성

1. 우주의 중심은 지구다

　태양을 가운데 두고 지구와 같은 아홉 개의 행성이 돌고 있다는 지동설을 배운 현대의 사람들에게 지구가 우주의 중심이라고 하면 믿을 사람이 얼마나 있을까. 첨단시대에 살고 있는 현대인이 지구를 중심으로 태양이 돌고 있다는 천동설을 믿고 있다면 어떤 반응일까 하는 생각을 해 본 적이 있다. 현대과학이 고도로 발달한 이때에 태양이 지구 주위를 돌고 있다는 생각을 하고 있다는 사람들이 있어서 놀란 적이 있다.

　현대과학은 우주의 탄생을 빅뱅 이론(Big Bang Theory)으로 설명하고 있다. 137억 년 전, 고밀도 고응축된 에너지물체가 순간적인 폭발에 의해 원자핵이 발생하였고 이때 원자가 결합하여 우주를 형성했다는 이론으로 1929년 벨기에 사제였던 르메트르(J. Lemaitre, 1894-1966)가 처음으로 주장하였고 소련의 가모프(G. Gamov, 1904-1968)가 이론으로 정립하였다.

　이 이론을 증명하는 근거로는 우주는 파장이 긴 적색파장 방향으로 팽창한다는 적색편이현상(Gravitational Redshift)과 약 160㎓의

주파수를 가진 우주 전자기파인 우주배경복사(Cosmic Microwave Background Radiation)의 존재 그리고 우주 내 헬륨과 수소의 양의 비 등을 그 이론의 증거로 제시하고 있다.

적색편이 현상은 물체가 멀어질수록 빛의 파장이 늘어나는 현상을 가리키는데 이는 주로 천체물리학에서 쓰이며 우주에서 물체들이 서로 멀어지고 있는 현상을 설명하는 중요한 개념 중 하나이며 우주배경복사는 빅뱅 이후 우주가 급격하게 팽창하면서 형성된 초기 우주의 열적 복사 성분을 나타내는 전파 복사로 약 137억 년 전에 발생한 빅뱅 이후에 형성되었으며 초기 우주의 높은 온도에서 나온 열 전사 복사 현상을 이르고 있다.

최근 교과서에서도 '빅뱅으로 우주가 탄생한 뒤 입자가 만들어지고 태양계와 지구가 형성된 후 그 지구에서 생명이 탄생하였고 진화과정을 거쳐 현대 인간이 살아오기까지의 과정'으로 정리하여 기술하고 있다. 그러나 최근에 와서 이 이론에 반대하는 일단의 과학자들 544명은 '빅뱅 이론은 인류가 전혀 관측한 적이 없는 가상존재에 의존하고 있다. 이 이론은 이론과 관찰결과상의 모순을 해결하기 위하여 계속 새로운 가상물질을 만들어 내야 하는데 이런 물질은 현대 물리학에서는 없다'라는 성명서를 내놓은 상태이다.

따라서 빅뱅 이론은 최초의 고농축 고에너지 물체는 어디서 왔는가 하는 물리학 제1법칙(에너지 불변의 법칙)에 위배되며 시간이 지날수록 질서도가 파괴된다는 물리학 제2법칙(엔트로피 법칙)에 위배되는 이론이다. 즉 외부의 간섭이 없이는 유지하기 어려운 이론이며 인류가 결코 관찰한 적이 없는 이론이며, 물리학에서의 두 법칙 이외 다른 법칙을 새로 개발해야 하는 이론이며 수량적 예측이 불가능한 허구의 이론으로 판명된 이론이다.

성경 창세기에 따르면 태양(넷째 날)보다 지구(첫째 날)가 먼저 만들어졌고 지구는 우리 은하와 온 우주를 가장 잘 관찰할 수 있는 은하 내의 최적 자리에 위치하고 있다는 사실 그리고 그 운행의 원동력이 하나님이심을 철저히 신뢰하는 믿음의 소신에서 지동설보다는 천동설을 믿는 믿음으로 살아가는 신앙이 그래서 중요한 일이 되는 것이다.

"그가 하늘을 차일(Curtain)같이 펴시며 거할 천막을 베푸셨고〈사 40:22〉", "그 지혜로 세계를 세우셨고 그 명철로 하늘을 펴셨으며〈렘 10:12〉"라는 말씀으로 온 우주는 그분이 손수 펴신 결과물임을 증명하고 있다.

2. 절묘한 공간에 떠 있는 지구

태양계 안에는 생명체의 거주가능지역(Sircumstellar Habitable Zone)이라는 구역이 있다. 지구를 중심으로 금성과 화성 사이 약 1AU(천문단위) 미만 폭의 안전구역을 말하는데 지구가 금성 쪽으로 조금만 가까워져도 지구온도는 수백 도 이상 올라가 생명이 살 수 없게 되고 또 화성 쪽으로 그만큼 치우치면 대기 중 이산화탄소량이 수십 %까지 올라가 생명체가 존재할 수 없게 된다. 지구가 위치해 있는 이 지역을 우주 내 생명체 거주가능지역(SHZ)이라고 정하고 있다.

지구는 이렇게 특별한 구역 안에 존재하고 있다는 사실만으로도 특별한데 지구가 우리 은하계에서는 중심부에서 2만 5천 광년 떨어진 가장자리 가까운 곳에 위치하고 있다는 사실은 더욱 우리를 놀라게 하고 있다. 이 위치는 우주 내의 무수한 별들을 보고 관찰할 수 있는 최적의 위치라는 사실을 현대 천문학이 밝히고 있다. 그래서 현대 물리학자 아인슈타인(A. Einstein, 1879-1955)은 "우주에 대하여 가장 이해할 수 없는 사실은 지구가 우주를 가장 잘 이해할 수 있는 위치에 있다는 사실"이라고 설파하고 있다.

특별히 그는 지구가 중력과 핵력 그리고 전자기력을 가지고 있다는 사실에 주목했다. 지구에 중력이 없으면 생명체의 존재가 불가능하고 물질의 핵력이 없으면 원자가 만들어지지 않아 물질 간 상호반응이 일어나지 않으며 전자기력이 없으면 빛도 발생하지 않고 화합물 간의 상호작용도 없어 세상의 생명체가 생길 수 없다고 했다. 지구만이 우주 내에 생명체가 살아갈 수 있는 절묘한 공간에 떠 있다고 증명했다.

1995년 10월 24일, 해와 달 그리고 지구가 일직선상에 놓여 대낮인데도 갑자기 해가 없어지는 개기일식이 있었다. 태양을 섬겼던 문명 이전 사람들은 이런 현상이 신의 노여움으로 인간에게 내리는 하늘의 벌이라는 경외심으로 두려움의 대상이었으나 현대 천문학의 발달로 이 현상은 우주의 신비를 해결해 주는 단서를 제공할 뿐만 아니라 지구라는 행성의 특별함을 알려 주는 절대자의 한 수로 받아들여지고 있다.

태양의 크기는 달의 400배이고 달은 지구의 1/4 크기이지만 이들이 만들고 있는 개기일식현상을 보이면서 서로 같은 크기로 보이는 이유는 천체의 절묘한 공간거리 때문이다. 이 개기일식현상을 통하여 태양의 빛이 어떻게 만들어지는지, 그 스펙트럼이 어떻게 생겼는지 그리고 내뿜는 홍염의 구성성분과 헬륨의 존재 등을 파악할 수 있는 특별한 현상을 지구에서 관찰할 수 있다는 점도 특별하다.

이런 특별한 위치 이외에 지구의 유일한 위성인 달은 지구 생명체에 지대한 영향을 주고 있는 위성이다. 달의 중력으로 자전축을 기울게 하여 4계절을 만들어 지구상의 생명체를 생육하고 번성하게 하는 동력을 제공하며 해류를 일으켜 생태환경을 안정시키는 역할을 하고 있다. 이렇게 태양과 지구, 달 간의 상호 거리와 크기 그리고 역할이 우연이라고 하기에는 너무 절묘하다. 결국 우연이 아니라 누군가의 특별한 설계가 아니고서는 설명이 되지 않는 현상이다.

영국의 천체물리학자이며 철저한 무신론자였던 스티븐 호킹(S. Hocking, 1942-2018)조차 "아무리 우주를 탐구해 보아도 그 정연한 질서와 오묘한 현상은 누군가가 미리 설계해 놓은 듯 보인다"라고 토로하고 있다. 성경에서 "그가 하늘을 지으시며 궁창으로 해면을 두르실 때… 내가 그 곁에 있어서 창조자가 되어… 〈잠 8:27〉"라는 말씀을 상기할 필요가 있다.

3. 우주의 오아시스 - 지구

태초에 하늘과 땅이 만들어진 이후 사람들은 육지와 바다로 이루어진 지구라는 행성에 대하여 늘 의구심을 가지고 있었다. 지구를 포함하고 있는 태양계 그리고 그 너머 우주에 대하여 얼마나 크며, 어떻게 생겼으며, 왜 그렇게 생겼는지 그리고 인류와의 관계에 대한 문제를 해결하기 위하여 많은 사람들이 매달려 왔지만 알면 알수록 더 많은 의문들이 쏟아져 나오고 있는 형편이다.

예로부터 '천문과 지리는 상통한다'라는 말이 있다. 인간이 살고 있는 땅에 대한 탐구는 하늘에 대한 연구와 함께 진행되어 왔음을 알 수 있다. 고대 그리스 철학자 아리스토텔레스나 프톨레마이오스는 지구를 중심으로 천체가 움직인다는 천동설을 주장한 이후 중세시대까지 이 이론이 받아들여져 왔으나 1543년 폴란드 천문학자 N. 코페르니쿠스가 지구는 태양을 중심으로 돌고 있다는 지동설을 주장함으로서 천문학에서 일대 변혁을 일으켰다.

현대에 와서는 미국 천문학자 허블(E. Hubble, 1889-1953)과 세이건(C. Sagan, 1934-1996) 등은 '지구는 1천억 개의 태양과 같은 별이 모여 은하계를 만들고 그런 은하계가 1천억 개로 구성된 광대한 우주의 한쪽에 있는 외로운 한 점에 불과하다'라고 하여 지구를 우주의 하찮은 존재로 설명하고 있다. 특히 제스트로우(R. Jastrow, 1925-2008)와 같은 천문학자는 드넓은 우주 안에 지구와 같은 생명체를 가진 행성이 무수히 많을 것이라는 가설을 내놓음으로서 1960년 이 생명체 탐사를 위한 SETI(Seach for Extraterrestrial Intelligence) 프로젝트가 시작되었다.

그 결과 100개 이상의 행성에 대한 연구를 통해 지구 이외 외계생명체의 존재 가능성은 희박하다는 결론에 이르게 되었다. 즉 지구와 같은 생명체가 존재할 수 있는 행성이 되기 위해서는 은하계 내에서의 적절한 위치, 자전축의 기울기, 외부 혜성들의 충돌을 막아 줄 큰 행성의 존재, 적정한 온도와 적절한 두께의 지각과 대륙 그리고 자기장 형성을 위한 내부에 액상의 철성분이 있어야 하는 등의 조건이 필수적인데 그중에서도 가장 중요한 요소가 물의 존재를 들고 있다.

물은 탄소(C)를 기반으로 하는 생명체에 필수 불가결한 물질로 영양분을 용해해서 운반해 주고 열용량으로 생명체의 생존온도를 조절해 주는 기초물질이기 때문이다. 이런 조건을 갖추고 있을 행성의 존재가능성은 지구라는 푸른 행성을 제외하고는 수학적으로 10의 15승 분의 1로 계산되므로 실제로 있을 가능성은 전혀 없다.

끝없이 펼쳐져 있는 모래언덕을 넘어 푸른 물이 있고 녹색의 숲이 울창한 오아시스는 아무 데서나 찾을 수 있는 장소가 아니다. 생명체가 생명을 이어 갈 수 있는 곳은 특별한 곳으로 한정되어 있는 법이다. 인간의 능력을 뛰어넘는 초자연적인 섭리에 의해 은하계가 펼쳐지고 그 안에 생명체가 존재할 수 있는 장소를 한정하는 일은 초월적 존재의 섭리가 아니고서는 설명할 길이 없다.

성경은 '태초에 하나님이 하늘과 땅을 창조하셨다'는 말씀으로 시작하고 있다. 온 우주(하늘)와 지구(땅)를 처음으로 만드셨다는 사실을 기억할 필요가 있다. 또 "그는 북편 하늘을 허공에 펴시며, 땅을 공간에 다시며〈욥 26:7〉"라는 말씀도 있다. 아무도 땅과 하늘의 운행을 알고 있지 못할 때 '그'라는 분은 아무것도 없는 공간에 하늘을 펴시고 땅을 아무것도 없는 허공에 두신다는 의미이니 '그'분은 전능자 하나님이 분명하다.

그 하나님이 창세전부터 설계하시고 창조하신 하늘과 땅이 우주이고 지구이다. 무한히 넓은 우주 속에 특별한 공간인 지구를 만드시어 이 곳을 인간의 영원한 고향으로 정하신 후 온 우주의 오아시스로 삼으신 것은 신묘막측하신 그분의 설계가 아니고는 설명할 길이 없다.

4. 지구 탄생설 – 빅뱅 이론으로 설명이 되는가

'땅은 언제 생겨났는가?' 하는 질문은 처음 인류가 세상에 나왔을 때부터 있어 왔던 질문이었다. 그러나 아무도 그 정확한 답을 내지 못하고 지금까지 살아왔다. 다만 인간의 원초적 탐구욕으로 몇 가지 이론을 제시하고 있지만 완벽한 답은 아직 없다. 급팽창 이론, M 이론, 인플레이션 이론, 끈 이론, 다중우주론 등 다양한 이론들을 내놓았지만 현재까지 '빅뱅 이론'을 대체할 이론은 아직 없는 것 같다.

약 137억 년 전에 한 작은 점이 순간 대폭발하여 우주가 탄생하였다는 빅뱅 이론은 1927년 벨기에 신부인 조르주 르메트르가 처음으로 우주의 기원에 대하여 추측하였고 이것이 현재의 빅뱅 이론으로 발전하였다. 우주에 대한 기본지식이 없는 일반인들은 작은 한 점이 갑자기 폭발하여 온 하늘과 땅이 만들어졌다고 하니 무슨 소리인지 감조차 잡지 못하는 형편인데 그것도 몇 백 년, 몇 천 년 전이 아니라 1백 수십억 년 전에 있었다고 하는 내용은 그저 흘려듣기에 딱 좋은 옛이야기쯤으로 들릴 따름이다.

앞서 언급했듯이 천문학자들은 온 우주에 전자기파가 뒤쪽에 고루 퍼져 있다는 우주배경복사현상과 파장이 길수록 붉은색을 띤다는 적색편이현상이 이 빅뱅 이론을 뒷받침하고 있으며, 현재 우주에 존재하는 대부분의 별들과 가스에서 발견되는 수소와 헬륨의 질량 비율은 3:1

인데 이는 빅뱅이 일어날 당시 식어 가던 우주에서 핵융합에 의해 탄생한 원소의 비율과 일치한다고 해서 빅뱅 이론을 지지하고 있다.

그러나 빅뱅 이론가들이 주장한 대로 현재의 우주가 그렇게 형성된 것이 맞는다면, 처음 폭발 이후 10의 90승 분의 1만큼 오차가 있었어도 현재의 우주는 존재할 수 없으며 붕괴하고 말았을 것이라는 주장이 있다. 즉 우주에는 중력, 척력, 핵력, 전자기력이라는 힘이 상호 작용하며 그 힘의 균형으로 유지되고 있는데 4개의 힘이 아주 조금만 변형되어도 현재의 우주는 유지될 수 없었다는 것이 세계의 유명한 현대 물리학자들의 견해이다.

즉 전자와 양성자 질량 비율은 1:1,837배인데, 이 값에서 약간의 차이가 생겨도 우주의 존재가 불가능해지고, 전자기력과 중력의 비가 10의 40제곱 분의 1만큼만 차이가 나도 생명체가 존재할 수 없다고 한다. 따라서 지금의 우주 나이 137억 년은 길어도 너무 길기도 하지만 은하와 은하단 같은 거대한 구조가 한 점으로부터 출발한다는 가설은 받아들이기 어렵다는 결론에 이른다.

물리학에서 제1법칙(에너지 불변의 법칙)과 제2법칙(무질서 증가 법칙)이 있다. 빅뱅 이론은 이 두 법칙을 정면으로 위배되는 이론으로 알려져 있다. 한 작은 점의 에너지가 현재의 거대우주 에너지와 같을 수 없다는 사실이 에너지 불변의 원칙에 부합하지 않고, 최초의 질서가 시간이 갈수록 무질서로 변해야 하는 현재의 우주는 더욱 완벽해지는 현상을 설명하지 못하고 있다는 점이 빅뱅 이론의 오류를 지적하고 있는 것이다.

천문학의 진보가 더하면 할수록 정교하게 조정되어 있는 우주의 실체가 더욱 밝혀지고 있는 상황에 우주의 기원과 지구의 생성원인을 완벽하지 않는 과학으로 재단하는 일은 많은 무리가 따를 수밖에 없다. 아직 그 실체를 밝히기에는 인간의 지능이 미치지 못한다는 사실을 인정하면 그 답은 쉽게 도출된다. 온 우주와 세상을 말씀으로 만드신 전능자의 의지가 그 정확한 답이 될 수 있다. 우리는 지금 과거의 실수를 되풀이하고 있는 것이다.

5. 창백한 푸른 점(Pale Blue Dot)

1990년 2월 14일, 지구로부터 60억 ㎞ 떨어진 위치에서 보이저 1호(Voyser I)가 찍어 보내온 지구 사진의 이름이다. '세기의 사진'으로도 불리는 이 사진은 역사상 가장 멀리서 지구를 찍은 사진으로 인정받으면서 한때 세상을 뒤흔들었다. 깜깜한 하늘에 희미한 줄무늬 안에 0.12화소에 지나지 않는 아주 작은 점 하나에 이렇게 사람들이 열광하는 이유는 하마터면 존재하지 못할 뻔했던 역사상 유일한 사진이었기 때문이다.

미국의 천체물리학자 칼 세이건이 미 우주항공국(NASA)을 설득하여 항진을 계속하고 있던 우주탐사선 보이저 1호의 촬영장비를 지구 쪽으로 돌리게 하여 찍은 유일한 이 사진에서 수성은 밝은 태양빛에 묻혀 버려 안 보이고 화성은 반사된 태양광 때문에 촬영이 불가하여 보이지 않지만 이를 가족사진(Family Portrait of Planet)으로 부르게 된 것은 이런 사진을 촬영할 수 있는 기회가 더 이상 없다는 의미이다.

지구, 이 지구를 포함하고 있는 태양계 그리고 그 넘어 우주는 얼마나 큰가 하는 의문은 고래로부터 이어져 온 질문이다. 많은 천문학의 진보가 있었지만 아직 우주의 끝을 사람들은 모르고 있다. 태양과 같은 항성 1천억 개가 모여 우리 은하를 만들고 그 은하 1천억 개가 모여 우주를 구성하고 있다고 하지만 현대과학은 아직도 그 끝을 모르고 있다.

BC 300년경 유럽을 정복했던 알렉산더 대왕은 이집트에 자신의 이름을 딴 도시를 건설하고 세상에서 가장 큰 도서관을 건립했다. 주로 세상의 기록물을 수집해 두었던 그 도서관이 후대 전쟁과 환난으로 그 기록들이 소실된 것을 가장 아쉬워했던 사람이 천문학자 세이건이었다. 비록 한 권의 자료라도 전해졌다면 현대과학의 발전을 수세기만큼 앞당길 수 있었을 것이라는 것이다.

로마의 점성술사 프톨레마이오스(Ptolemaeus, AD 85-165)가 로마 가톨릭의 지지를 받아 '지구를 중심으로 하늘이 돈다'는 천동설을 주장한 이래 1천 년간 천문학은 발전하지 못했다. 그러나 16세기 독일의 천문학자 요한 케플러(J. Capler, 1571-1630)는 '화성이 태양을 중심으로 타원형 궤도를 돈다'고 주장하면서 행성운동에 관한 케플러법칙을 발견하여 근대 천문학의 물꼬를 트기 시작했다.

이후 빛의 기본성질을 알아내기 위해 태양만 바라보다가 실명의 위기까지 겪은 영국의 물리학자 뉴턴(I. Newton, 1642-1727)이 만유인력을 발견했고 그의 친구 헬리(E. Halley, 1656-1742)가 혜성(Comet)연구로 헬리 혜성의 실체를 밝히는 등 많은 천문학적 발전이 있었고 현대에 와서는 천문학자 세이건이 '우주의 달력'이라는 비유를 내놓아 세상을 놀라게 하고 있다.

세이건은 '지구는 1년 중 9월 초에 탄생했고 공룡은 마지막 달인 12월 25일에 나타났으며 인간은 마지막 날인 12월 31일 밤 11시 52분에 생겨났으며 현대과학은 11시 58분에 발전했다'는 비유를 하고 있다. 인간의 역사가 나머지 8초간 이루어지고 있다는 점 그리고 현대과학의 발전역사를 비추어 볼 때 1초가 약 400년에 해당하는 것으로 보아 지구의 역사와 우주의 기원을 너무 광대하게 보는 것이 아닌가 하는 의심이 든다.

이렇게 광대한 우주 속에 인간은 티끌보다 작은 존재로만 여기는 과학자들이지만 세이건은 그의 저서 『코스모스(Cosmos)』에서 "우주 내에 인간이 지구라는 땅에만 거주한다면 우주는 얼마나 공간의 낭비인가?"라는 질문을 하면서 소름이 끼칠 정도로 섬세한 질문을 하고 있다.

3장
대홍수 사건

1. 그 땅이 물결에 휩쓸리다

처음 얼마 동안에는 사람들은 큰 땅 안에서 자연이 주는 풍성한 열매나 채소로 풍족한 삶을 살아가고 있었기 때문에 큰 다툼이나 경쟁이 없이 평화롭게 살았다. 그러나 그 땅에 아름다운 딸들이 태어나면서 세상이 점차 혼탁해지고 사람들의 마음은 늘 악해지는 것을 보신 하나님은 온 사람을 지면에서 쓸어버리려고 작정하는 큰 결단을 하시기에 이른다.

세상에 죄악이 가득할 때 늘 하나님과 동행하던 노아 가족만이 하나님의 눈에 찼다. 그래서 하나님이 노아 가족만 빼고 사람으로부터 육축과 기는 것과 공중의 새까지 모두 지면에서 쓸어버리면서 세상을 다시 여신 사건이 홍수 사건이다.

사람들은 이 사건을 지구의 한 모퉁이에서 일어난 한 작은 사건으로 치부하며 대수롭지 않게 여긴다. 그러나 인류가 노아 가족 여덟 명으로부터 다시 시작하였고 문명을 일으킨 이 사건이야말로 인류 역사에 큰 획을 긋는 대사건이 아닐 수 없다. 이 사건 이후에 인류의 문명이 시작되었고 그 후에 인류가 번성하기 시작했던 대사건이었다.

노아가 480세 때 하나님으로부터 방주를 만들라는 명령을 받았다. 처음 그 명령을 받은 노아는 자기 귀를 의심하지 않을 수 없었다. 비 한 방울 오지 않는 그 땅에 무슨 방주이며 그 크기와 용도 또한 이해하지 못해 어이없어했다. 그러나 노아는 하나님에게 신실한 사람이어서 그 명령에 순종하기로 했다.

그때 자신의 조부 무드셀라와 아버지 라멕이 함께 있어 이 일을 시작할 수 있었고 그로부터 20여 년 후 세 자식이 태어나면서 방주를 만들 일꾼은 마련된 셈이 되었다. 그러나 방주의 설계는 하나님이 가르쳐주시는 대로 따라 하기만 하면 되지만 문제는 한 동네에 살던 이웃들이었다. 이 대명천지에 무슨 비가 온다고 그렇게 큰 배를 만드느냐고 모두들 노아 가족을 미쳤다고 했다.

배는 상상할 수 없이 컸다. 길이 300규빗(138m), 너비 50규빗(23m), 높이 30규빗(14m) 규모로 짓되 재료는 코페르나무(Cypress)로 하고 칸을 막아 역청으로 칠해서 방수 조치까지 했다. 이런 구조는 현대 조선공학적으로 볼 때 파랑안정성, 구조안정성, 복원안정성이 최고로 이상적인 설계임이 확인되었고 40m의 파고에도 견딜 수 있음이 증명되고 있다.

노아가 600세 되던 해, 방주 안에 들어가 기다리기를 1주일되던 날, 멀리서 지축을 뒤흔드는 듯한 굉음이 들려오기 시작했다. 깊음의 샘이 터지고 갈라진 땅 사이로 1,000도 이상의 끓는 물이 올라오면서 바닷물은 수증기가 되어 하늘로 치솟아 위의 찬 공기와 부딪히면서 땅을 두르고 있던 물층을 자극해서 그 물이 한꺼번에 쏟아져 내려왔던 것이다.

이때 한 덩어리였던 땅은 지각판(Crust, 두께 30-70㎞)이 지구 맨틀(Mantle, 두께 2,900㎞) 위에서 미끄러지듯 움직여 10개의 판으로 쪼개지면서 판게아(Pangea)라는 몇 개의 대륙으로 나뉘어졌다. 이때 비로소 80%가 육지였던 지구표면이 30%로 줄어들면서 바다가 70%로 바뀌는 지각변동이 있었고 많은 토사를 함유한 저탁류(Turbidity Current)가 큰 물결이 되어 전 세계를 휩쓸면서 새로운 땅(지층)들이 만들어지기 시작하였다.

한 덩어리의 큰 땅이 이러한 격변의 지각변동으로 쪼개지면서 바다 면적이 넓어지고 지금의 아프리카의 한 부분의 땅이 지각판 위를 떠돌다가 중력에 의해 이동하여 아시아대륙에 충돌하면서 인도반도를 만들고 히말라야산맥을 이루는 등 대륙의 대이동이 있었다. 당시 땅덩어리의 이동속도는 상상할 수 없을 정도로 빠르지 않았을까 하고 추정하고 있다.

2. 큰 물결이 또 다른 땅을 만들다

그렇게 깊음의 샘에서 뿜어져 나온 물과 하늘의 창에서 쏟아진 물이 40주야를 쉬지 않고 쏟아져 온 땅은 물속에 잠겨 버렸다. 돛대도 없고 삿대도 없는 방주는 물결을 따라 이리저리 휩쓸리다가 반년이 지난 즈음 터키의 아라랏산(해발 5,250m) 부근에 닿았다.

이때 땅에 쏟아진 물의 양은 인간이 기록을 할 수 없을 정도였다. 1959년에 한반도를 강타하여 850여 명의 인명피해를 낸 사라호(Sarah)태풍 때 강우량이 3일간 1,000㎜ 정도였는데 이 정도의 강우량이 전 세계에 고루 내렸다고 가정할 경우 해수면이 0.3㎝가 높아질 것으로 계산되는데 노아 때의 이 홍수는 해발높이가 5,250m 산정상에까지 물이 찼다는 사실은 상상을 초월하는 수량이었다.

세상에 창일하던 그 거센 물결은 온 땅 위를 휘저어 이동하면서 생긴 모래와 자갈로 구성된 저탁류는 1년이 채 안 되는 동안에 여러 곳에 대규모의 지층을 만들었다. 두꺼운 지층의 두께를 보고 수천만 년이나 수억 년 된 지층이라고 주장하는 것은 이런 지층의 형성과정을 모르고 하는 주장이다. 미국의 그랜드 캐니언(Grand Canyon)과 같은 대규모 지층이 이렇게 단기간에 만들어진 사례다.

지층이 구부러진 상태를 습곡(Folding)이라고 하며 지층이 어긋나는 현상을 단층(Fault)이라고 한다. 지진이나 화산활동과 같은 지각변동 때문에 지층이 아직 굳어지지 않은 상태에서 옆으로부터 압력을 받으면 습곡지층이 생기고 지층이 굳어진 후에는 단층지층이 생긴다. 이런 습곡과 단층현상은 지층이 짧은 시간에 만들어질 수 있다는 확실한 증거이다.

이런 격변의 증거는 지구 많은 곳에서 무수히 발견되고 있다. 물에 의해 만들어지는 퇴적암이 땅의 75%를 차지하고 있는 것만 보아도 이 홍수의 위력이 얼마나 컸던 것인가를 가늠할 수 있다. 땅의 모습에 그때의 사건이 기록되어 있으며 그 때 그 땅 위에 살고 있던 생물들이 이런 저탁류에 한꺼번에 휩쓸려 지층에 묻혀 생긴 화석을 보고 수억 년 된 생물의 화석이라고 우기는 일은 그래서 가당치 않는 일이다.

자연에서 물고기나 동물이 죽으면 주위의 동물들이 그냥 두지 않는다. 곤충이나 세균 또는 포식동물이 먹어 치우는 일이 상례이지 땅에 조용히 있다가 위에 흙으로 덮여 화석으로 굳어지는 일은 자연에서 일어날 수 없다. 물고기나 동물이 급격히 매몰되어야만 화석으로 남게 된다는 사실을 알면 화석의 나이가 수억 년이라는 말은 억지주장에 불과하다.

지질학에서 구분하고 있는 지질시대 중 고생대 말 페름기(2억 5천만 년 전)에서부터 신생대말 제4기 홀로세(1만 년 전)까지 전체를 홍수기 간으로 보는 창조사관은 그래서 대단한 발상의 전환이 필요한 개념이다. 수억 년의 시간을 단 1년으로 축소해 버리는 일은 여간해서 받아들일 수 없는 주장이라고 하기에는 성경의 기록이 너무 과학적이고 신비롭기까지 하다. 이런 발상의 전환이 없이는 어떠한 창조사역도 설명하기가 불가능한 것이 현실이다.

이 홍수가 다 끝나고 노아 일가는 방주에서 나오자마자 하나님 앞에 제단을 쌓고 번제를 드렸다. 그때 그 하나님은 노아에게 이렇게 약속해 주셨다.

내가 전에 행한 것 같이 모든 생물을 다시 멸하지 아니하리니 땅이 있을 동안에는 심음과 거둠과 추위와 더위와 여름과 겨울과 낮과 밤이 쉬지 아니하리라(창 8:22)

3. 홍수의 결과물들 – 그랜드 캐니언 둘러보기

BBC가 선정한 죽기 전에 가 봐야 할 곳 1위에 선정된 그랜드 캐니언은 미국을 방문한 사람이면 꼭 보고 와야 할 세계적 명소다. 미국 애리조나주 북쪽 경계선 근처에 있는 파리아강 어귀에서부터 시작하여 네바다주 경계선 근처에 있는 그랜드 위시 절벽까지 443㎞까지 이어져 있는 협곡으로 모든 유역을 합치면 8만 ㎢의 넓이로 남한 면적 정도의 큰 규모 협곡이다. 계곡의 깊이는 1,600m에 이르고 계곡의 폭은 넓은 곳이 30㎞에 이른다.

엄청난 규모로 자연의 신비를 그대로 담고 있어 지구의 역사를 알아내는 데 많은 증거들을 보여 주고 있어서 지질학자들의 지대한 관심을 끌고 있는 곳이기도 하다. 빠른 물살과 엄청난 수량이 많은 양의 진흙과 모래, 자갈을 운반하면서 대규모의 협곡과 절벽을 만들어 낸 결과이다. 1540년 이 지역을 탐사하던 카르데나스(Don Lopez de Cardenas)가 최초로 발견한 이래 1800년대 초반에 사냥꾼들의 탐험을 기반으로 지도가 제작되기도 했다.

현지 관광 안내책자에는 이렇게 적혀 있다. "20억 년 전에 만들어진 지층 위로 2억 7천만 년 전(고생대)에 습지나 얕은 바다에서 만들어진 석회암층과 사암층이 약 7천만 년 전에 있었던 지각운동으로 3천 m 이상 융기한 후 5백만 년 전부터 로키산맥에서 발원한 콜로라도강에 의해 깎여 나가 지금의 대규모 협곡을 만들었다."

사람들은 이런 문구를 아무런 죄의식(?) 없이 그대로 받아들인다. 관광버스에서 내려 발아래 밑을 내려다보는 순간 광대한 규모와 엄청난 광경에 압도되어 '억' 하는 소리와 함께 기독교인들은 '주 하나님 지으신 모든 세계'를 열창한 후 돌아오기 마련이다. 바닥을 알 수 없는 깎아지른 절벽과 끝없이 펼쳐져 있는 시루떡 같은 바위지층이 그렇게 신기하게 보일 수 없었던 것이다.

그러나 자세히 보면 수억 년이나 된 바위산들이라고 하기에는 이상한 모습들이 너무 많이 보인다. 전체 지층이 거의 수평을 유지하고 있고 떡시루 같은 지층들 간의 경계가 분명하며 지층 안에서도 물흐름 흔적(위층, False Bedding)이 잘 발달되어 있고, 다양한 화석이 상하의 구분 없이 발견되고 있다는 점이 특이하다. 뿐만 아니라 전체강폭 30㎞에 비해 현재 강폭은 넓은 곳이 겨우 100여 m에 불과하며 강 주변에 낙석무더기(Talus, 흘러내린 바위덩어리들)가 없고 콜로라도강 하구에는 어느 곳에도 흘러온 퇴적물이 쌓여 있는 흔적이 없다는 점이 이상하다.

앞의 관광설명서는 이런 규모의 지층은 최소 수천만 년이나 수억 년 동안에 만들어졌다는 이론에 의해 작성된 것이다. 그러나 지구는 1년에도 수백 번이 넘게 흔들거림이 있는데도 그 많은 세월 동안 이렇게 대규모 지층이 지금까지 거의 수평을 유지하고 있다는 점이 이상하고 화석이 위와 아래의 구분 없이 한꺼번에 나타나고 있다는 점 그리고 계곡 안에는 다량의 물결로 한꺼번에 쓸려 나간 흔적 등을 고려한다면 아무리 생각해도 과거 어느 한때에 단기간에 만들어진 결과물이라고밖에는 설명할 방법이 없다.

성경에는 아담의 10세손인 노아 때에 큰 홍수가 있었다고 기록하고 있다. 깊음의 샘이 터지고 하늘의 창이 열려 40일간 폭우가 쏟아졌다고 기록하고 있다. 이 정도 상황이라면 세상의 모양을 모두 바꿀 수 있는 격변이었을 것이고 이때 이런 대규모 퇴적층이 만들어졌을 것이며 그 후 카이밥(Kaibab)고원에 갇혀 있던 호수의 물이 빠른 속도로 흐르는 물살이 큰 협곡(Canyon)을 만들었다는 가설이 진화론으로 설명하는 것보다 훨씬 합리적인 해석이 될 수 있을 것이다.

4. 지층들은 단기간에 만들어졌다

아르헨티나의 부에노스아이레스로 가기 위해 남미 칠레의 산티아고 공항을 이륙한 비행기는 가파르게 상승하더니 이내 남미대륙의 척추 안데스산맥을 반시간 만에 넘어 버렸다. 내가 7천 ㎞나 되는 세계에서 가장 긴 안데스산맥을 넘은 그때가 두 번째였다. 그 40여 년 전, 아마존 지역에 있는 광산을 조사하기 위해 폭스바겐 차로 페루 리마를 출발하여 고도 5,200m의 준령을 넘을 때는 6시간이나 걸렸던 길이었다.

이 안데스산맥을 비롯하여 로키산맥이나 히말라야산맥과 같은 큰 산맥들의 산들은 대부분 수평에 가까운 줄무늬를 가지고 있다. 이렇게 물에 의해 만들어진 수평의 흔적을 층리(Bedding)라고 하며 세계 산맥의 75%가 이런 층리를 보이고 있다. 지질학자들은 거대한 산의 위용을 감안할 때 그 많은 층리를 바탕으로 그 산의 나이를 수천만 년이나 수억 년으로 지레 계산해 버리고 만다.

이들의 계산법에 따르면 지층이 30㎝의 두께로 쌓이려면 최소 5천 년이 소요된다는 가설을 세우고 이를 그대로 나이를 계산한 결과다. 그러다 보니 지층의 두께가 두꺼우면 두꺼울수록 나이는 빠르게 늘어 웬만한 산이 만들어지려면 최소 몇천만 년이고 몇억 년은 쉽게 넘어 버린다.

허튼(J. Hutton, 1726-1797)을 위시하여 라이렐(C. Lyell, 1797-1825) 그리고 스미스(W. Smith, 1769-1839) 등 18세기 선구적 지질학자들은 "현재의 자연현상은 과거를 아는 열쇠다(The present is the key to the past)"라는 '동일과정설(Uniformitarianism)'을 주장함으로써 지층의 나이가 단박에 수억 년으로 늘어나 버렸다. 나무의 나이테계산과 같은 방식을 택했던 것이다.

당시 이와 반대되는 개념의 주장도 있었다. 프랑스의 고생물학자였던 큐비에(G. Cuvier, 1769-1852)는 '지구에는 때때로 격변이 일어나 지표의 모양을 바꾸고 생물을 멸절케 한 후 새로운 창조가 이루어졌다'는 '천변지이설(Catastrophism)'을 주장했지만 진화이론에 힘입은 동일과정설에 밀려 큰 빛을 보지 못했다.

1980년 5월 18일 필자는 해외자원 개발을 위해 캐나다 밴쿠버에 주재하고 있었다. 아침에 출근하기 위해 차를 타려고 보니 차에 회색의 두터운 먼지가 덮여 있어 당황한 적이 있었다. 겨울철도 아닌데 눈이 올 수 없었던 때였다. 간밤에 약 200㎞ 남쪽에 있는 미국 워싱턴주의 세인트헬렌산(St. Helen)이 분출하여 화산재가 날아왔던 것이다.

규모 4.2의 지진을 동반한 화산분출은 표고 850m의 거의 절반가량을 날려 버리면서 화산분출물이 상공 10㎞까지 올라간 큰 규모의 화산분출이었다. 이 화산의 분출로 진흙(Lahars)이 흐르면서 인근에 3일 만에 두께 75m의 응회암지층이 생겼다. 화산분출 현장을 직접 목격한 지질학자가 아니었다면 이 지층은 수백만 년 전에 만들어진 지층이라고 판단했을 것이다.

두꺼운 지층이 단기간 안에 퇴적될 수 있다는 사실을 실험을 통해 증명한 사람이 있다. 미국 콜로라도 주립대학의 쥴리안 교수(Dr. P. Julien)는 실험실에서 모래와 자갈 등이 혼합된 저탁류를 흘려보낼 때 수평의 지층이 빠르게 만들어진다는 사실을 확인하였다.

현재 보이는 대규모의 수평지층이 수억 년 동안 다양한 지각운동 때문에도 그런 수평을 유지할 수 없다는 사실은 자명하다. 다량의 물이 단기간에 거세게 휘몰아쳤다면 운반된 자갈과 모래 등 조암물질이 적절한 위치에서 균일하게 퇴적되어 대규모의 지층을 만들어 낼 수 있다는 사실을 미국의 그랜드 캐니언의 대규모 수평지층에서 확인할 수 있다.

5. 홍수 전 인간의 수명이 1천 년이었던 이유

무신론자들이나 진화론자들이 가장 기독교를 배척하는 이유 중의 하나가 창세기에 나오는 인간의 나이다. 100년도 채 살지 못하는 인간이 어떻게 900년이나 넘게 살았다고 믿을 수 있겠는가 하는 의문이다. 아담부터 노아까지 10대 중 7대 365세를 산 에녹을 제외하면 평균수명이 912세다. 현대인들의 사고로는 전혀 받아들일 수 없는 신화나 전설일 수밖에 없다.

그러나 창세기를 읽어 보면 아담 때부터 내려오는 족보는 태어난 때와 그 자식을 낳은 때 그리고 죽은 때를 자세히 기록하고 있어 허구라고 치부하기에는 너무 정확하다. 그 당시에는 어떤 세상이었는지 그리고 어떤 환경이었는지를 알아내기 위해 수많은 과학자들이 연구한 결과 그때 당시에는 인간이 1천 년까지 살 수밖에 없었던 몇 가지 원인을 찾아냈다.

먼저 하늘의 물층이 존재했다는 사실이다. 창조 둘째 날에 하나님이 땅을 감싸고 있던 두꺼운 물층을 나누어 그 가운데 궁창(하늘)을 두고 궁창 위의 물과 궁창 아래의 물로 나눔으로써〈창 1:6〉궁창 위의 물은 지상 약 20㎞ 위에 폭 약 10㎞의 물층을 만들고 있었다. 이 물층이 태양으로부터 오는 유해광선(자외선, 감마선, X선)을 차단함으로써 몸 안의 유전자에 암과 병을 유발하는 원인을 원천적으로 제거했던 것이다.

그리고 공기 중의 산소의 양을 들 수 있다. 호박(소나무에서 나오는 송진이 굳어진 덩어리)에 포획된 당시의 공기를 분석해 보면 공기 중에 산소의 양이 지금보다 50%가 더 많이 들어 있음이 확인되었다. 산소의 양이 많으면 상처의 치료와 피로회복이 빨라 활동에 여유가 있으며 무병장수할 수 있는 기초가 된다. 당시 아파토사우루스와 같이 40톤이 넘는 거대한 공룡은 몸체에 비해 콧구멍이 매우 작은 것은 그 코로도 필요한 산소를 충분히 마실 수 있었다는 사실을 증명하고 있다.

뿐만 아니라, 열매와 채소가 주식이었던 당시 사람들은 고칼로리의 영양식을 먹고 있었다는 사실이다. 연구에 의하면 당시 사과 1개 안에 들어 있는 칼로리만큼 현대 사람들이 먹으려고 할 경우 사과 25개를 먹어야 동일한 영양분을 먹을 수 있다고 계산된다. 이런 당시의 열매나 채소에는 인체의 세포를 손상시키는 활성산소가 전혀 없어서 노화가 더디고 병을 들게 하지 않는 원천영양식이었을 것으로 추정된다.

지구 자체가 가지고 있는 지자기(地磁氣)도 환경에 큰 영향을 미쳤을 것이다. 지구는 완벽한 자성체이다. 이 자기가 극지방에서 나와 사방으로 뻗어 나가는데 이 지자기가 없을 경우 태양으로부터 쏟아지는 방사성물질과 우주물질 등 유해물질을 지구에 직격할 경우 인간은 생존할 수 없다는 사실이 확인되었다. 이 지자기가 1,400년마다 그 강도가 줄어든다고 하니 그 당시의 지자기 강도는 지금보다 8배가 강했음을 추측할 수 있다. 이런 강도라면 우주로부터 오는 유해광선이나 물질이 지금보다 훨씬 적었을 것이 예상된다.

생존에 적합한 자연환경 또한 완벽하였을 것이다. 홍수 이전의 세상은 비가 오지 않고 지면으로부터 안개만 올라와 동산을 적셨다〈창 2:6〉고 기록하고 있다. 비가 오지 않는 기후에서는 노화를 촉진하는 태풍이나 추위 그리고 강설과 한발 등 기온의 변화가 없고 계절의 변화 또한 차이가 없는 온화한 기후여서 사람이 살아가기에 지극히 이상적인 환경이었을 것이다. 대기의 평균온도 25도, 습도 60%에 늘 신선한 산소가 공급되고 영양가 높은 채식으로 살아가는 사람은 이런 환경에서는 장수할 수밖에 없는 필요하고도 충분한 조건을 갖추었다고 볼 수밖에 없을 것이다.

4장

홍수 이후

1. 육식과 무지개 언약

물결이 휩쓸고 간 땅은 새 하늘 새 땅이 되어 있었다. 그 새 땅에서 노아 가족 여덟 명은 새로운 세상을 열게 되었다. 하나님은 땅의 모든 짐승과 공중의 모든 새와 땅에 기는 모든 짐승 그리고 바다의 모든 물고기를 그들의 주권하에 두시어 다시 한 번 생육하고 번성하라고 하시면서 채소와 더불어 처음으로 육식을 허락하셨다.

구름 사이에는 무지개가 떴다. 더 이상의 홍수심판이 없을 것이라는 하나님 언약의 증표였다. 무지개는 인간의 눈으로 인식할 수 있는 빛 중에 눈으로 볼 수 있는 일곱 가지 색으로 나타나는 자연현상이지만 이외에 파장이 보라색보다 더 짧은 파장의 자외선(10-390㎚)과 붉은색보다 더 긴 파장의 적외선(750㎚-1㎜)으로 구성되어 있다.

노아의 세 아들로부터 사람들이 온 땅에 퍼지게 되었다. 이들 가족들은 그 땅에 농사를 짓기 시작하였고 포도주를 마시고 취한 노아에 대한 세 아들의 처신에 따라 그들 자손의 운명도 갈라지게 되었다. 이들이 처음 만들었다고 여겨지는 포도주 틀은 현재 튀르키예(터키) 서쪽 아르메니아 지방의 바요츠조르주에 있는 아레나동굴에서 발견되었다. 기원전 2400년경으로 추정되고 있다.

셈, 함, 야벳 세 아들로부터 많은 후손들이 나와 각기 민족들을 이루었다. 특별히 노아의 4대손 에벨은 아버지 셀라와 조부 아르박샷을 건너뛰어 증조부 셈으로부터 직접 족장권을 넘겨받았는데 그는 이 족장권을 다시 후손에게 인계하기 위하여 또 한참을 기다려야 했다. 그 후손들이 자기보다 일찍 죽었기 때문에 그 족장권을 자신의 8대손 이삭에 이르러서야 비로소 넘겨줄 수 있었다. 그래서 셈은 에벨 온 자손의 조상이 되었으며 그로부터 히브리 민족의 어원이 시작되었다는 설이 있다.

땅이 여럿으로 갈라진 이후였지만 온 땅의 언어가 하나였고 말이 하나였기 때문에 사람들은 자기의 이름을 내고 흩어지기를 면하기 위하여 벽돌로 돌을 대신하고 역청으로 진흙을 대신하여 하늘에까지 닿을 수 있는 바벨(Babel)탑을 세우게 되었고 함의 후손이며 당대의 영걸이었던 니므롯이 주도했을 것으로 추측하고 있다.

바벨탑은 창조자요, 통치자요, 만물의 보존자이신 하나님에 대한 반항정신의 상징이었다. '우리가 하자'는 표현의 반복과 '하늘에 닿자' 하는 의도 그리고 '이름을 내자' 하는 목표와 '온 지면에 흩어짐을 면하자'는 의도들은 하나님의 계획을 방해하고자 하는 인간의 치밀한 계획일 뿐 아니라 하늘과 땅에 대한 하나님의 주권 찬탈 계획이었다. 그래서 하나님은 그들의 바벨탑 건축을 막기 위해서 언어를 혼잡하게 만드셨다.

하나님께서 인간에게 언어를 혼란케 하신 이유는 두 가지이다. 첫째는 그들의 행위를 그냥 둘 경우에 탑 건축을 중단시킬 수 없기 때문이며, 둘째는 온 땅에 충만하라는 말씀을 거역하여 흩어짐을 면하려는 행위를 막기 위하여서다. 노아의 후손들에게 하나님이 요구하시는 것은 '흩어짐'이었다. 그래서 하나님은 그들의 창조 섭리에 역행하는 인간의 계획을 무너뜨리고 자신의 주권에 의해서 창조 섭리를 이루신 것이다.

이것이 에벨의 아들 벨렉이 태어난 직후였으니 홍수 후 약 100여 년이 지난 BC 2242년경의 일이었다. 셈의 후손들은 동북쪽으로, 함의 후손들은 남서쪽으로 그리고 야벳의 후손들은 서북쪽으로 흩어졌다. 이들 중 셈의 족보에서 노아의 11대손인 믿음의 조상 아브라함이 태어났다.

이 일이 있은 지 얼마 되지 않아 인류의 문명인 메소포타미아 문명(BC 2234), 이집트 문명(BC 2188), 갠지스 문명(BC 2089) 그리고 황하 문명(BC 2070)이 시작된 것은 우리에게 시사하는 바가 크다.

2. 빙하기와 인류 문명의 확산

현대 지질학에서 언급하고 있는 지구상의 빙하기는 모두 네 차례(전 캄브리아기: 23억 년 전, 고생대 석탄기: 4억 5천만 년 전, 신생대 제3기: 3천만 년 전, 제4기: 25만 년 전)로 기술하고 있다. 그러나 지구 대격변 사건(홍수 사건) 이후 땅의 모습은 그 이후를 기준으로 변해 왔음을 감안할 때 이론적인 주장으로밖에 볼 수 없다.

땅에 내리는 비나 눈이 녹지 않고 일정 지역에 쌓여 있는 얼음 상태의 덩어리를 빙하라고 한다. 이 빙하 역시 비와 함께 땅의 모양을 바꾸는 데 큰 역할을 하고 있다. 빙하의 양은 바닷물 전체량의 약 2%에 지나지 않으나 현재 육지 전 면적의 약 10%를 덮고 있고 지구상에 있는 민물의 95%를 차지하고 있을 만큼 중요한 존재이지만 최근 지구온난화현상으로 매년 그 규모가 줄어들고 있다.

빙하는 남북의 극지방에서 주로 분포하는데 가장 큰 빙하는 남극빙하로 그 규모가 약 1,300만 km²에 이르며 다음은 그린란드빙하로 170만 km² 정도이다. 1952년 처음으로 남극빙하의 두께를 2,300m까지 확인하였다. 이 빙하들이 다 녹으면 해수면은 현재보다 대략 수십 m 상승할 것으로 추정하고 있다.

홍수 사건 이후 지구에는 지각판의 활동으로 지진과 화산의 활동이 심해지면서 바닷물의 온도는 높아지는 반면 화산분출물이 햇빛을 차단하면서 대기온도가 내려감에 따라 극지방을 중심으로 눈이 내리면서 빙하가 형성되기 시작했다. 이때를 지구 역사상 최초의 빙하기로 보며 홍수 후 약 100년이 지난 때부터 그 후 약 500-600년 이상 지속되었을 것으로 추정하고 있다.

그 빙하가 산업화 이후 최근까지 지속적으로 녹아 빙하홍수, 산사태 등 환경재난이 커지고 있고 이에 따른 해수면 상승이 전 세계적으로 문제를 일으키고 있다. 지구 기온은 산업화 이후 지금까지 1.09도 상승했다는 보고가 있다. 현재 추세대로라면 2100년에는 현재의 빙하가 거의 소멸될 것으로 예상하고 있으며 그때 해수면은 현재보다 수십 m 이상 상승할 것으로 예상하고 있다. 이럴 경우 전 세계 해안에 위치한 대도시의 거의 전부가 수몰될 것으로 예측하고 있다.

바벨탑 사건 이후 빙하는 그 규모가 커지면서 절정기에는 북반부에서는 캐나다 전역을 덮었고 남반부 역시 남위 40도 이남 지역을 덮어 평균 두께가 1,000m에 이르고 전 지구의 30% 이상을 덮게 되었다. 이때 해수면은 지금보다 대략 100m 정도 내려가 있어 모든 대륙이 서로 연결된 상태에서 인류는 전 세계로 흩어질 수 있는 자연조건을 만들었다.

결국 하나님은 홍수 사건으로 인간을 멸하셨지만 바벨탑 사건으로는 인간을 흩으셨던 것이다. 빙하가 생기면서 해수면이 낮아져 연결된 대륙을 통해 인류의 이동이 시작되어 메소포타미아 문명, 이집트 문명, 갠지스 문명 그리고 황하 문명 등 인류의 4대 문명이 이런 빙하기 전후로 발생하고 있다는 사실은 유의해 볼 필요가 있다.

성경에는 추위와 얼음 그리고 눈과 같은 기상현상을 언급한 '욥기'가 있다. 특별히 "눈을 명하여 땅에 내리라 하시며〈욥 37:6〉"와 "얼음은 누구의 태에서 났느냐 공중의 서리는 누가 낳았느냐〈욥 38:29〉"라고 하여 빙하를 만드는 눈을 언급함으로써 빙하의 발생원인을 밝히고 있고 "민족들을 커지게도 하시고… 민족들을 널리 퍼지게도 하시고 다시 끌려가게도 하시며〈욥 12:23〉"라고 하여 빙하라는 자연조건을 만드시어 민족을 흩어지게 한 사실을 분명히 언급하고 있다.

3. 노아의 방주 안에 어떻게 그 많은 동물들을…

교회 주일학교에서 가장 인기 있는 성경 이야기 중의 하나가 노아 방주 이야기다. 홍수가 나서 사람들이 다 떠내려갔는데도 노아 할아버지가 만든 큰 배에 탄 동물들이 어떻게 좁은 배 안에서 살았을까 하는 일부터 무슨 동물들이 그 배에 탔을까 하는 궁금증이 연이어 일어나게 마련이다. 누구나 궁금하게 생각하고 있는 이야기이지만 특별히 어린이들에게는 꿈을 심어 줄 수 있는 주제이기에 자주 인용되는 성경 이야기이다.

하나님은 아담 이후 1,536년이 지난 때에 노아에게 큰 홍수가 있을 것을 알리시면서〈창 6:17〉 방주를 만들어 세상의 동물들을 모두 그 안에 넣어 그 씨를 온 자면에 유전하게 하도록〈창 7:3〉 지시하셨다. 이 방주를 만든 사람은 노아의 할아버지와 아버지 그리고 세 아들과 그 며느리들이었지만 완성되었을 때에는 자신의 부부와 세 아들 내외 등 모두 여덟 명만 남아 마무리작업을 하였다.

아버지 라멕은 홍수가 나기 5년 전에 그리고 할아버지는 홍수가 나던 해 직전에 죽었다. 특별히 965세의 최장수를 누렸던 할아버지 무드셀라는 증조부 에녹과 더불어 세상에 신실한 자였기 때문에 당대 사람들에게 선지자 역할을 했을 것으로 추정하고 있다.

방주의 설계는 모두 하나님이 하셨고〈창 6:15〉 노아 부자들은 그 설계대로 따르기만 하면 되었다. 최대 40m의 파고에도 견딜 수 있도록 제작되었고 현대 조선공학에서 기준으로 삼고 있는 10:1.7:1의 비율이어서 파랑, 복원 그리고 구조안정성이 최고였음이 확인되고 있다.

이때 살았던 그 많은 동물을 어떻게 태웠으며, 어떻게 키웠으며, 어떻게 관리했는지를 두고 현실적으로 불가능한 일이라며 신화나 동화쯤으로 여기기 일쑤이다. 그러나 그 진실을 알면 기절할 정도로 정교한 계획대로 진행되었음을 알 수 있다. 먼저 완성된 방주로 동물을 태우는 일은 하나님이 하셨을 것이다. 방주에 다 태우고 노아 가족이 들어간 후에 그 문을 밖에서 닫았다는 사실〈창 7:16〉로 미루어 알 수 있다.

태워야 할 동물은 유전적으로 완벽한 암수 한 쌍씩 선별했고 코끼리와 같은 큰 동물과 거미와 같은 작은 곤충들을 평균하면 양의 크기만큼으로 계산된다. 어류를 제외하고 포유류 3,500종, 파충류 5,500종, 양서류 및 조류 8,600종 등 모두 17,600종으로 한 쌍씩이니 35,000마리가 되지만 방주 내 면적이 양의 크기를 기준으로 할 때 125,280마리를 태울 수 있었으니 공간적으로는 상당히 여유가 있었을 것이다.

먹이를 주고 배설물을 치우는 작업은 현대 가축사육장의 예를 감안하면 1인당 약 5천 마리를 감당한다고 할 경우 여덟 명이 감당하기에 충분하다고 할 것이다. 다만 대형동물인 공룡의 경우 생후 3-5년 동안 성장이 느리다가 그 이후 급성장하는 특성이 있어 새끼를 태웠을 것이며 육상동물의 대부분은 동면이라는 생체리듬으로 조정할 경우 호흡과 체온이 현저히 저하되어 거의 활동을 하지 않아도 생명유지가 가능한 것으로 추정된다.

홍수 이전에는 육식행위가 없었으므로 맹수와 초식동물의 합사도 가능했다는 점 그리고 먹이는 당시 열매와 채소의 칼로리가 현재보다 월등히 높았을 것이라는 점 등을 감안해 볼 때 노아 가족 여덟 명으로 그 공간 안에서 그 많은 동물의 생명보전활동은 하나님이 기억〈창 8:1〉하셨기 때문에 전혀 어려움이 없었을 것이다.

4. 니므롯 – 세상의 첫 용사

홍수 후 150여 년이 지났다. 노아의 둘째아들 함에게도 많은 후손이 나타났다. 그 4대손으로 구스의 다섯째 늦둥이로 태어난 니므롯은 체력이 장대하고 두뇌가 명석하여 어릴 때부터 하는 행동이 남달랐다. 유목민족에서 농경문화로 정착하는 과정에 있었던 히브리 민족에게 야생동물로부터 마을을 보호하기 위한 사냥에 천부적 기량을 보인 니므롯(Limrod)은 '용감한 사냥꾼〈창 10:9〉'으로 불리며 그의 명성은 점차 높아 갔다.

중동의 비옥한 초승달 지역인 시날 땅에 인구도 급격히 불어나면서 사회적 질서가 만들어지기 시작했다. 이때 니므롯은 이들의 지도자가 되어 영웅으로 군림하게 되면서 역사상 처음으로 제국을 건설하여 43년간 바벨탑의 건설을 주도했다. 홍수의 기억이 가시지 않았던 당시 사람들의 악몽을 이용한 니므롯은 "높은 탑을 쌓아 하늘에 닿도록 하자〈창 11:4〉"라고 하여 '물을 피할 수 있는 높은 탑을 쌓아 하나님에게 이르자'라는 구호를 내세워 백성들을 선동했다.

고대 유대전승기록인 『야살의 책(Book of Jashar)』에 의하면 셈의 후예 데라가 아브라함을 낳았을 때 니므롯은 그의 비범함을 듣고 죽이려는 마음을 품었다. 이를 미리 알아차린 데라는 아브라함을 '우르'에 있는 동굴에 10년간 숨겨 키우다가 결국 당시까지 살아 있던 11대 조상 노아에게 피신시키게 되고 이때 아브라함은 노아 할아버지로부터 하나님에 대하여 배워 신앙심에 눈을 뜨게 되었다고 기록하고 있다.

또 니므롯은 사냥을 나갔다가 이삭의 큰아들 에서가 그를 산돼지로 오인하여 활로 쏴 죽였다고 기록하고 있다. 그때 니므롯의 나이는 215세였다. 여기서 하나님이 아담에게 지어 입혔다는 '가죽 옷'이 등장한다. 이 가죽옷은 노아까지 10대를 이어 전승되어 오다가 다시 이를 함에게 그리고 구스에게 이어졌다가 니므롯이 마지막으로 입고 갔던 옷이었다. 에서가 이 옷을 니므롯으로부터 탈취했는지는 알 수 없으나 그 후 이 가죽 옷의 기록은 없어지고 만다.

니므롯은 희대의 악녀 세미라미스(Semiramis)와 결혼하여 담무스 (Dammus)라는 아들을 낳았다. 이들 가족이 만들어 가는 가족력은 후대 중동신앙에 지대한 영향을 끼치게 되었다. 세미라미스는 처음에 니므롯의 아비 구스와 결혼하였지만 후에 그 아들 니므롯과 결혼하였고 그가 죽자 다시 아들 담무스와 또 결혼하여 후대에 다신종교와 여신 숭배사상을 일으킨 원조가 되었다.

남편 니므롯을 태양신으로 신격화하고 자신을 달의 여신으로 부르게 하면서 주변 지역으로 그 영향력을 키워 나갔다. 수메르 지역에서는 '난나', 페니키아에서는 '아스다롯', 애굽에서는 '이시스', 그리스에서는 '아프로디테', 이탈리아에서는 '비너스', 가나안 지역에서는 '아세라' 등으로 확산되었고 특히 담무스를 아비 니므롯의 현신이라고 하여 가나안 지역에서는 '바알(Baar)'이 되어 하나님을 대적하는 토속신이 되었다.

AD 313년 로마의 콘스탄티누스 황제는 기독교를 국교로 한다는 칙령을 내렸다. 그때 지하에 있던 기독교에 당시 횡행하던 니므롯과 세미라미스의 이방신들과 해와 달, 자연 등을 섬기던 다신교가 함께 흡수되면서 외형상 단일종교의 모습으로 통일되었지만 순수한 기독교에 이방신들의 상징들이 혼재하는 지금의 가톨릭이 되었다.

특별히 세미라미스와 그 아들 담무스를 숭배하는 모자신앙이 가톨릭에 전수되어 예수의 어머니 마리아와 그 아들 예수라는 이미지로 현시되면서 마리아 숭배사상이 만들어지게 되었다는 주장이 있다.

5. 대홍수 사건을 인정하지 않는 학자들

캐나다 유콘(Yukon)주에서 출발하여 길게 남쪽으로 4,500㎞ 뻗어 대륙의 척추를 이루고 있는 로키산맥의 허리쯤인 롭슨산(Mt. Robson, 3,954m) 부근을 탐사한 적이 있다. 그 산 정상에서 본 산맥의 위용은 실로 엄청났지만 모두 가로로 새겨진 수평의 줄무늬가 유별나게 기억에 남았다.

전 세계의 대산맥에서는 대체로 가로의 줄무늬가 있게 마련이다. 히말라야산맥이 그렇고 알프스산맥이 그렇다. 물에 의해 형성된 층리(Bedding)로 과거 어느 때 물에 휩쓸려 만들어졌다는 증거다. 모두 조금씩 기울어져 있어 정확한 수평 상태는 아닐지라도 물의 작용에 의해 만들어졌다는 사실을 부정할 수 없는 분명한 증거다.

그러나 사람들은 그 크고 웅대한 산이 왜 그곳에 있는지, 언제부터 생겨났는지에 대한 의문은 애당초 하지 않는다. 다만 그 산은 수천만 년 또는 수억 년 전에 그곳에 생겨나 있었다는 진화론의 선입견만을 믿고 있을 따름이다. 많은 지질학자들이 사람들에게 산은 원래 오래전부터 그곳에 있었다고 가르쳐 왔기 때문이다.

성경에 기록된 홍수 사건은 지구 격변 중 최초이자 최대 사건이었다. 온 지구를 뒤바꾸어 놓은 천지개벽의 격변이었는데 지질학자들은 지구 어느 한 곳에서 일어난 지역적 홍수라고 우기고 있다. 1990년 미국의 해양지질학자 라이언 교수(W. Ryan)는 1990년 지구물리학회 보고에서 "7,500년 전 고립되어 있던 흑해로 지중해의 바닷물이 흘러 들어감으로써 흑해 지역에 홍수가 일어났을 것"이라고 하여 지역홍수설을 주장한 바 있다.

미국 워싱턴대학의 지형학자 몽고메리 교수(D. Montgomery)는 "세계에서 가장 높은 산을 뒤덮을 만한 홍수라면 지구에는 그만한 물이 없다"라고 했고, 미국 지질조사소(USGS)는 "하늘에 있는 물이 한꺼번에 내리더라도 지상에서 깊이 2.5㎝ 정도 채울 뿐이므로 방주는커녕 카누도 띄우지 못한다"라고 했다.

뿐만 아니라 유명 학술단체도 이에 동조하고 있다. 2016년 네이처 지구과학회(Nature Geosience)에서 발표한 성경의 홍수설에 대해 '지구표면 밑 2,000m에 있는 지하수의 총량은 2,260만 입방㎞로 추정되는 양인데 이는 지구 표면을 모두 덮을 만큼 충분한 양이나 히말라야산과 같은 고산준령이 있어 모두 덮을 수 없으며 암석 안에는 홍수의 기록이 전혀 없다'는 주장을 하고 있다.

이외 노아가 600세라는 나이가 현실적이지 않고 살아남은 여덟 명의 유전자가 모든 인류를 대표할 수 없다는 점 그리고 방주에 태운 두 마리의 동물로는 종족보존이 어렵다는 이론 등 홍수를 인정할 수 없는 의심이 수도 없이 많다고 주장하고 있다. 그러나 이들의 주장은 인간 지식의 한계로 인해 절대 진리에 가까워질 수 없다는 사실을 알아야 한다.

천지를 뒤엎을 만한 물은 지하수를 포함한 지상의 모든 물(깊음의 샘)과 하늘에 있던 물층(하늘의 창문)에서 쏟아진 물이라면 세상을 덮을 수 있었던 충분한 양이었을 것이다. 지금의 히말라야산과 같은 고봉준령들은 홍수 때 원시대륙이 갈라지면서 대륙이 서로 부딪혀 생긴 산들이라 홍수 초기 때에는 없었던 산이었고 홍수 전 인간의 수명과 유전자 그리고 동물의 종족보존은 하나님이 직접 창조하신 피조물이었기에 전혀 문제가 없었을 것이다.

성경은 홍수가 끝나고 하나님은 노아 가족과 모든 동물을 방주에서 나오게 하시어〈창 8:18, 19〉 생육하고 번성하게 하셨다〈창 9:7〉고 분명하게 기록하고 있다.

5장

홍수의 흔적들

1. 화석 – 진화론의 증거인가, 심판의 결과물인가

BC 450년경 그리스의 역사학자 헤로도토스(H. Herodotus, BC 484-BC 425)는 이집트 나일강 유역을 여행하면서 땅속에 조개껍질이 묻혀 있는 것을 보고 당시 지중해는 생각보다 더 넓은 바다였을 것이라고 생각하면서 화석(Fossil)을 처음으로 언급하였다. 이후 돌 속에 동물의 태나 식물의 씨앗이 들어 있다가 자란 흔적이라는 설이 있기는 하였으나 15세기 이탈리아예술의 거장 다빈치(L. da Vinci, 1452-1519)는 운하를 파다가 화석을 발견하고 그곳이 전에는 바다였을 것이라는 기록을 남겼다.

현대 지질학에서 화석은 '지질시대로부터 보존된 생물의 유해나 인상 및 흔적으로 생물체의 구조가 인지되는 물체'로 정의하고 있다. 따라서 석탄이나 석유는 화석으로 취급하지 않으나 일부 석탄 속의 나무화석이 발견되고 있어 이를 화석으로 취급하기도 한다. 이외 시베리아 지역에서 발견된 매머드(Mammoth)같이 단단한 돌로 변하지 않았지만 오랜 세월 동안 본 모습을 그대로 가지고 있어도 화석으로 취급된다.

화석은 옛날 그 생물체가 살았던 시대의 자연환경을 이해하는데 대단히 유용한 물체로 활용되고 있다. 현재의 식물과 동물의 과거 모습을 추정하는 데 반드시 필요한 물체라서 과학계 특히 지질학에서는 지사학, 고생물학 그리고 고기후학 등의 연구에 필수불가결한 대상물로 여겨 학자들은 이의 발견에 매진하고 있는 형편이다. 특별히 지질학에서는 지질연대표를 작성하는 데 필수 불가결한 존재로 이 화석을 활용하고 있다.

이런 화석을 두고 진화론자와 창조론자 간의 논쟁은 최근 한 세기에 걸쳐 진지하게 이뤄지고 있다. 화석의 모습이 현재 해당 생물의 모습과는 많이 다르다고 하는 진화론적 이론은 영국의 박물학자 다윈(C. Darwin)의『종의 기원』(1856)이라는 책을 출간함으로써 20세기 초까지 지배적인 이론으로 받아들여져 오다가 최근 화석의 모습과 현생 생물의 모습이 전혀 변하지 않았다고 하는 창조론이 대두되면서 두 진영 간의 논리싸움은 가열되고 있는 형편이다.

일반적으로 화석으로 만들어지기 위해서는 단단한 뼈나 껍데기가 있어야 하고 개체수가 많아야 하며 부패되기 전에 빠르게 땅속으로 매몰되어야 한다는 조건이 갖추어져야 한다. 대부분의 화석은 해양 무척추동물(조개 등)이 가장 많아 95%를 점하고 있고 다음으로 어류나 해양 식물이 4.5% 그리고 나머지 0.0025%만이 공룡과 같은 육상 척추동물들로 발견되고 있다.

이러한 관점으로 미루어 보아 화석은 지구상의 어느 격변 때에 저탁류에 의해 급격히 매몰되어 굳어진 상태로 발견되고 있고 그 만들어진 시간이 지질학에서 주장하고 있는 장구한 기간이 아니라는 사실을 알 수 있다. 즉 화석은 바다생물이 대부분이고 물고기화석은 형체가 뒤틀린 모습을 보이고 조개화석은 입이 닫힌 상태로 발견되며 육상동물의 화석은 대부분 부셔져서 흩어져 발견되고 있다는 점을 유의해야 할 것이다.

그래서 화석은 빠른 시간 안에 대규모 퇴적지층을 만들었던 전 지구적 대홍수 때에 땅속에 매몰되어 만들어진 것으로 판단해야 할 것이다. 즉 화석은 지구 역사의 증거가 아니라 노아 때(BC 2500)의 홍수 사건으로 만들어진 심판의 결과물이라는 것은 의심의 여지가 없을 듯하다.

"후일 너의 자손들이 그들의 아비에게 묻기를 이 돌들은 무슨 뜻이니이까 하거든 이는 땅의 모든 백성에게 여호와의 손이 강하신 것을 알게 하시며〈수 4:21-24〉"라는 말씀이 우리에게 주시는 의미가 무엇인지 음미해 본다면 하나님께서는 화석의 의미를 미리 알게 하시는 역사가 이미 있었을 것으로 추측된다.

2. 에덴동산 흔적 찾기

여호와 하나님이 동방의 에덴에 동산을 창설하시고〈창 2:8〉

푸른 숲이 우거져 있고 그 속에 사는 동물들이 영원히 죽지 않고 서로 어울려 살아가는 아름다운 땅을 추구하는 인류의 이상향을 에덴(Eden)동산이라고 부르고 있다. 성경에 기록되어 있는 이 땅을 찾기 위하여 예로부터 수많은 사람들이 노력해 왔으나 아직 그곳을 찾지 못하고 있다. 처음사람 아담이 태어나 살았던 그곳이 어디인지에 대한 궁금증은 비단 고고학적 탐구심뿐만 아니라 인류의 기원에 대한 의문이 시작된 곳이라 그곳을 찾으려는 사람들의 호기심이 그치지 않고 있다.

미국의 성경학자 위어스비(W. Wiersbe, 1929-2019)는 "성경에서 나오는 의문은 성경에서 찾아야 한다"라고 주장하고 있다. 성경의 기록은 완벽하여 시작과 끝이 함께 기록되어 있다는 뜻이다. "내 생각이 너희의 생각과 다르며〈사 55:8〉"라고 하여 차원 높은 하나님의 말씀에 비하여 인간의 사고에는 한계가 있기 때문에 성경에서 그 답을 구하라는 의미이다.

동산에는 네 개의 강이 있었고 그 강들은 모두 한곳으로부터 흘러나와 갈라졌다〈창 2:10〉고 기록되어 있으니 동산은 다른 곳보다 지형이 비교적 높은 고도였을 것으로 추정된다. 이곳으로부터 시작되는 첫째 강 비손은 '거품이 나는(bubbling)'이라는 뜻으로 금이 많이 나는 하윌라 지역으로 표현되는데 홍해 중간쯤의 양쪽 지역이 지질적으로 금광이 많았던 곳으로 보아 홍해 부근에서 북에서 남으로 흐르는 강으로 추정하고 있다.

둘째 강 기혼은 '터져 나오는(Bursting forth)'이라는 뜻으로 구스 온 땅을 둘렀다고 했으니 지금의 에티오피아 지역으로 추정되며 셋째 강 힛데겔은 앗수르 동쪽이라고 했으니 지금의 티그리스강으로 추정하고 있고 넷째 강은 지금의 유프라테스강으로 추정해서 에덴의 위치는 지금의 중동 지역인 이라크와 이란 접경 지역의 과거 수메르 문명 발상지인 우르 지역에 에딘(Edin) 부근일 것이라고 추정하는 것이 일반적인 견해이다.

그러나 최근 에덴이 지금의 예루살렘 부근일 것이라는 주장이 제기되고 있어 관심을 모으고 있다. 비손강은 북에서 남으로 흐르는 요단강의 옛 이름으로 볼 수 있으며 예루살렘 옆에 기혼샘이라는 우물이 남아 있는 점 그리고 유프라테스강은 현재의 큰 강 유프라테스강〈창 15:18〉이 아닌 예루살렘 옆 작은 유프라테스강〈렘 13:4〉을 지칭한다는 점을 들어 에덴동산은 지금의 예루살렘 부근일 것이라는 의견이 있다.

그러나 무엇보다도 관심을 끄는 주장이 있다. 아브라함이 아들 이삭을 번제로 드리려고 했던 모리아산이 예루살렘에 있고 예수가 십자가에 못 박힌 골고다언덕이 같은 위치에 있다는 사실은 하나님의 인류 구원의 장소 역시 처음 창조해 두신 에덴동산일 것이라는 의미로 본다면 예루살렘이 에덴동산의 터에 더 가까운 장소가 아닐까 여겨진다.

지금의 중동 지형은 그 원형과는 많이 다르다. 노아의 홍수 때에 천지가 개벽하는 급변사태로 한 덩어리(판게아, Pangea)였던 땅이 5대양 6대주로 나눠지면서 그 원형은 거의 전부 소멸되었기 때문이다. 아프리카대륙과 남북미대륙이 갈라져 태평양이 생기고 남쪽에 있던 인도대륙이 북상하여 아시아대륙과 충돌하여 티베트고원과 히말라야산맥을 형성하는 등의 초대형 급변사태로 지금의 땅이 만들어졌다는 점을 감안한다면 에덴동산의 원형을 찾는다는 것은 추정할 수는 있을 뿐 사실상 불가능한 일이 아닐까 여겨진다.

3. 바벨탑 이야기

홍수 이후 사람들이 다시 땅에 번성하기 시작했다. 노아의 세 자식으로 시작된 노아의 후손들은 조상 때부터 해 왔던 유목과 목축업을 중심으로 인구가 늘어나면서 동쪽으로 삶의 터전을 옮겨 살게 되었다. 셈의 아들 아르박삿에 이어 셀라 그리고 아벨을 거치면서 동편 시날 땅에 정착하였다. 홍수가 난 지 약 100여 년 후, 에벨의 아들 벨렉이 태어날 즈음에는 많은 씨족사회를 형성하면서 모여 살게 되었다.

인류학자에 의하면 5천 명 규모 정도의 씨족사회가 형성되면 일정한 사회규범이 생기면서 계급사회로 변화하는데 이때 지도자가 나타난다고 한다. 함의 손자에 니므롯이라는 사람이 있었다. 그는 "세상에 첫 용사라 용감한 사냥꾼〈창 10:8〉"으로 자연히 백성의 지도자가 되었지만 그는 하나님으로부터 멀어져 있었던 사람이었다.

그는 사람들을 선동하기 시작했다. "성읍과 탑을 건설하여 그 탑 꼭대기를 하늘에 닿게 하여〈창 11:4〉" 자신들의 이름을 내고 흩어지는 것을 면하기 위해 앞장섰다. 하나님의 이름 대신 자신들의 이름을 내고 흩어지기를 원하시는 하나님의 뜻에 반하는 '뭉치기'를 선택했던 것이다. 그는 조상으로부터 들은 홍수 이야기로 물에 대한 트라우마가 있었고 백성들을 단합시키기 위한 상징물이 필요했던 것이다.

벽돌과 역청의 발견은 이들이 거대한 탑을 건설하기 위한 기본재료가 해결되었다는 것을 의미한다. 흙을 구워 만든 벽돌은 단단하기도 하지만 큰 건축물을 만들기에 최적의 재료로서 획기적인 문명의 산물이었다. 당시에는 돌이 주된 건축 재료였으나 구하기도 어려울 뿐만 아니라 가공도 쉽지 않았는데 이 문제가 해결됨으로써 탑의 건설은 가속도가 붙게 되었다.

이를 보신 하나님은 특단의 대책을 준비하시게 된다. 한 덩어리로 뭉쳐져 있는 사람의 집단을 스스로 흩어지게 하는 방법은 소통의 단절이 최상의 방법이다. 한 언어로 소통하던 이들의 언어를 여러 갈래로 나뉘면 사람들은 자연히 말이 통하는 사람들끼리 모이게 마련이다. "여호와께서 그들을 온 지면에 흩으셨으므로 그들이 그 도시를 건설하기를 그쳤더라〈창 11:8〉"라고 하여 이곳을 혼란을 의미하는 바벨이라는 이름이 지어졌다.

그 후 이 바벨탑은 헐어졌고 1,650년이 지난 후 신바빌론제국의 느부갓네살 2세왕에 의해 재건되었는데 이때 사용된 벽돌의 수가 8,500만 개로 알려졌다. 그리스 역사학자 헤로도토스기 기원전 400년경에 이 탑을 직접 확인했다는 기록이 있지만 확실하지는 않다. 다만 1899년 독일의 고고학자 콜데바이(R. Koldebwey, 1855-1925)가 지금의 바그다드 남쪽 90㎞의 사막 20m 밑에서 신바빌론 유적을 발견하면서 한 탑을 발굴해 냈는데 밑변의 길이가 각각 91.5m이며 높이 역시 91m로 확인했다.

그는 니므롯이 건설하려던 바벨탑을 찾으려고 했으나 수메르시대의 '신의 문(Ziggurat)'만 확인했을 뿐 두 탑과의 상관관계는 확인하지 못했다. 다만 1913년 에사길라 신전 터에서 바벨탑의 크기를 묻는 시험지가 기록된 작은 점토판이 발견되면서 바벨탑의 규모를 확인하는 쾌거를 이루게 되었다. 현재 창세기에 나오는 바벨탑 그림은 네덜란드 화가 피터 브뤼헬(P. Bruegel, 1525-1569)이 그린 그림이 원형으로 꼽히고 있다.

인간이 하나님을 거역함으로써 물로 심판을 받았지만 얼마 되지 않아 또다시 고개를 들어 거역하는 인간의 우매함을 표징하는 바벨탑 사건은 시사하는 바가 크다. 수많은 고고학자가 이라크 남부 지역에서 바벨탑의 원형을 찾으려고 노력하고 있지만 아직 그 원형의 바벨탑은 찾지 못하고 있다.

4. 공룡이 사람과 함께 살았다

영화 '쥬라기 공원'은 사람들에게 공룡의 모습을 상상하는 데 결정적인 역할을 했다. 작은 캥거루만 한 공룡에서부터 큰 건물을 단숨에 부셔 버리는 '렉스'라는 무시무시한 공룡에 이르기까지 모든 공룡을 출연시킨 영화이기 때문이다. 그래서 오랜 옛날에 지구상에 살았다고 생각되는 이 공룡에 관한 이야기는 모든 사람들이 궁금해한다. 공룡은 어떻게 생겼는지 그리고 왜 지금은 우리가 볼 수 없는지 등 사람들에게 흥미진진한 이야깃거리를 제공하고 있다.

고생물학적 설명에 의하면 중생대 트라이아스기(1억 5천만 년 전)에 처음 출현하여 쥐라기에 번성하였다가 백악기 말(6천 5백만 년 전)에 지상에서 없어진 것으로 알려진 거대한 동물로서, 알로 번식하며 다리가 몸체 아래로 곧게 뻗어 있는 온혈동물을 말한다. 1841년 영국의 고생물학자 오웬에 의해 '무서운 도마뱀'이라는 뜻을 가진 Dinosaur로 명명하였으며 칠면조 크기에서 몸무게 150톤까지 나가는 동물로 현재까지 화석으로 확인된 공룡은 전 세계적으로 600여 개체로 알려져 있다.

가장 큰 공룡은 세이스모사우루스(Seismosaurus)로 1986년 미국 뉴멕시코에서 화석으로 발견되었는데 길이가 50m, 몸무게가 약 150톤이나 되는 초식성 공룡이며 가장 작은 공룡은 콤소나투스(Compsognatus)로 60-90㎝의 크기에 약 3㎏ 정도라서 칠면조보다 조금 큰 공룡이라고 할 수 있다.

가장 포악한 공룡은 쥐라기에는 알로사우루스(Allosaurus), 백악기에는 T-Rex로 알려진 티라노사우루스(Tyranosaurus)로 몸길이 12-15m, 6톤의 몸무게로 보통 때는 시속 6-7㎞ 정도이나 먹이를 잡을 때는 시속 45㎞로 달릴 만큼 빠른 공룡으로 묘사되고 있다. 대부분의 공룡의 눈이 옆으로 나 있으나 이 공룡은 어느 공룡보다 앞쪽으로 눈이 발달되어 거리판단이 정확했던 것으로 추측하고 있다.

언제, 어떤 환경에서 살았던 동물인가에 대해서는 많은 이론이 있다. 공룡들이 서식할 당시에는 중력은 지금보다 작았을 것이라고 추측하고 있다. 당시 하늘에는 수증기로 된 물층(Water Canopy)이 있어 이것이 태양의 저주파 열선과 우주선을 흡수하며 고주파 방사선을 차단하는 역할을 하고 산란시켜 지구에 온실 역할을 함으로써 당시에는 작은 중력에 고온 다습한 기후, 계절의 변화가 없이 섭씨 약 27도의 항일정한 기온이었을 것이며 산소가 풍부한 환경이었을 것으로 추정하고 있다.

이런 공룡에 대하여 역사 이래로 과학적인 검증서나 자세한 관찰기록이 없다 보니 지금 발견되고 있는 화석으로 그 모양을 유추할 수밖에 없는 형편이다. 그러다 보니 사실보다는 상상의 동물로 그려지기 일쑤이다. 그러나 당시의 모습을 보고 나름대로 설명한 유일한 기록이 있다. 성경에는 공룡이라고 추정되는 기록이 BC 2000년경에 살았던 욥에 의해 소상히 설명되고 있다.

"꼬리를 치면 큰 나무들이 흔들리는 것 같고 굵은 힘줄과 큰 다리를 가진 거대한 짐승"이며, "풀을 주식으로 한 초식동물로 모든 창조물 중에 가장 으뜸인 동물〈욥 40:17-19〉"이라고 기록하였다.

지질학에서 몇억 년에서 몇천만 년 전에 살았다고 하는 공룡이 욥의 시대에도 살고 있었다는 충격적인 내용이다. 그 기록이 공룡에 대한 것인지 아니면 다른 동물을 의미하는 것인지는 논의 대상이 될 수 있으나 세계 도처에서 발견되는 화석과 선사인류의 주거지에서 공용으로밖에 설명이 되지 않는 수많은 벽화나 전승이 지금부터 멀지 않은 시대까지도 인류와 함께 살았다는 증거가 수도 없이 많다는 것은 우리의 기존 관념을 깨는 일일 것이다.

5. 왜 사라졌나

지질학에서 중생대 트라이아스기에 처음 발생하여 쥐라기에 크게 번성하였다가 백악기 말에 갑자기 없어져 버렸다고 하는 이 거대한 동물의 멸종원인은 무엇일까? 두 가지 설이 있다. 먼저 운석 충돌설을 들수 있다. 거대한 운석이 지구와 충돌하면 핵폭발의 수천, 수억 배에 해당하는 에너지에 의해 지상의 충돌파편이 공중으로 날아 대기권을 감싸게 되어 기온은 급격히 떨어지고 수증기는 질소와 반응하여 산성비를 내리게 되며 태양 빛은 차단되어 지상의 모든 생물의 생존에 심각한 영향을 주게 되는데 특히 거대한 몸체를 하고 있는 동물일수록 그 피해를 크게 받게 될 것이다.

실제로 직경 약 10km의 운석이 지구와 충돌할 경우, 직경 800-1,000km, 깊이 400km 규모의 웅덩이가 생기며 40분간 2,000도의 온도가 발생해 지구표면의 25%가 변화하는 엄청난 영향을 주게 된다고 한다. 이 충돌설은 공룡의 화석이 발견되는 지층에 특별히 운석에서 많이 발견되는 이리듐이라는 원소가 많이 포함되고 있다는 점에 착안하여 세운 가설로 노벨 물리학상 수상자 알바레즈(L. Alvarez)가 주장하여 현재 가장 널리 받아들여지고 있는 이론이다.

두 번째 주장으로는 화산 활동설이 있다. 공룡이 멸종하였을 시기로 추측되는 백악기 말과 제3기 초(CT경계 : 6천5백만 년-7천만 년 전)에는 어떤 이유에서인지 지구 중력이 급격히 증가함으로써 지하의 판 구조에 심대한 영향을 미치게 되어 지질학적으로 지진과 화산활동이 매우 심했던 시기라고 추정하고 있다. 즉 격심한 화산활동으로 하늘은 빛을 가리고 땅은 갈라져 지상의 모든 생명체가 영향을 받게 되며 여기에 홍수가 덮쳤다면 그 파급효과는 한층 더하였을 것이다.

화석에 의존하여 공룡의 모습을 추정하는 일은 그것이 몇천만 년 전에 있었다는 사실을 확고한 전제로 하고 있기 때문에 그 공룡은 아무리 객관적인 사실을 제시해도 그 시간을 단축할 수 없게 되어 있다. 장구한 시간을 우리의 지식세계에서 삭제하지 않고는 이의 실체를 규명할 수 없다. 성경에는 이에 대한 답이 구체적이고 사실적으로 기록하고 있다.

모든 생물은 약 6천 년 전 그 종류대로 창조되었고 아담이 죄를 짓기 전에는 공룡을 포함한 어느 생물도 멸종하지 않고 살다가 노아의 때에 방주에 공룡의 알이나 새끼를 태웠을 것이고 홍수 동안에 모든 공룡은 일정한 지역에 수몰되어 화석을 만들었으며 홍수가 끝난 후 방주에 태 워졌던 공룡은 번식하여 한동안 인간과 함께 살다가 기후의 급변으로 최후의 빙하기 때부터 서서히 개체가 줄어들었으며 극히 일부분만 아 직도 생존하고 있는 것이 공룡이라는 설명은 그간에 제시되었던 모든 질문에 대한 답이 될 것으로 추정된다.

이러한 공룡을 상상하여 만든 영화가 '쥬라기 공원'이다. 이론적으로 동물의 뼈와 피에서 DNA의 추출이 가능하다. 그러나 공룡의 뼈는 모 두 화석화하면서 단백질이 파괴되었기 때문에 DNA추출이 불가능하 며 호박 안에 포획되어 있는 흡혈곤충 내장에 있는 피는 어느 한 종류 공룡의 피가 아닌 혼합되어 있을 가능성이 있고 만약 단일 공룡의 피 속의 DNA를 추출할 수 있다고 하더라도 DNA만으로 생명을 복원한 다는 것은 현대과학으로 불가능하다.

눈으로 공룡을 직접 본 사람이 없으니 과학이라는 수단을 이용하여 추정하고 있는 공룡에 관한 이야기는 그래서 사람들이 쉽게 혼동할 수 있는 동물일 수밖에 없다. 그러나 그 확실한 증거라고 하는 화석을 기 존의 관점이 아닌 다른 각도에서 면밀히 관찰해 본다면 우리가 생각하 고 있던 상상의 공룡에서 보다 친숙한 실제의 동물로 다시 태어날 수 있다는 추정이 가능하다.

2부

땅 위 인간의 역사

고고인류학에서는 인간의 역사를 2백만 년으로 보지만 최대 7백만 년까지 보고 있기도 하다. 그 시조는 아프리카로 추정하여 '피테칸트로프 수 아프리카누스'라고 명명한 이후 필드타운인, 네안데르탈인 등 세계를 이끌고 있던 유럽이 고고학의 중심이 되다가 최근에서야 호모 사피엔스를 거쳐 '루시'라는 최초인류를 만들어 내는 과정을 겪었다.

인류의 문명 역사도 20만 년이라고 주장하지만 과거 인류의 흔적은 아무리 찾아보아도 5천 년 전까지만 알려져 있고 그 이전 19만 5천 년간에는 어떤 유물도 발견되지 않는다는 사실은 우리에게 시사하는 바가 크다. 특별히 노아 때의 홍수가 있었던 4천400여 년 전의 인류 문명의 기록이 전무하다는 사실은 이를 분명히 뒷받침하고 있다.

하나님이 에덴에 동산을 만드시고 흙으로 아담과 이브를 지으신 후 동산에 살게 하신 일은 성경에만 기록되어 있는 일이 아니라는 사실이 조금씩 확인되고 있다. 그 아담 이후 1,656년째 되던 해에 또 다른 세상이 열려 노아의 자손 3형제로부터 다시 인류가 번성해 왔다는 기록은 이 세상 도처에 그 흔적들이 많이 남아 있다.

노아 홍수 이후 세계 4대 문명이 시작되면서 인류의 문명이 이어지는 것을 보아도 알 수 있다. 이 사람들이 늘 하나님을 떠나 살려고 할 때마다 하나님은 섭섭해하시지만 기다리셨음을 성경 기록에서 알 수 있다. 노아의 12대손 아브라함으로부터 시작하는 히브리 백성들의 계보는 하나님이 선택한 백성들을 어떻게 사랑하셨는지를 보여 주는 사랑의 계보다.

세상 사람들의 표본으로 삼으신 히브리 백성들의 인생여정을 통하여 인간이 어떻게 하나님을 섬겨야 하며, 왜 섬겨야 하는지를 구체적으로 적은 창세기 기록은 인간의 삶을 비추어 보는 거울이 되어 지금까지 면면히 이어지고 있다.

두렵고 어렵게만 보이던 그 하나님은 자상한 형님으로 다가와 내가 누구이며, 앞으로 무슨 일을 해야 하는지를 손을 꼽아가며 가르쳐 주신다. 인간은 자신을 닮은 피조물이라는 것, 자연은 인간을 위하여 창조해 주셨다는 것 그리고 인간이 이룩한 과학으로 자신을 넘보지 말라는 것이 그것이다. 모든 만물 중 으뜸이 되는 인간을 창조하신 후에는 그와 동행하면서 영원히 사랑하시기를 원하셨지만 인간은 자꾸 옆길로 가고 있는 모습에 안타까워하며 끝없이 기다리시는 분이 하나님이시다.

1장
히브리 민족의 조상들

1. 언약의 조상, 아브라함

홍수 후 300년이 지나 노아의 11대손 아브람이 태어났다. 홍수 전 900세가 넘던 인간의 수명이 노아 5대손 에벨에 이르러서는 반으로 줄어 500세 정도로 되었다가 아브람 대에 이르러서는 그 반에서 더 줄어 200세 정도가 되어 있었다. 하란에 있던 아브람이 하나님의 지시에 따라 온 가솔을 이끌고 가나안 땅 세겜에 이른 때가 그의 나이 75세 때였다. 장장 800㎞의 긴 여정이었다.

하나님은 아브람을 의로 여기시고 그의 후손들이 4백 년 동안 이방 땅에서 객이 되어 살 예정을 알려 주시면서 나일강에서부터 큰 강 유프라테스강까지의 땅에 걸쳐 겐족속, 그니스족속, 갓몬족속, 헷족속, 브리스족속 기르기스족속, 아모리족속, 가나안족속 그리고 여부스족속 등이 살고 있던 이방족속의 땅 가나안을 약속하셨다.

하나님은 아브람이 여러 민족의 아버지가 될 것임을 약속하시면서 아브람을 열국의 아비라는 의미인 '아브라함'으로, 그의 처 사래를 온 나라의 어미라는 의미인 '사라'라고 개명할 것을 명하셨다. 아브라함은 하나님의 말씀을 끝까지 기다리지 못하고 86세에 하갈을 통해 들나귀 같은 이스마엘을 얻어 후일 히브리민족에게 큰 어려움을 지워 주게 되었다.

결국 아브라함이 100세가 되던 해에 사라의 몸을 통해 적장자 이삭을 얻었고 태어난 지 8일 만에 할례(Sircumcision)를 시행하여 영존한 언약을 삼게 하였다. 이 할례는 피를 멎게 하는 프로트롬빈(Protrombin) 수치가 가장 많은 때가 출생 후 8일이라는 사실을 과학이 증명하고 있다.

고향에서부터 동행했던 조카 롯에게는 기름진 땅 소돔에 거하게 하였다. 그러나 그 땅이 점차 타락했기 때문에 천사가 롯 식솔들을 구하려 왔으나 그 도시에 의인 10명이 없어서 결국 롯과 그 두 딸만이 멸망하는 도시를 탈출하게 되었다. 조상 노아 때에는 물로 심판하신 하나님은 이때 화산을 일으켜 불과 유황으로 도시를 멸망시켰다. 이때, 살아남은 이 세 사람을 통해 모압과 암몬이라는 다른 이방민족이 생겨나 후일 이스라엘 민족에게 또 다른 올무가 되었다.

어느 날, 하나님은 아브라함에게 자신의 적장자인 이삭을 번제로 드릴 것을 명하셨다. 사흘 길의 모리아산으로 향하는 아브라함의 마음은 새카맣게 타 들어갔지만 산에 도착하여 이를 준행하려는 순간 천사들의 급한 목소리가 그의 손을 잡았다. "그에게 아무 일도 하지 말라… 내가 이제야 네가 하나님을 경외하는 줄을 아노라"고 하면서 그 땅의 이름을 '여호와 이레'라고 하였다.

그때 이삭의 나이는 10대 후반에서 20대 초반까지로 추정된다. 그 나이는 아비가 하려고 하는 일을 이미 알고 있었을 나이였고 하나님에게 자신의 생명까지 바칠 수 있다는 순종의 모습은 하나님에 대한 경외함과 아비에 대한 효심이 없이는 할 수 없는 일이었다. 유대의 역사학자 요세푸스는 "제가 하나님과 아버지의 결정에 따르지 않는다면 태어날 가치조차 없었을 것입니다"라는 이삭의 신앙고백이 있었다고 기록하고 있다.

아들을 번제로 드리려고 했던 모리아산의 바위제단은 길이 13.5m, 폭 0.8m, 높이 1.8m의 바윗돌인데 이 돌 위에 이슬람교도들이 황금으로 된 사원을 지어 지금에 이르고 있다. 유대교에서는 솔로몬성전 터로, 이슬람교에서는 무함마드가 승천한 곳으로 그리고 기독교에서는 예수가 처형된 곳으로 여기고 있어 지금은 세계 3대 유일신 종교가 서로 자신들의 성지라고 주장하여 한 치의 양보도 하지 않고 있는 종교적 갈등의 진원지가 되고 있다.

2. 예수의 예표로 산 이삭

아브라함이 아내 사라가 127세에 죽고 아들 이삭을 통해 손자 야곱을 본 후 15년을 더 살다가 175세에 죽어 헤브론의 마므레 앞 막벨라 밭 굴에 부부가 함께 장사되었다. 이삭은 40세에 아람족속 부드엘의 딸 리브가를 아내로 맞아 60세 되던 해에 쌍둥이 에서와 야곱을 낳았다.

당시 그 지방에는 100년 주기의 기근이 닥쳐왔다. 첫 번째는 아브라함이 99세 때(BC 2052)에 있었고 두 번째 기근은 이삭이 77세 때(BC 1974)에 있었다. 이때 그는 아버지 아브라함이 했던 대로 애굽으로 가려 했으나 하나님은 그를 만류하시며 아브라함에게 주셨던 축복을 이삭에게도 주시어 생육하고 번성하게 하였고 거주할 땅도 허락하셨다.

중동 땅은 건조한 사막 지형이어서 농사는 물론 가축에게 먹일 물을 찾는 일이 필수적이었는데 이삭은 이 물을 얻기 위해 가는 곳마다 우물을 팠다. 연 강우량이 200㎜밖에 되지 않는 지역에서는 땅속에 물을 함유하고 있는 암반층 윗부분인 표토층 안으로 흐르는 지하수를 찾아 우물을 파게 된다.

함께 살고 있던 블레셋 사람들이 시기하여 우물을 막고 흙으로 메웠지만 이삭은 대응하지 아니하고 가는 곳마다 '에섹', '싯나', '르호봇' 그리고 '세바'라는 이름의 우물을 팠으나 그 때마다 블레셋 사람들이 시비를 걸어 왔다. 당시 우물을 빼앗는 행위는 전쟁으로 간주할 정도로 우물이 중요했지만 이삭은 다투지 않고 양보했다. 어리석게 양보할 때마다 하나님의 역사는 다시 시작되었다.

그 후 이삭은 그랄 땅에서 농사를 지어 수확을 백 배나 얻었고 하나님이 복을 주시어 양과 소 떼가 심히 많아져 거부가 되었다. 이삭의 쌍둥이 형제 에서와 야곱은 태중에서부터 다투던 사이였는데 형 에서는 40세에 이방족속인 헷족속의 여인을 아내로 맞이하여 어머니 리브가의 마음에 근심거리가 되었다.

이삭이 늙어 눈이 어두워졌을 때 야곱은 형 에서 대신 아버지로부터 장자의 축복을 가로채 후일 큰 민족을 이루는 계기를 마련하게 되었다. 이삭은 아들 야곱에게 '하늘의 이슬과 땅의 기름짐이며 풍성한 곡식과 포도주를 네게 주시기를 원하노라'라고 축복하면서 '만민이 너를 섬기고 열국이 네게 굴복할 것'을 예언하였다. 야곱이 성년이 되어 배필을 구할 때에도 형 에서와 같이 가나안 사람의 딸들에서 아내를 구하지 말고 같은 족속인 외삼촌 라반의 딸 중에서 구하도록 했다.

하나님이 이삭에게 아브라함에게 주신 땅도 차지하도록 축복한 후 이스라엘 열두 지파를 이룰 열두 손자들의 탄생과 손녀 디나 사건을 겪은 후 나이가 많고 늙어 헤브론에서 눈을 감았다. 아브라함이 100세에 낳은 이삭도 아버지가 175년을 산 만큼 그도 180년을 향수하고 죽었다. 아버지 아브라함이 약속받은 가나안 땅에 처음 들어왔으나 기근을 맞아 애굽까지 갔다 왔지만 이삭은 그 땅을 온전히 지켜 후대의 축복의 땅의 기틀을 만들었다.

그의 일생은 후에 오실 예수 그리스도의 일생과 거의 흡사할 만큼 닮아 있다. 두 사람 다 출생부터가 하나님의 수태고지가 있었고 외아들로 태어났으며 미리 이름을 지어졌다는 점과 이웃과 다투지 않고 늘 양보했다는 점 그리고 희생 제물이 되었다는 점이 예수의 예표로 산 일생이었다고 할 수 있다.

3. 민족의 기틀을 마련한 야곱

나이 40에 서른 살이나 어린 리브가를 아내로 맞은 이삭은 결혼 20년 만에 쌍둥이형제 에서와 야곱을 낳았다. 이때에는 조부 아브라함을 비롯하여 8대조 에벨, 10대조 셀라 그리고 12대 조상인 셈도 살아 있던 때였다. 이 아들들이 열여덟 살이 되는 해는 특별한 해였다. 에서가 사냥터에서 자신의 10대 조부격인 당대의 영걸이었던 니므롯을 오인 사살하는 일이 있었으며 야곱은 셈과 에벨 할아버지 집으로 긴 유학을 떠나게 된 해였다.

큰아들 에서가 40이 되었을 때 이방족속의 여인들을 아내로 맞는 모습을 본 이삭 부부는 마음에 근심이 컸다. 이로 인해 리브가는 둘째아들 야곱에게 아버지 이삭으로부터 에서 대신 장자의 축복을 받게 하여 이스라엘 역사는 큰 전환점을 맞게 되었다.

형의 장자권을 가로챈 야곱은 외가인 밧단아람으로 피신했다. 그가 살고 있던 브엘세바에서 밧단아람까지는 720㎞로 당시 사람들은 20여 일 정도의 노정으로 생각했던 거리였다. 여행 도중에 하나님을 만난 야곱은 베고 있던 돌베개에 기름을 붓고 그곳을 '벧엘'이라 명명한 후 후일 평안히 고향으로 돌아가게 하시면 나의 하나님으로 섬길 것이며 이곳에 하나님의 집을 지을 것이고 소득의 10분의 1을 드릴 것이라는 세 가지 약속을 하였다.

밧단아람에서 야곱은 외삼촌 라반에게 속아 14년의 고용생활을 했고 83세 때에 56년 연하의 라헬과 결혼에 성공하는 의지를 보였다. 결국 레아와 라헬의 2처로부터 르우벤, 시므온, 레위, 유다, 잇사갈, 스불론, 요셉, 베냐민의 8명과 실바와 빌하의 2첩을 통해 갓, 아셀, 단, 납달리 4명 등 모두 열두 아들을 얻어 이스라엘 열두 지파를 형성하게 되었다.

야곱은 열한 번째 아들 요셉을 낳자 외삼촌 밑에서 14년의 머슴살이를 끝내고 고향으로 돌아갈 것을 결심하게 되었고 그 6년 후 야곱이 자신의 권속과 많은 가축을 데리고 외삼촌 집을 떠날 때 84세였다. 귀향 길에 얍복강가에서 천사와 씨름하면서 소원했던 것은 형 에서로부터 자기 가족을 보호해 달라는 것이었다. 야곱 대신 이스라엘이라고 자신의 이름을 개명한 때가 그의 나이 100세였다. 그 외 유일한 딸 디나가 세겜 사람에게 강간을 당하면서 시므온과 레위의 살육전을 겪게 되고 장자 르우벤이 서모와의 통간 사건으로 장자권이 취소되는 여러 사건을 겪게 되었다.

야곱이 그렇게 사랑했던 라헬은 헤브론으로 가는 도중에 막내 베냐민을 낳으면서 그 산고로 죽게 되는데 그녀의 나이 45세였다. 야곱의 처첩 중 가장 먼저 죽은 것이다. 야곱의 4여인들 중 조상의 묘소인 막벨라굴에 장사되지 못한 유일한 여인이었는데 이는 자식을 얻기 위한 투기가 심했고 토속신앙에서 벗어나지 못했던 것이 그 이유였을 것이다.

쌍둥이 형 에서는 3명의 아내로부터 5명의 자식을 두었다. 이들 후손들은 바위로만 구성되어 있는 사막의 애돔 지역을 근거로 살면서 아말렉족속이 되었다. 이들은 영토 안에 소산물이 없다 보니 주변 지역을 습격하여 약탈을 주로 하는 유목민이 되어 근근이 명맥을 유지하다가 AD 70년경에 역사 속으로 사라지는 운명을 맞게 되었다.

야곱은 결국 그의 조부 아브라함과 부친 이삭이 거주하던 가나안 땅 헤브론에 정착하였고, 그가 130세 때 아들 요셉으로 인해 애굽으로 이민하여 열두 아들의 축복 속에 살다가 파란만장했던 일생을 마치게 되었다. 그는 147년의 일생 중 83년을 고향을 떠나 살았던 험악한 나그네 인생을 보냈던 것이다. 그의 시신을 조상이 묻혀 있는 막벨라굴에 장사하려 할 때 매장지를 두고 형 에서와 다툼이 있기도 했지만 그도 죽어 함께 장사되었다.

4. 탁월한 정치가 요셉

아버지 야곱의 사랑을 독점하고 있던 요셉은 형들이 있는 도단 들로 갔다가 하마터면 죽임을 당할 뻔했다. 그러나 큰형 르우벤의 만류로 구덩이에 갇히면서 목숨을 건졌으나 마침 이 지역을 지나가던 이스마엘 사람 미디안 상인에게 은 20에 팔려 애굽으로 끌려간 때가 17살이었다.

애굽으로 끌려간 요셉은 왕의 친위대장 보디발에게 팔려 그 집에서 종으로 살게 되었다. 그에게는 늘 하나님에 대한 경외심이 있어서 그 신실한 모습을 본 주인은 그에게 집안의 모든 일을 맡기게 되었다. 헌헌장부로 장성한 요셉을 여주인이 유혹하는 사건으로 사형을 당할 운명이었으나 그의 무고함을 믿은 보디발은 그를 감옥으로 보내는 것으로 사건이 마무리되었다.

그 감옥에서 전직관리의 꿈을 해몽해 주는 일을 계기로 왕의 꿈을 해몽해 줌으로써 30세에 일약 애굽의 총리로 발탁되는 인생역전이 있었다. 꿈의 해몽은 전적으로 하나님의 일이라고 믿었던 요셉은 꿈의 예시에 따라 7년 풍년 후 7년 흉년(BC 1764)을 대비하는 통제경제체제로 나라를 잘 다스렸다.

처음의 7년 풍년이 끝나고 시작된 기근은 참담했다. 근동 지방에서 양식을 구하기 위해 모여드는 백성에게 애굽당국은 저축해 두었던 곡식을 팔아 재정을 튼튼히 하였고 다음은 그 재정으로 가축을 사들여 국가소유로 하였으며 마지막으로는 백성들의 땅을 사들여 왕국의 영역을 넓히는 일석삼조의 효과를 거두었다. 그때가 요셉이 40세로 국정을 맡은 지 10년이 되는 해였다.

요셉은 곡식의 판매지침을 만들어 이를 엄격히 시행했다. 구매자가 직접 구매할 것과 자기 가족을 위한 곡식에 한정하고 성문 출입 시 철저한 검문검색을 통해 부정구매를 원천적으로 차단하였지만 실은 요셉이 고향에 있는 형들이 찾아올 것에 대비해 아버지 야곱의 안부를 확인하기 위한 조치였던 것이다.

형들 역시 양식을 구하러 애굽으로 오면서 20여 년 전에 팔았던 동생의 안부를 알기 위해 나름대로 알아보고 있었다. 결국 형들을 먼저 알아본 요셉은 형들의 본심과 아버지의 안부를 알아보기 위해 몇 가지 검증작업을 하게 되었다. 특히 자신의 동복동생인 베냐민이 보이지 않아 그간의 사정이 많이 궁금했던 것이다.

모든 형제들이 두 번째 양식을 구하러 애굽으로 갔을 때 요셉은 베냐민에 집착하다가 왕 앞에서 형 유다와 한판 언쟁을 하는 과정에서 과거 자신을 판 형제들과 극적 화해를 하게 되었다. 아버지 야곱이 죽어 마므레 박벨라굴에 장사한 후 그의 형제들이 요셉의 보복을 두려워했으나 '내가 하나님을 대신하리이까'라며 그들을 용서했다.

요셉과 합류하게 된 일가 70명은 기름진 땅 고센에 정착하면서 큰 민족 이스라엘 민족을 형성하는 기본인원이 되었다. 야곱이 147세로 죽기 전, 요셉의 두 아들 에브라임과 므낫세를 '내 아들'이라고 천명함으로써 손자를 아들급으로 승격시켜 후일 완전한 이스라엘 12지파를 구축하는 기초를 만들었다.

요셉은 애굽을 80년 동안 통치하면서 110세로 생을 마감하였는데 그의 형들 10명도 대략 120여 년을 향수하면서 앞서거니 뒤서거니 죽었다. 요셉의 조상 아브라함은 가나안에 진입했고 조부 이삭은 그 땅을 지켰으며 아비 야곱과 자신은 다시 애굽으로 들어가는 역사가 이루어졌다.

2장

애굽 탈출기

1. 요셉을 알지 못하는 새 왕이…

그리스의 역사학자 헤로도토스(BC 484-425)는 "이집트는 나일강의 선물"이라는 기록을 남겼다. 나일강 하구는 세계에서 두 번째로 긴 나일강(6,700㎞) 유역에 일정하게 내리는 강우에 따라 매년 5, 6월경에 범람을 일으켜 비옥한 평야를 이룸으로써 세계 4대 문명의 발상지의 하나가 되었다. 풍요로운 농업의 발달로 수많은 왕조가 명멸하였는데 BC 18세기경에는 북쪽의 아모리족속이 남침하여 약 100년간 힉소스왕조(BC 1663-1555)의 지배를 받기도 하였지만 함족의 후예들은 왕성한 국력을 이루어 제국의 면모를 갖추고 있었다.

당시에는 애굽을 비롯하여 북쪽에 히타이트제국, 미탄니제국, 바빌로니아제국(구)과 함께 4대제국이 병립하고 있으면서 서로 세를 과시하고 있었다. 요셉이 죽은 후 애굽에서는 많은 세월이 흐른 후 새 왕이 나타났다. 애굽의 17왕조였던 투트모스 1세의 뒤를 이어 BC 1450년에 투트모세 3세라는 왕이 즉위하였으나 나이가 어려 그 모친 하트셉수트가 섭정하여 왕권을 확립하였는데 이때가 히브리 민족의 노예생활

이 극심한 때였다. 이 왕은 유럽의 '나폴레옹'에 비견될 만큼 재위 32년간 17회의 정복으로 이웃나라 350여 개 도시를 병합하는 대단한 제국을 형성하고 있었다.

나일강 물가 갈대숲에서 상자에 담긴 아기를 건져 자신의 양자로 삼은 공주가 이 제국의 어머니 하트셉수트였고 그 아기가 성장하여 히브리 민족을 구원한 모세였으니 역사의 아이러니가 아닐 수 없다. 히브리 사람으로 태어난 모세는 자기 집에서 백 일가량을 키워졌으나 당시 사내아이는 다 죽이라는 법 때문에 더 이상 감출 수 없게 되자 그 어머니 요베겟은 갈대상자라는 기상천외한 방법을 택할 수밖에 없었다.

모세는 하나님 보시기에 아름다운 자〈행 7:20〉였지만 그 일생은 파란만장한 여정으로 점철되어 있다. 처음의 40년은 당대의 제국이었던 애굽왕실에서 최상의 궁정교육을 받아 애굽 사람의 모든 것을 배우면서〈행 7:22〉 풍부한 세상지식을 익힐 수 있었고 그다음의 40년은 미디안광야에서 혹독한 영적 훈련을 거친 후에 하나님은 그를 히브리 민족의 지도자로 부르시게 되었다.

"모세야 모세야" 하나님이 떨기나무 가운데서 그를 부르실 때 모세는 그가 하나님이심을 직감하고 "내가 여기 있나이다"라고 대답했다. 그곳은 거룩한 땅이라고 하시면서 신발을 벗으라고 명하신다. 그 땅은 후일 유대교, 기독교 그리고 이슬람교에서 신성시되고 있는 모리아산 인근으로 추정되는 곳으로 다양한 종교적 사건과 역사적 사건의 근원이 되는 곳이다.

하나님은 모세에게 큰 임무를 부여하려고 할 때 모세는 이를 극구 사양했다. "내가 누구이기에 바로에게 가며 이스라엘 자손을 애굽에서 인도하여 내리이까〈출 3:11〉"에서부터 "그들이 내게 묻기를 그의 이름이 무엇이냐 하리니 내가 무엇이라 그들에게 말하리이까〈출 11:13〉"라고 한사코 그 일을 맡으려 하지 않을 때 하나님은 모세가 더 이상 거부할 수 없는 말씀으로 출애굽의 큰 임무를 부여하셨다. "나는 스스로 있는 자이니라(I am Who I am)〈출 3:14〉".

그리고 "너희 조상의 하나님 여호와 곧 아브라함의 하나님, 이삭의 하나님, 야곱의 하나님께서 나를 너희에게 보내셨다 하라 이는 나의 영원한 이름이요 대대로 기억할 나의 칭호니라〈출 3:15〉"라는 약속을 추가하셨다.

하나님은 이스라엘 민족을 이끌고 가야 할 목적지를 분명히 밝히고 있다. "내가 너희를 애굽의 고난 중에서 인도하여 내어 젖과 꿀이 흐르는 땅 곧 가나안족속, 헷족속, 아모리족속, 브리스족속, 히위족속, 여부스족속의 땅으로 올라가게 하리라〈출 3:17〉".

2. 10가지 재앙과 홍해 횡단

죄와 사망에서 민족을 구원하시기 위해 이스라엘 민족을 애굽으로부터 탈출시키시려는 하나님의 예정은 기적으로부터 시작되었다. 물이 피로 변하는 일〈출 7:14-25〉을 시작으로 하여 개구리가 넘쳐나고 티끌이 이가 되며 파리 떼 극성과 가축병 발생, 악성종기가 퍼지고 우박 폭풍과 번개, 메뚜기 떼와 어둠 그리고 장자의 죽음〈출 11:1-10〉에 이르기까지 진행되었는데 마지막 장자의 죽음 단계에 이르러서는 결국 바로왕이 굴복하여 이스라엘 백성을 놓아주게 된다.

이 열 가지의 재앙은 "애굽 온 땅에 전무후무한 큰 부르짖음이 있으리라〈출 11:6〉"고 예고한 대로 일어난 일로 당시 애굽의 모든 잡신들을 대상으로 한 것이었다. 피는 나일강의 신인 하피신(Hapi), 돌림병은 황소신(Apis), 우박은 하늘신(Nut), 흑암은 태양신(Ra), 장자의 죽음은 생명의 신인 프타(Ptah) 등이 그렇다.

세상에는 약간의 신묘한 힘으로 지팡이를 뱀으로 만든다든가 몸을 감쪽같이 숨기는 요술을 행해서 사람들을 현혹하는 경우가 더러 있지만 어디까지나 사술에 지나지 않을 뿐이다. 그러나 하나님이 모세를 통해 애굽왕 앞에서 행하신 기적은 전능하신 n차원에서 하시는 하나님의 섭리이기 때문에 인간은 흉내조차 내지 못하는 기적일 수밖에 없다.

이러한 기적들을 보이신 것은 하나님께서 특별한 목적이 있었기 때문이다. "애굽 사람이 나를 여호와인 줄 알리라〈출 7:5〉"라고 하여 애굽 사람들에게 자신이 누구인지 알리고 "우리 하나님 여호와와 같은 이가 없는 줄을 알게 하리라〈출 8:10〉"라고 하여 왕에게 여호와 하나님의 존재를 각인시키며 "너와 네 신하와 네 백성에게 온 천하에 나와 같은 자가 없음을 네가 알게 하리라〈출 9:14〉" 하여 왕의 모든 백성들에게도 유일하신 하나님을 알게 하시려는 깊은 뜻이 있었다.

그해 1월 14일 유월절 다음 날, 이스라엘 백성은 람세스(Ramses)를 출발하여 숙곳(Succoth)으로 집결하였다. 장정만 60만 명이라고 했으니 가족을 합치면 2백만이 넘는 대규모 인원이었다. 약속해 주신 땅 가나안으로 가는 길은 3가지가 있었다. 동쪽 해변을 따라 가는 길이 가장 빠른 길이었으나 모세는 동남 방향으로 길을 잡았다. 시나이

반도 동편 에담(Etham)의 비하이롯에 도착한 후 갑자기 남쪽으로 방향을 틀어 아카바만을 끼고 행진하여 3일 만에 누에이바(Nueiba)에 도착했다.

밤낮을 서둘러 간 이들의 이동거리는 모두 200㎞가 넘어 하루 70㎞ 정도였으니 대단한 속도가 아닐 수 없다. 이는 낮에는 구름기둥, 밤에는 불기둥으로 하나님의 도우심이 있었기에 가능한 일이었다. 이 누에이바가 홍해 바닷길을 열어 민족의 대탈출 역사가 일어난 곳이다. 시나이반도 동편 중간지점에 있는 표고 1,800m의 험준한 누에이바산 중간의 아카바만 바닷가와 연결된 골짜기로 나아가 폭 6㎞의 해변에서 모세는 하나님이 지시하는 대로 지팡이를 홍해 바닷물을 쳐서 바닷길을 열었다.

밤새도록 동풍을 불게 하여 바닷물을 둘로 가르면서 양쪽으로 물 벽을 만들어 13㎞의 마른 땅을 내신 하나님의 기적을 사람들은 믿으려하지 않는다. 그 아카바만의 평균깊이는 1천 m이지만 이스라엘민족이 건넌 이곳은 누에이바산으로부터 흘러내린 토사물이 쌓여 있어 그곳의 깊이는 겨우 100m에 지나지 않았고 최근 고고학자들이 그 바다 밑에서 수많은 수레바퀴를 발견했다고 한다.

육지의 편안한 길 대신 돌아가 어려운 바닷길을 건너게 하신 하나님의 예정은 민족을 향한 깊은 배려가 있었다. 하나님이 참 신이심을 알게 하기 위하여〈출 14:4〉, 이스라엘 민족을 자기 백성으로 만들기 위하여〈고전 10:1〉 그리고 다시 애굽으로 돌아가려는 노예근성을 버리게 하기 위함이었다.

너희를 내 백성으로 삼고 나는 너희의 하나님이 되리니…

〈출 6:7〉

3. 홍해 건너기 대작전

이집트 군병에게 쫓기던 히브리 백성은 며칠 만에 라암셋(Raamses)
에서 발행하여 시나이반도 동편 해안 누에이바(Nueiba)에 도착했다.
동쪽으로만 가고 있던 히브리 백성이 에돔(Edom)에서 갑자기 오른쪽
으로 방향을 틀어 홍해(아카바만)를 끼고 남하한다는 정보가 바로에게
보고되었다. 그 즉시 바로는 병거(기마전차) 600백 대로 편성된 직할
부대로 추격을 시작했다.

뒤쫓아 추격해 오던 애굽 군대는 험준한 계곡에 들어서자 갑자기 사
방이 어두워지면서 바람마저 세게 불다 보니〈출 14:20〉방향을 잡을
수 없을 정도로 대오가 흐트러졌다. 좁은 계곡에 갇힌 애굽 군대는 더
이상 추격을 할 수 없이 그 계곡의 흑암에 갇히게 되었고 히브리 백성
이 있는 바닷가는 밤인데도 대낮같이 밝았다.

하나님의 지시에 따라 모세가 바다를 향해 손을 내밀었다. 하나님께
서 밤새도록 동풍을 불게 하시어 길을 내니 그 길이 마른 땅이 되었고
바닷물은 좌우에 벽이 되어 모든 백성들이 무사히 그 바닷길을 건넜다
〈출 14:22〉. 그때 애굽 군대가 어둠을 뚫고 해변에 도착했다. 히브리
백성이 다 그 길을 지나 맞은편 언덕에 다다를 즈음 물 벽은 허물어져
다시 바다가 되면서 뒤따라오던 애굽군의 철병거 바퀴가 벗겨지면서 애

굽 사람들이 바다 가운데로 다 엎어져〈출 14:26〉하나도 남지 않았다.

히브리 백성들의 애굽 탈출로에 대한 기록을 놓고 후대 사람들이 다양한 주장을 하고 있다. 수에즈운하 부근의 좁은 해역을 건너 시나이 반도에 있는 시내산으로 갔다는 설을 비롯하여 홍해(Red Sea)를 갈대호수(Reed)로 오인해서 갈대호수를 건넜다는 주장에 이르기까지 다양한 추론이 있으나 숙곳을 떠나 밤낮을 가리지 않고 3일 길을 달려온 거리나 바닷길의 고고학적 근거로 볼 때 누에이바를 통해 홍해(아카바만)을 건너 아라비아반도 북서부 미디안 땅으로 진입했다는 사실이 밝혀지고 있다.

원래 이 아카바만은 대륙이 갈라지는 해양협곡으로 바다 깊이가 평균 1천 m를 넘는다. 그러나 누에이바는 동쪽 홍해바다로 흘러들어가는 건천강(Wadi)의 토사물이 쌓여 만든 삼각주평야였다. 이 삼각주평야를 이루는 토사물이 오랫동안 퇴적되어 바다 밑을 채웠기 때문에 이곳의 평균깊이는 100m를 넘지 않았다. 마치 바닷속에 둑을 쌓아 둔 모습이었다.

최근 이곳의 바닷속을 탐사한 결과 애굽군대의 철병거 바퀴가 발견되었고 그 외 수많은 유물들이 발견되어 히브리 백성들이 홍해를 가로질러 맞은편 사우디아라비아의 미디안 땅으로 진입했다는 사실이 고증되고 있다. 이에 따라 시나이반도 남쪽에 있는 시내산은 AD 275년 로마 교황청이 인근 성 캐서린수도원 부근에 있는 산을 모세의 시내산으로 임의로 정한 것이고 사우디아라비아 북서쪽 라우즈(Raoz)산이 역사적인 시내산임이 밝혀지고 있다.

수십 세기 동안 인정되어 오던 성산 시내산이 시나이반도에 있지 않고 사우디아라비아의 미디안 땅에 있는 라우즈산이 진정한 모세의 시내산으로 인정되면서 지금까지 시나이반도에 있는 산을 시내산으로 여기고 오른 수많은 성지순례자들의 허탈감은 어떻게 보상되어야 할지 앞으로 해결해야 할 과제로 남아 있다.

4. 시내산의 미스터리

이스라엘 백성들에게 시내산은 민족의 성산으로 중요한 의미를 지니고 있는 곳이다. 모세가 애굽으로부터 인도해 나온 2백여만 명의 히브리 백성들은 이 산에서 하나님의 임재를 직접 경험하면서 경전의 기초인 십계명을 받은 곳이다. 따라서 후대 사람들이 이곳의 역사적 의미와 함께 성지로 여기면서 성지순례 때 반드시 다녀가는 필수코스 중의 하나로 여기고 있다.

유월절 다음 날인 1월 15일, 숙곳(Succoth)에 집결한 히브리 백성을 모세는 광야로 인도하면서 40년간의 훈련과정을 통해 하나님의 백성으로 만들어 가는 대장정을 시작하게 된다. 이때 모세는 먹을 음식을 달라는 백성에게 시달리고 마실 물을 내라는 강요에 생명의 위협까지 당하면서 마침내 성산 시내산에 도착하면서 본격적인 훈련이 시작되었던 것이다.

모세가 미디안(Midian) 땅으로 도망가 그곳에서 아내 십보라와 장인 이드로를 만났다는 점〈출 2:15〉에 착안한 미국의 성경 고고학자 론 화이트(L. White)는 1980년 지금의 사우디아라비아에 있는 미디안에서 다듬은 대리석 조각을 발견한 이후 1850년에는 바위에 히브리어로 쓰인 '하나님의 산'이리든가 '모세'라는 글씨를 발견했고 시내산으로 추정되는 산 아래에서 이집트의 소라고 추정되는 암각화와 제단을 발견하면서 시내산의 위치가 새롭게 주목받기 시작했다.

아라비아반도 중서부에 이 시내산으로 추정되는 라오즈산(Raoz, 2,580m, 일명 호렙산)이 있다. 바로 옆에 조금 낮은 곳에 '불타는 산'이라는 의미의 클라산(2,326m)이 있는데 그 정상 부근이 온통 검은색으로 착색되어 있어 하나님이 임재하실 때에 불에 탔던 흔적〈출 19:18〉이라고 여기고 있는 시내산이다. 그 아래에 기역 자(ㄱ) 모양으로 된 제단 터와 돌기둥들이 발견되면서〈출 24:4〉이 산이 진정한 시내산이라는 주장에 힘이 실리고 있다.

한국의 한의사인 김승학 씨가 사우디 왕가의 특별한 배려로 2001년부터 2006년까지 12차례나 이 지역을 방문하여 많은 당시의 유물을 발견하였다. 만나를 갈았던 맷돌, 장막을 칠 때 사용되었던 돌들 그리고 바위에 암각화된 금송아지 그림 등 이곳이 모세가 머물렀던 시내산이라는 증거들을 많이 수집한 적이 있다.

이 중에서도 이스라엘의 일곱 촛대를 상징하는 메노라(Menora) 그림을 바위 밑 동굴에서 찾아낸 사건은 괄목할 만한 발견으로 알려져 있다. 문제는 이 그림이 그 후 누군가에 의해 긁히고 파헤쳐져 버렸다는 것이다. 새로 발견된 이곳이 역사적 시내산임이 밝혀지면 기존의 시내산에 연관된 모든 산업들이 쇠락할 것을 염려한 일부 사람들의 소행으로 보인다.

기존의 시나이반도에 있는 시내산보다 아라비아반도 라오즈산에 있는 시내산이 역사적 시내산이라는 학술적 증거는 많다. 모세가 시나이 반도에 있는 시내산에 있었다고 한다면 첫째 그 땅 역시 바로왕이 통치했던 땅이라 히브리 백성이 이집트를 벗어났다고 할 수 없다는 사실이고 둘째로는 솔로몬왕이 애돔 땅 홍해 물가 엘롯에서 배를 지었다〈왕상 9:26〉는 기록으로 보아 홍해는 지금의 아카바만이었던 홍해였음이 확실시된다.

5. 드디어 요단 동편 땅으로

시내산에서 십계명과 율법을 받은 이스라엘 백성은 약속의 땅 가나안으로 향할 준비단계로 인구조사에 착수하여 603,550명을 계수하는 한편 지파별 진을 편성하여 출발준비를 마쳤다. 다만 요셉의 자리에 그의 자식 에브라임과 므낫세를 넣는 대신 제사일을 전담할 레위 지파를 제외한 12지파를 확정하여 전열을 가다듬은 후 그다음 해 2월 20일 시내산을 출발했다.

진을 칠 때는 성막을 가운데 두고 그 사방에 아론과 그 세 아들 게르손, 므라리 그리고 고핫 무리가 지키고 그 외곽에 열두 지파가 호위하는 진을 쳤으며 행진할 때에는 제사장의 인도로 언약궤를 멘 레위인이 선두에 서고 세 지파씩 4진을 형성하되 중간에 게르손, 므라리 무리와 고핫 무리가 각각 성막과 성물을 가지고 가는 진을 만들어 행진했다.

디베라, 기브롯, 핫다와, 하세롯 등 20여 지역을 지나 북쪽 바란광야에 있는 가데스바네아(Kadesh-barnea)에 도착한 때는 그해 7월이었다. 시내산에서 약 110㎞ 떨어진 열하루 길인데 이곳에서 잠시 휴식하면서 목적지 가나안 땅을 미리 살펴보기 위해 12명의 정탐꾼을 보냈다. 이 중 10개 지파의 대표들은 '그곳 사람들은 내피림의 후손들이라 장대한 민족'이라고 두려워했지만 여호수아와 갈렙 두 사람은 '젖과 꿀이 흐르는 아름다운 땅'이라고 보고했다.

이때 모세는 10명의 잘못된 보고를 받아들여 하나님의 계시에 따르지 않은 불순종으로 그 후 38년간 혹독한 미디안광야 고행을 피할 수 없게 되었다. 성경에는 이때의 행로에 대한 기록이 많지 않지만 호르산, 살모나, 오봇 등 여러 곳을 거치면서 맷돌이나 절구, 암각화 등 무수히 많은 유물들을 남기고 있어 그들의 행로를 짐작할 수 있다.

이 기간에도 하나님에 대한 불순종행위는 여전히 많았다. 모세의 4촌이었던 고라가 다단, 아비람 등과 합세하여 대제사장을 탐하는 반역으로 역병이 발생하여 1만 5천 명이 죽는 사건을 비롯하여 힘든 광야생활에 지친 백성들의 불만에 불뱀과 놋뱀 사건을 거치면서 호르산에 이르러 모세는 아론의 옷을 그 아들 엘르아살에게 입혀 제사장 직분을 이어 가게 하고 아론은 이곳에서 눈을 감게 된다.

38년의 긴 광야생활을 마치고 다시 신광야 가데스바네아로 돌아온 이스라엘 백성들이 물이 없다고 원망하는 소리를 들은 모세는 하나님이 반석에 명령하여 물을 내라는 명을 따르지 않고 분을 못 참고 지팡이로 두 번 반석을 쳐 물을 내는 므리바 사건〈출 20:11〉이 있었다. 이 사건으로 모세는 하나님으로부터 거룩함을 나타내지 아니했다는 이유로 가나안 땅으로 들어가지 못하게 되었다.

이때 2차 인구조사가 있었다. 처음 인구조사는 전쟁을 준비하기 위한 전력파악이 목적이었지만 이번 인구조사는 가나안 땅의 분배를 위한 조사였다. 그 결과 601,730명으로 1차 조사에 비해 인원이 조금 줄었는데 그 이유는 시므온지파가 37,100이 줄어든 반면 므낫세지파가 20,500명으로 늘어 결국 1,820명이 줄어들었는데 이는 시므온지파가 여러 가지 반역행위의 주도적 역할을 한 결과일 것으로 추측된다.

가나안복지로 가는 길 요단 동편에 거주하던 에돔, 모압과 암몬족속과의 전투에서 이긴 이스라엘 민족은 처음으로 요단 동편 땅을 차지하게 되면서 르우벤, 갓, 므낫세 반지파가 그 땅을 먼저 분배받게 되었다. 모세는 민족의 통솔권을 여호수아에게 인계하고 느보산에서 서쪽의 가나안 땅을 바라보며 숨을 거두게 된다. 그는 기력이 쇠하지 않았지만 하나님이 그를 데려가신 것이다. 그의 나이 120세였다.

3장
가나안 진입

1. 요단강을 건너 가나안 땅으로

요단강 동편 느보산에서 모세가 눈을 감은 후, 40년간 모세와 함께 광야 길을 헤쳐 나오면서 지도자로 훈련받았던 여호수아에게 하나님은 모세에게 주었던 지도자로서의 권능을 똑같이 허락하시면서〈수 4:14〉 민족을 이끌게 하셨다. 여호수아라는 이름은 '여호와는 구원이시라'라는 의미로 후에 오실 그리스도를 예표하는 뜻이기도 하다.

요단강 동편 모압평원의 아벨 싯담에 집결한 이스라엘 백성들은 가나안 땅으로의 진격을 앞두고 첫 성 여리고성을 치기 위하여 길갈로 두 명의 정탐꾼을 보냈다. 이들은 그곳의 기생 라합의 도움으로 많은 정보를 가지고 귀환하였다. 비록 기생의 신분이었지만 하나님은 하늘과 땅의 하나님이시라는 확신을 가지고 있었던 라합은 후에 살몬과 결혼하여 결국 예수님의 족보에 오르게 되는 영광을 얻게 되었다.

당시 여리고성에 있던 사람들은 이스라엘 백성들이 홍해를 갈라 건넜고 바산왕 옥과 아모리왕 시혼을 격파했다는 사실을 들어 알고 있었으므로 이스라엘 백성을 심히 두려워하고 있었다. 진격준비를 마친 이스라엘 백성은 요단강 앞에 다다랐다. 요단강은 이스라엘을 남북으로 관통하는 길이 300㎞가 조금 넘는 강으로 강폭은 약 30m 정도이며 깊이는 1-3m이지만 갈수기에는 폭이 10여 m에 물은 무릎까지 찰 정도의 강이다.

앞장선 언약궤를 멘 제사장들의 발이 물에 잠기자 물길이 그치면서 마른 땅이 나타났고, 백성들은 그 땅을 밟고 강을 건넜다. 요단강 서쪽 가나안 지역에는 가나안족속, 헷족속, 히위족속, 브리스족속, 기르기스족속, 아모리족속 그리고 여부스족속의 일곱 족속이 살고 있었는데 이들은 이스라엘 백성들이 요단강을 건널 때 하나님이 물을 마르게 하여 강을 건넜다는 소식을 듣고 마음이 녹았고 정신을 잃었을 정도로 〈수 5:1〉 혼비백산하고 있었다.

이때 여호수아는 요단강에서 이스라엘 열두 지파의 대표들에게 돌 12개를 가지고 가게 하여 여리고성 북쪽 10㎞ 떨어진 길갈에 진을 쳤다. 지도자 여호수아는 하나님의 사람이었으므로 이곳에서 가나안 땅에서의 첫 전쟁에 앞서 해야 할 일을 준비시켰다. 애굽을 탈출하여 나왔던 1세대는 모두 죽었고 그다음 세대들은 할례를 받지 않았다는 사실을 알고 모든 장정들에게 할례를 할 것을 지시했다.

유대력으로 1월 10일에 요단강을 건넌 후 그다음 날 할례를 시행했고 14일에 유월절을 지켰으며 15일에 드디어 그 땅의 소산으로 음식을 먹었다는 사실은 대단히 의미가 있다. 지난 40년 동안 하나님이 먹거리를 책임지고 계셨지만 이후부터는 스스로 양식을 구해야 한다는 의미였다. 그다음 날인 16일에는 그 만나가 그쳤다고 기록하고 있다.

여호수아가 무리를 이끌고 여리고성으로 나아갈 때 무장을 하고 나타난 하나님의 군대장관을 만났다. 그는 여호수아에게 이스라엘의 조상 아브라함에게 했던 대로 "네 발에서 신을 벗어라 네가 선 곳은 거룩하니라〈수 5:15〉"라고 했고 여호수아는 그대로 따라 했다. 이번 전쟁은 하나님이 주관하신다는 분명한 메시지를 준 것이다.

당시 성을 공격하는 일은 여간한 준비와 병력이 없으면 가능하지 않았던 때였다. 특별히 여리고성은 가나안 땅으로 들어가는 첫 관문의 역할을 하고 있는 큰 성으로 이런 성을 함락시키기 위해서는 성안의 수비병력보다 최소 5배나 10배의 병력이 더 필요했고 기간도 최소 몇 달이 소요되며 때에 따라서는 몇 년도 걸리는 장기전이 관례였기에 갈 길이 먼 이스라엘 백성으로는 특별한 공격전술이 절실히 필요한 때였다.

2. 소리 한 방에 무너진 여리고성

여호수아는 여리고성을 치기 위하여 당시의 공성법에 기초하여 성을 에워싸고 공격하는 방법이 아닌 다른 방법으로 했다. 그것은 하나님의 방법 즉 역사 이래로 한 번도 시도해 보지 않았던 독특한 방법이었다. 상상할 수 없는 비상식적인 이런 방법을 여호수아가 믿고 따른 것은 하나님에 대한 확실한 신뢰가 없이는 실행하지 못하는 방법이었다.

무장한 군인 무리를 앞세우고 일곱 제사장들이 일곱 나팔을 불게 하면서 그 뒤에 언약궤를 멘 제사장 무리가 따르는 대형을 이루며 매일 이른 새벽에 1.2km나 되는 성 둘레를 한 바퀴씩 돌게 했다. 그리고 마지막 일곱째 날에는 일곱 번 8.4km를 돈 후, 백성들이 한꺼번에 소리를 지르는 방법이었다. "크게 소리 질러 외치니 성벽이 무너져 내린지라〈수 6:20〉". 이 기상천외한 방법이 통했던 것이다.

성이 무너지고 점령당하면 그 안에 있던 남녀노소는 물론 온 가축들은 모두 도륙되며〈수 6:21〉은금과 동철가구는 여호와의 곳간에 두는 것이 당시의 관례였다. 이때 가축들과 함께 여리고성 안 사람들이 그토록 가혹하게 도륙되었던 이유는 그들의 죄과가 하나님 보시기에 온당치 않았기 때문이었다. 성안에 있던 아모리족속은 근친상간, 간음, 동성애 그리고 자녀몰렉행위(인간희생제사)와 수간 등으로 패악이 극에 달해 있었던〈창 15:16〉결과였다.

그렇게 견고하다고 여겼던 여리고성이 어이없이 무너져 내리는 것을 본 가나안 땅의 사람들은 이스라엘 백성들을 두려워하게 되었다. 여호수아는 이에 그치지 않고 이웃하고 있는 '아이성' 공략에 들어갔다. 미리 정탐해 본 결과 큰 성이 아니라 2, 3천 명의 군사로도 충분히 무너트릴 수 있다는 자신감으로 쳐들어갔다가 참담한 패배를 맛보게 되었다.

여호수아가 하나님께 패전의 원인을 고할 때 하나님의 곳간에 거두어 둔 물건이 없어진 사실을 알게 되면서 이의 색출작업에 들어갔다. 그 결과 유다지파 새라의 자손 중 갈미의 아들 아간의 소행으로 밝혀졌다. 시날산 외투 한 벌, 은 2백 세겔 그리고 금 50세겔이었다. 사람들은 그의 권속 모두와 가축들을 골짜기로 데리고 가서 돌로 쳐 죽이니 하나님의 진노가 그쳤고 그곳은 '아골 골짜기'가 되었다.

이 실패한 전투로 이스라엘 백성들은 다시 한 번 전쟁의 의미를 되새기게 되었다. 이방민족과의 전쟁은 단순한 영토의 확보에 목적이 있지 않고 하나님을 거역하고 있는 세상세력에 대한 응징이라는 뜻에 목적이 있다는 사실을 알게 된 것이다.

두 번째 아이성 공격은 하나님이 직접 지시하신 매복작전이었다. 3만의 병력을 아이성 서편 벧엘 쪽에 매복하게 하고 여호수아는 3천의 병력으로 먼저 싸움을 걸었다. 한동안 전투를 하다가 거짓 패하는 척하면서 뒤로 물러가는 사이 매복했던 군사들이 비어 있는 성을 공격하여 함락시키고 성을 불태우니 아이성의 군대들은 들에서 진멸당해 오늘날까지 영원한 무더기가 되었다.

아이성에서 북쪽 48km 상거한 곳에 세겜이라는 도시가 있다. 아브라함이 하란에서 이주해 오면서 가장 먼저 도착한 곳이며 요셉의 무덤이 있는 도시인데 이 도시를 가운데 두고 남과 북에 그리심산(Mt. Gerizim, 881m)과 에발산(Mt. Ebal, 940m)이 있다. 여호수아는 모세가 했던 대로 언약궤를 맨 레위 사람 제사장 좌우에 이스라엘 백성을 6지파씩 두 편으로 갈라 세워 놓고 그리심산에 있는 사람들에게는 축복의 말을, 에벨산에 있는 사람들에게는 저주의 말을 전할 때마다 온 회중은 아멘으로 화답하는 언약식을 거행함으로써 하나님의 뜻을 영원히 기억하고 따를 것을 백성들에게 다시 한 번 확약시키게 되었다.

3. 가나안 땅 정복전쟁

아이성 서남쪽에 기브온이라는 성이 있었다. 주변의 어느 성보다도 크고 주민도 많은 왕도 같은 성이었으나 그곳 백성들이 이스라엘 백성이 강성하다는 말을 들은 데다가 싸움에 지면 그 백성들을 한 사람도 살려 두지 않는다는 소문에 지레 겁을 먹고 이스라엘 백성과 화친을 제의하여 안전을 도모하기로 했다.

화친을 맺으러 온 사람들은 먼 나라에서 온 것처럼 꾸미고 여호수아를 설득하여 화친을 맺었다. 기브온이 이스라엘과 화친을 맺었다는 정보를 들은 남쪽의 예루살렘왕 아도니세덱은 기브온의 배신을 징벌하기 위하여 남쪽에 있던 네 명의 왕 야르묵, 라기스, 애글론, 헤브론과 동맹을 맺고 이스라엘과 화친을 맺은 기브온을 공격해 왔다.

기브온왕이 급히 여호수아에게 도움을 청하게 되면서 이스라엘 군대가 출병하게 되었다. 이번 전쟁 역시 하나님이 함께하신 전쟁이었다. 5국 동맹군은 이스라엘군에 크게 패퇴하면서 베이트 호른(Beit Horon)의 비탈길로 도망칠 때 하늘에서 큰 우박덩이가 내려 칼에 죽은 자들보다 우박에 맞아 죽은 자가 더 많았다〈수 10:11〉고 기록하고 있다.

여호수아는 기브온 백성들도 도륙하려고 했으나 그들과 화친할 때 하나님의 이름으로 맺었기 때문에 죽이지 못하고 살려 주도록 했다. 대신 그들에게 대를 이어 종이 되도록 하였기에 그 후 여호와의 제단에 나무를 패며 물을 긷는 자들이 되었다.

이 전투에서 여호수아가 태양과 달에게 명령한 말을 하나님이 들으시고 그대로 해 주신 기적 같은 일이 있었다. "태양아 너는 기브온 위에 머무르라 달아 너도 아얄론 골짜기에서 그리할지라〈수 10:12〉"라고 했을 때 해와 달이 움직이지 않고 중천에 머물면서 거의 종일토록 그대로 있었다는 사실이 야살의 책에 기록되어 있다. 이는 사람이 자연에 명한 목소리를 하나님이 들어주신 일은 전에도 없었고 후에도 없을 것이라서 하나님이 이 전쟁 때에 시종 함께하고 계셨다는 사실을 알 수 있다.

이와 같이 가나안 중부 지역과 남부 지역을 장악한 여호수아는 북부 지역으로 눈을 돌렸다. 당시 북부 지역의 수장 격인 도시는 큰 성읍 하솔이었다. 하솔왕 야빈은 남부에서 여호수아가 이끄는 이스라엘 군대가 남부 대부분의 땅을 장악했다는 소식을 듣고 급히 주위 왕들을 불러 보아 대응전략을 짜게 되었다.

하솔왕은 시돈, 악십 그리고 마돈과 함께 동맹을 맺고 메롬물가에 진을 친 후 남쪽에서 쳐들어올 이스라엘군을 막을 준비를 하고 있었다. 이때 여호수아는 밤을 틈타 길갈에서 북으로 약 200㎞ 떨어져 있는 메롬물가를 급습함으로써 단숨에 이들 동맹군을 쳐서 승리하였다. 이렇게 해서 여호수아는 가나안 온 땅 곧 산지와 네겝과 평지와 경사지 모두를 정벌함으로써 호흡이 있는 모든 자를 다 진멸하여〈수 10:40〉 이스라엘 하나님께서 명령하신 일을 수행하게 되었다.

이렇게 가나안 땅에서 전쟁을 치른 6년간 여호수아가 쳐서 없앤 왕의 수가 31명이나 되었다. 그러나 이스라엘 자손의 땅에는 아낙 사람들이 하나도 남지 않았지만 남쪽에 있었던 아스돗, 아스글론, 가사, 에글론 그리고 가드의 5개 성에 있는 아낙 자손들은 치지 못하고 남겨 후일 이스라엘에 큰 근심거리를 만들게 되었다. 이로서 "여호수아가 하나님께서 모세에게 말씀하신 명령대로 그 온 땅을 점령하여 이스라엘지파의 구분에 따라 기업으로 주매 그 땅에 전쟁이 그쳤다〈수 11:23〉"고 기록하고 있다.

4. 땅 분배를 마치고

이스라엘 백성을 이끌고 가나안 땅을 정복한 여호수아가 나이가 많아 늙었지만 아직 정복해야 할 땅이 많이 남아 있었다. 남북으로 이어진 산지의 일부만 정복하였고 비옥한 평야가 있는 서부 해안도시에는 여전히 가나안족속들이 살고 있었다. 그러나 하나님께서 그 땅을 미리 분배함으로서 미처 정복하지 못한 땅을 받은 지파들이 앞으로 책임지고 정복하여 기업을 삼도록 했다.

땅 분배는 세 번에 걸쳐 이루어졌다. 첫 번째는 요단강 동편 모압평지에 진출했을 때 모세가 분배하였다. 시내산에서 출발한 이스라엘 백성들이 확보한 요단 동편 모압 땅에서 갓지파와 르우벤지파 그리고 므낫세반지파에게 처음으로 분배했으며 두 번째는 길갈에서 있었는데 갈렙이 이끄는 유다지파에게는 남쪽의 넓은 땅을, 에브라임지파에게는 가나안 땅의 중심부를 그리고 므낫세지파 반에게는 세겜과 므깃도가 있는 땅을 각각 분배했다. 므낫세지파의 현손 슬로브함에게는 아들이 없어 딸들이 나서서 자신들의 땅도 분배해 줄 것을 요구하여 들어주기도 했다.

마지막 세 번째는 에브라임지파가 점령한 실로에서 이루어졌다. 베냐민지파에게는 예루살렘과 벧엘이 포함되는 지역을 분배했고 시므온지파는 유다 땅 안에 새 땅을 마련했으며 그 외 스블론, 잇사갈, 아셀, 납달리 그리고 단지파들은 서로 어울려 살도록 북쪽 지역을 분배하였다.

이렇게 땅 분배를 마치고 나니 요셉 자손인 므낫세와 에브라임 자손들이 자신들의 땅이 좁다고 더 많은 땅을 요구함에 따라 여호수아는 그들의 강성함을 보고 가나안족속의 땅을 더 허락하게 되었다. 각 지파들에게 땅을 분배할 때에는 지파의 인구에 비례해서 분배했지만 서로 제비를 뽑는 방법을 함께하여 공평하게 분배하였다. 다만 레위 자손들에게는 땅의 분배가 없었다. 이들은 거주할 성읍들과 가축과 재산을 위한 목초지만 허락되었다.

분배를 마친 후 하나님은 '도피성'을 마련하게 하셨다. 부지중 실수로 살인한 자가 일시 도피할 수 있는 보호제도였던 이 제도를 위해 정복한 땅 안에 헤브론(유다), 세겜(에브라임), 게데스(납달리), 베셀(르우벤), 길르앗라몬(갓) 그리고 골란(므낫세 반)의 여섯 곳을 지정하였다. 그리로 도망함으로써 그가 회중 앞에서 재판을 받을 때까지 피의 보복자의 손에 죽지 않도록 했다.

이렇게 이스라엘 백성이 가나안 땅에 정착할 수 있는 터전을 마련한 후 하나님께서 여호수아를 쉬게 하신 지 오래되었다. 그가 나이가 많아 늙었을 때 이스라엘의 장로들과 수령들 그리고 재판장들을 모아 몇 가지 당부를 하게 된다. 아직 정복할 땅이 남아 있으므로 하나님께서 말씀하신 대로 그 땅을 차지할 것을 예언하였다.

여호수아가 이스라엘 모든 지파를 세겜에 모으고 장로들과 그 수령들과 재판관들과 관리들을 모아 마지막 설교를 하게 된다. "너희가 여호와를 능히 섬기지 못할 것은 그는 거룩하신 하나님이시오 질투하시는 하나님이시니 너희의 잘못과 죄들을 사하지 아니하실 것임이요 만일 너희가 여호와를 버리고 이방신들을 섬기면 너희에게 복을 내리신 후에라도 돌이켜 너희에게 재앙을 내리시고 너희를 멸하시리라 하니 〈수 24:19-20〉".

이 설교 후 여호와의 종 눈의 아들 여호수아는 110세에 눈을 감으니 평생을 함께했던 아론의 아들 제사장 엘르아살도 함께 죽었다. 이스라엘 백성이 그들의 조상 야곱이 백크시타를 주고 세겜의 아버지 하몰의 자손들에게서 산 밭에 애굽으로부터 운구해 온 요셉의 뼈를 이곳에 장사하여 오늘에 이르고 있다.

4장
그 땅의 흔적들

1. 기혼 샘과 실로암 연못의 비밀

> 히스기야가 또 기혼의 윗 샘물을 막아 그 아래로 좇아 다윗
> 성 서편으로 곧게 인도하였으니 저의 모든 일들이 형통하였
> 더라(대하 32:20)

1975년 9월 중순 유난히 붉었던 단풍이 져 갈 즈음, 필자는 경상도
와 강원도를 가르는 태백준령의 동쪽과 서쪽을 갱도로 연결시키는 대
역사를 주도한 적이 있다. 강원도 장성읍 동점리와 원덕면 풍곡리 월
곡 사이 5,341m 거리를 양쪽에서 마주 보며 갱도로 굴진하여 중간지
점에서 개통한 지난했던 작업이었는데 양쪽 중심점의 오차거리가 45
㎝밖에 나지 않았다는 사실은 측량 폐합거리 33.5㎞였던 점을 감안한
다면 기념비적 측량성과라고 할 수 있다.

이런 기적이 지금부터 2천7백 년 전 예루살렘에서 있었다는 사실이
놀랍다. 남유다 13대 왕 히스기야 때에 이웃나라 앗수르가 처음 침공
했을 때 많은 보상금(은 300달란트, 금 30달란트)으로 전쟁의 피해를

줄였지만 왕의 치세 14년 되던 해에 2차 침공을 맞으면서 히스기야는 이들과 맞서 싸우기로 작정하였다.

문제는 장기전에 대비한 물의 확보였다. 원래 예루살렘이라는 도시는 사방으로 둘러쳐진 분지 가운데 고도 770m에 세워진 작은 성읍이었다. 동쪽 경사면에 기혼(Gihon)이라는 용천수 샘물이 있었는데 석회암지대의 틈 사이로 용천되는 지하수 샘으로 건기와 우기의 용출량이 다르지만 하루 평균 약 1,330톤의 물이 솟아나는데 이는 약 2천5백 명 정도가 사용할 수 있는 양이나 절약하여 사용하면 5천 명 정도가 사용할 수 있는 양으로 성안 주민들의 생명수였다.

원래 기혼 샘은 석회암이 빗물에 녹아 생긴 틈 사이로 지하수가 용출되는 카르스트 샘(Siphonic Karstic Spring)으로 지하수가 중력에 의해 지상으로 솟아나는 자연샘이다. 다윗왕이 아들 솔로몬을 기름을 부어 다음 왕으로 삼을 때 이곳에서 그 의식이 이루어졌을 만큼 성안의 수원지로 중요한 곳이었다.

히스기야왕은 이 물을 성읍 서쪽에 폭 50m, 길이 60m 크기의 실로암(Siloam) 연못을 만들어 물을 비축하기로 하고 기혼 샘으로부터 525m 길이의 굴을 뚫기로 작정하였다. 적에게 포위된 상황에 백성들 2천5백 명이 결사대를 조직하여 폭 60cm, 높이 150cm 크기의 굴을 양쪽에서 뚫어 나갔다. 삽과 곡괭이와 같은 원시적 장비로 시작된 이 작업은 물줄기를 따라 뚫되 낙차를 30cm 정도로 줄여 물이 흐르는 소리가 나지 않도록 하는 치밀함으로 진행되었다.

결국 양쪽에서 만나는 지점에서의 오차는 120cm라는 경이로운 성과로 완성하였다. 이는 물이 흐르는 통로를 따라 뚫다 보니 자연히 서로 큰 오차 없이 만날 수 있었던 비결이 있었다. 히스기야의 일사각오로 백성을 격려하여 성을 지키는 모습을 보신 하나님은 앗수르 군대가 성을 넘보지 못하도록 하면서 하룻밤 사이에 군사 18만 5천 명을 죽이는 〈왕하 19:35〉 이적을 행하신 적이 있다. 그때부터 이 수로를 '히스기야 수로'라고 부르기 시작하여 오늘에 이르고 있다.

그래서 후대 사람들은 기혼 샘을 '승리하게 하시는 하나님의 섭리'로, 실로암 연못을 '승리할 때까지 인내하시는 하나님'의 의미로 받아들이게 되었다. 이러한 지하터널의 내력이 적힌 비문이 1880년 실로암 연못 입구로부터 6m 지점에서 발견되어 세상에 알려지게 되었으며 처음에는 도굴업자들에 의해 골동품상에 팔려갔다가 지금은 튀르키예 박물관에 보관되고 있다.

2. 베데스다 연못의 기적

예루살렘 양문 곁의 '베데스다(Bethesda)'라고 하는 연못에는 늘 병자, 맹인, 다리 저는 사람, 혈기 마른 사람들이 모여 있었다. 가끔 천사가 내려와 물을 움직일 때 그 물에 먼저 들어간 사람은 어떤 병이 든지 다 낫는다〈요 5:3〉는 속설이 있어 이 연못은 치열한 경쟁의 현장이 되어 있었다. 힘 있고 약삭빠른 사람만이 그런 기적의 기회를 잡을 수 있었기 때문이었다.

이스라엘의 옛 수도 예루살렘은 원래 물과 풀이 없는 광야였던 곳인데 다윗 시대에 성벽을 쌓으면서 도시로 시작한 곳이다. 사방에 산으

로 둘러싸인 분지 가운데 우뚝 솟아 있는 곳에 세워진 거주지라 물의
확보가 가장 큰 도시의 현안이었다. 동쪽 비탈에 기혼 샘이 있어 수원
으로 사용하였지만 인구가 늘어남에 따라 이 물로는 부족하여 늘 물의
확보를 가장 중요한 일로 여기고 있던 도시였다.

겨울철에만 오는 비는 연 평균 강우량이 800㎜에도 미치지 못하여
늘어나는 인구의 물 사용량이 부족하여 곳곳에 빗물을 모아 두는 연못
을 만들어 비상수원으로 사용하고 있었다. 아미그달론 연못, 스트루티
온 연못, 실로암 연못, 뱀의 연못 그리고 베데스다 연못이 그들인데 이
중 가장 신성시하고 상급수원지로 실로암 연못물을 들고 있다.

베데스다라는 말은 아랍어로는 '베드 아시다'라고 하여 '물이 쏟아져
나오는 집'이라는 뜻을 가지고 있다. 위쪽에 52m×42m, 아래쪽에
57m×48m 크기의 두 개 연못을 길이 6m의 분리 벽으로 나눈 연못
으로, 붉은 흙으로 회반죽하여 입힌 위 연못에 물이 차면 아래쪽 연못
으로 물을 흘려보내는데 이때 붉은색 거품이 발생하면 이를 사람들은
천사가 물을 진동시키는 것이라고 여기고 있었다.

이스라엘의 성경고고학자 깁슨 교수(S. Gibson)는 이런 모양의 연
못이 당시에는 '대규모 정결의식을 행하는 곳(Mikveh)'으로 사용되
었다는 주장을 하고 있다. 이 '믹베'라는 단어는 유대인들 사이에서 중
요한 의미를 가지는 용어로 유대인 여성이나 남성이 정화를 위해 사용
하는 목욕장소를 의미한다. 이는 유대교에서 규정된 종교적인 의식 중
하나로 여성의 월경 주기, 출산 후 등 여러 상황에서 사용된다.

당시에는 이런 연못의 물을 몇 가지 등급으로 나누고 있는데 가장 좋
은 연못물은 자연의 수원에서 지속적으로 흘러 들어오는 물로 채워진

연못을 1등급으로 하고 그다음으로는 해변에서 지하로부터 뿜어져 나오는 용출지하수 연못, 그다음으로 보통의 지하수 우물 그리고 빗물 저수조물, 우기에만 채워지는 연못물 그리고 마지막 등급으로는 늘 고여 있는 연못물로 나누고 있다.

어느 날 예수께서 이 연못에 오셨을 때 치열한 경쟁에서 결코 이길 수 없는 서른여덟 해 동안 아픈 병자를 보셨다. 그에게 "네가 낫고자 하느냐〈요 5:6〉"라고 물은 후 그 연못으로 병자를 번쩍 들어 넣어 주시는 것이 아니라 "일어나 네 자리를 들고 걸어가라"라는 말씀으로 병을 낫게 하셨다.

구원은 자신이 어려움에 처해 있을 때 스스로 해결할 수 없다. 자신의 형편과 처지를 절대자 하나님에게 간구하면서 이루어진다. 예수께서는 그에게 물었을 때 그는 자신의 형편을 설명하면서 간절히 병 낫기를 원함으로서 병이 낫는 기적이 일어났다. 결국 이 일로 예수는 안식일을 범했다는 이유로 유대인의 핍박을 더 받게 되는 빌미가 되었다.

3. 마사다 요새의 혈전을 기억하는가

성안에 고립된 1천여 명의 유대인들이 로마군단의 공격으로 성이 함락될 위기에 처하자 전원 자결로 항전의식을 보여 준 비극의 요새가 마사다(Masada, 히브리어 מצדה) 요새다. 예루살렘 남쪽 100㎞ 지점 사해 서쪽 남북으로 개설된 90번국도 좌측에 사암 암석으로만 구성된 바윗돌 산이다.

해발 400m로 우뚝 솟아나 있는 꼭대기에 길이 660m, 폭 250m 규모의 평평한 대지가 있는 천연요새다. 요새로 오르는 길은 가파른 남쪽 사면에 3개의 궁전을 지어 계단을 통해 오를 수 있게 하였으며 성 안 사람이 외부의 식량과 물의 공급 없이도 수년을 버틸 수 있는 식량 창고와 용출되는 지하수원을 확보하고 있는 천연의 요새다.

AD 66년, 로마의 압제에 항거하여 유대 열심당원(Sikari, Zealot 또는 Kanai)이 주동이 되어 일으킨 전쟁 이후 살아남은 유대인들은 후일을 도모하기 위하여 이곳 마사다 요새로 피신해 있었다. 그 4년 후인 AD 70년, 로마는 유대인 잔당을 토벌하기 위하여 헤로디온과 메케루스를 정벌한 후 최후의 유대인 거점인 마사다를 공격하기로 했다.

이때 마사다 요새에 집결한 유대인은 모두 967명이었다. 이 성의 유대인 지도자 엘리에제르 벤 야이르는 1만 5천의 로마 군병을 이끌고 온 플라비우스 실바 장군이 성을 에워싸고 고사시키는 공성법으로 공격할 것이라고 믿고 적이 안심했다. 적어도 수년은 버틸 수 있는 물과 식량이 있었기 때문에 로마군이 성 밖에서 자멸할 것으로 예상했던 것이다.

그러나 실바 장군은 서두르지 않았다. 데리고 온 헬라인 수학자, 과학자들에게 성을 공격할 수 있는 방법을 연구하게 하였다. 그들은 토성을 쌓아 성에 접근하는 토성법을 제안하였고 그 토성으로 공성퇴차를 이동하여 성을 무너트리게 되었다. 처음 공격을 시작한 이후 3년 만의 일이었다.

이로써 마사다의 수비벽이 무너지고 로마군단의 진격이 확실시되자

지도자 벤 야이르는 로마군에 잡혀서 온갖 수모를 겪느니 차라리 자유인으로서 영광되게 죽기를 결심하게 된다. 각 가족의 가장들은 아내와 자식들을 직접 칼로 찔러 죽인 다음 모든 남자들이 한자리에 모여 열 명을 추첨하고 그들이 나머지 사람들을 죽이고 다시 한 명을 뽑아 아홉 명을 죽인 후 그도 최후로 자결하였는데, 요세푸스의 『유대전쟁사』에 의하면 노파 1명, 어린이 5명, 엘리아젤 벤 야이르의 친척 노인 1명 등 모두 7명만이 생존했다고 기록하고 있다.

3년 동안 한 맺힌 포위작전에 대한 영광의 대가를 바랐던 로마군은 960구의 시체 앞에서 망연자실했으며 그 비극적인 전설이 오늘날까지 전승되고 있어 이스라엘인들의 불멸의 성지가 되었다. 가장 치욕적인 승리이자 아름다운 패배의 장소가 되었다. 이스라엘 국방장관이었던 모세 다이안은 이곳의 고대 전쟁사를 이스라엘 국방군의 상징으로 보고 신병훈련을 마사다에서 끝마치도록 했다. 부대에서 이곳까지 명예로운 행진을 하며 밤에 이곳을 올라 "다시는 마사다가 함락되게 하지 않는다."라는 맹세를 하는 의식을 하도록 하고 있다.

마사다는 1842년에야 비로소 그 존재가 알려졌고, 1963년부터 1965년까지 이스라엘 고고학자들에 의해 광범위하게 발굴되었다. 거의 2,000년 동안 이 요새가 사람의 손에 닿지 않았던 것은 그만큼 이곳으로 올라가는 길이 험난하고 어렵기 때문이었다. 2001년 유네스코 문화유산으로 등재되었다.

4. 사해 이야기

넓고 넓은 땅 위에는 이상한 곳도 많고 이해되지 않는 곳도 많다. 아무리 세상을 많이 둘러본 사람이라고 할지라도 땅 구석구석을 다 들여다본 사람이 없을 만큼 땅은 넓다. 이런 곳으로 이스라엘과 요르단 사이에 있는 사해(死海, Dead Sea)가 그런 곳 중의 하나가 아닐까 여겨진다. 유대사학자 요세푸스가 사해를 '아스팔트바다(Sea of Asphaltite)'라고 명명한 것을 보면 물 위에 떠다니는 검은 물체(역청 물질)가 많았다는 사실도 알 수 있는 곳이다.

소금기가 많아 염해(鹽海)라고도 하는 이곳은 가장 긴 곳이 90km이고 가장 넓은 곳이 16km 크기의 호수다. 지금은 총면적 605km²로 서울 크기만 한데 호수면이 해발평균보다 440m 밑에 있고 그 수심이 300m이니 호수바닥은 해발고도 밑 740m에 있는 셈이다. 물속에 녹아 있는 염분은 34%로 바다 평균염도 3.5%의 열 배에 달한다. 이렇게 해발고도가 해수면보다 낮은 호수가 바닷물보다 10배나 짠 호수라서 땅 위에서 '이상한 곳'이 되어 버렸다.

대홍수 사건 때, 땅이 움직이면서 주향이동단층(사해변환단층) 작용으로 동서지괴가 서로 어긋나면서 만들어진 남북 방향의 계곡에 해수가 갇히면서 만들어진 계곡호수로 북쪽의 갈릴리호수와 남쪽의 사해로 나누어진다. 북쪽의 레바논과 시리아 지역으로부터 유입되는 수량이 사해까지 이르지만 더 이상의 출구가 없어 물이 증발만 하여 염해가 되었는데 북쪽 염도가 31%, 남쪽이 34.5%로 남쪽으로 갈수록 염도가 높아지는 현상이 이를 잘 반영하고 있다.

해수면보다 낮은 저지대에 있는 호수이다 보니 다양한 특징이 있다. 몸을 담그면 그 염도로 인해 몸이 뜨는 점이 특이하고 공기 중 산소함유량이 다른 평지보다 30% 이상 많으며 대기기압이 높고 자외선이 월등히 차단되는 지역이기 때문에 호흡기질환과 피부질환 환자들에게 탁월한 치료효과가 있는 곳으로 알려져 있다. 특히 해수 안에는 나트륨, 마그네슘, 브롬, 염화칼슘, 유황과 칼륨 등 광물질이 풍부하게 함유되어 있어 기후치료법(Climatotheraphy), 일광욕치료법(Heliotheraphy) 그리고 해수욕치료법(Thalasotheraphy) 등이 다양하게 활용되고 있다.

　최근 사해의 해수면이 급격히 낮아지고 있다는 사실이 밝혀지면서 이스라엘과 요르단이 공동관리하고 있는 이곳의 관광수입이 크게 줄어들고 있다고 야단들이다. 1930년에 해수면이 -390m에 총 호수면적이 1,000㎢을 넘던 호수가 2010년에는 해수면이 -423m에 655㎢로 줄어들고 다시 2016년에는 -430m에 605㎢로 줄어 매년 1m 이상씩 해수면이 하강함에 따라 해변의 폭이 급격히 넓어지고 있다. 이 상태라면 2050년경에는 사해로 얻는 관광수입이 끊어질 것이라는 우려가 커지고 있다.

　해수면이 낮아지는 원인은 다양하지만 요단강 인근의 인구증가로 수자원 사용이 급증하였고 강 상류 레바논, 시리아 지역에 야르무크댐 건설 그리고 인근 지역의 광물 채굴로 인한 용수 사용의 증가 등을 원인으로 들고 있다. 줄어드는 해수를 보충하기 위한 방안으로 지중해와 연결하는 지하통로를 건설하여 바닷물을 끌어들이는 방법 등이 고려되었지만 환경단체의 반대로 이루어지지 않고 있다.

성경에서는 창세기 14장에서 '싯담골짜기'를 염해로 언급한 것을 비롯하여 모두 9회 언급되어 있고 '아라바 바다'로도 4회 언급되어 있다. 에스겔 47장 18절에 '동쪽바다'를 염해로 인식하는 것을 비롯하여 종말적 의미로 사용한 '동해〈욜 2:20, 슥 14:8〉'이 있고 '바다'의 의미로 쓰인〈암 8:17〉 경우도 있다. '죽은 바다'라는 부정적 의미로 불리는 사해는 그 생성 이유 역시 하나님의 필요에 의해 만들어진 피조물이기 때문에 인간이 최대한 보존하여야 할 사명이 있는 자연유산이다.

3부

땅에 새겨진
하나님의 흔적들

하나님이 자기의 형상대로 만드신 인간은 아름다운 자연을 보고 감동하고 한 치의 오차도 없이 운행되는 계절을 느끼면서도 창조주는 눈에 보이지 않는다고 부정한다. 보이지 않는다고 실체가 없는 것이 아니며 보인다고 전부가 아닌 것임을 사람들은 구별하지 못하고 있다.

하나님의 뜻과 행적을 기록해 놓은 성경을 조금만 깊이 읽어 보면 다 알 수 있고 느낄 수 있지만 사람들은 그것을 신화나 가당치 않은 전설로 치부해 버린다. 그래서 현대과학을 종횡무진으로 가르고 있는 진화이론은 사람들이 조건 없이 받아들이는 세상진리가 되어 가고 있다.

진화론은 확신이다. 창조론보다 더 굳건한 신념이 필요한 확신이다. 증거에서만 보더라도 진화론을 주장하는 것은 하나의 우기기다. 여기에는 단지 증거가 없는 믿음만이 필요하다. 이러한 세속적 믿음에 사람들은 맹종하며 따르고 있어 진리를 흐리고 있다.

성경은 그 속에 놀랄 만한 사실을 기록해 놓고 있다. 기록자가 과학자가 아니었는데도 과학적으로 기록하였고 수학자가 아니었는데도 수학적으로 기록한 것은 그 원작자가 창조주 하나님이기 때문이다. 사람들은 이러한 사실을 애써 외면하면서 한 뼘만 한 잣대로 그분의 능력을 재려고 한다.

마지막 걸작품인 인간에 와서는 현대과학도 손을 놓고 있다. 눈에 보이는 것은 흉내만 내지만 보이지 않는 감각과 영의 문제는 근처에도 가 보지 못하고 있다. 인간이 하나님에 대하여 한없이 배우고 끝없이 익혀 가야 하는 불완전한 존재임을 자각할 때만 하나님은 인간의 손을 잡아 주신다.

세상의 지식이 아무리 풍부하다 한들 성경의 지식만큼일 수 없으며 세상의 지혜가 아무리 높다 한들 하나님의 지혜를 따를 수 없는 법이다. 현대의 가장 위대한 과학자였던 뉴턴이 "가장 극치의 과학은 하나님의 성경으로 돌아가는 것이다. 세속역사의 어디에서도 성경만큼 믿을 만한 것을 찾을 수 없다"라고 말한 것은 우리들이 새겨들을 충고다.

1장
창조의 흔적들

1. 창세기 1장 1절의 비밀

댄 브라운(D. Brown)이 쓴 『다빈치 코드(Davinci Code)』라는 소설이 공전의 히트를 친 적이 있다. 숫자로 시작한 신비스러운 비밀을 이용하여 예수의 일생과 그 후의 이야기를 상상으로 전개하여 많은 독자를 끌어모았다. 진리는 숫자로 증명될 수 있어야 한다고 한다. 그것은 사람들이 숫자에 그만큼 경도되어 있기 때문이다.

성경에는 곳곳에 숫자가 발견된다는 점에 착안하여 조심스럽게 성경을 묵상해 보면 크고 비밀스런 숫자들이 수도 없이 들어 있다. 절대수 1을 비롯하여 신성한 수 3, 고난과 땅을 의미하는 4, 기적을 일으키는 5, 불완전하고 안식이 없는 수 6과 9, 그리고 완전수 7, 새로운 시작의 수인 8이 성경의 종횡을 가르며 나타나고 있다.

히브리어는 22개의 알파벳으로 구성되어 있는데 각 알파벳 글자마다 고유한 숫자가 있다는 것은 이스라엘 사람들에게는 상식이다. 마태복음 1장에 나오는 예수의 족보에서 14라는 숫자가 세 번 반복해서 나오는데 '다윗'의 알파벳을 숫자로 표시하면 14가 된다. 이는 당시 이스라엘 사람들에게 예수가 다윗왕의 후손임을 강조하기 위하여 숨겨 둔 비밀스러운 숫자다.

이러한 수의 비밀은 창세기 1장 1절에 이르면 우리의 가슴이 떨릴 정도로 신비한 숫자가 그 속에 숨겨져 있음이 밝혀지고 있다. 창세기 1장 1절을 히브리어 알파벳이 가지고 있는 숫자로 표시하면 296, 407, 395, 401, 86, 203, 913이 되어 그 합이 2,701이 된다.

그런데 이스라엘인들이 가장 신성시하고 있는 '다윗의 별'은 삼각형을 두 개 겹쳐 놓은 6각형으로 표현된다. 그 기본 숫자는 13이지만 그 두 번째 별이 37 그리고 세 번째 별이 73으로 표시되는데 2,701은 37에 73을 곱한 수가 된다. 이 6각 도형은 금의 규칙적인 원자배열을 2중으로 비출 때 서로 간섭현상이 일어나면서 신비한 6각형의 간섭도형이 발생하는데 자연에서는 눈의 결정이 6각형으로 나타나고 있어 신비감을 더해 준다.

또 1절 말씀을 단어별로 풀이해 보면 땅(296)과 하늘(395) 그리고 하나님(86)을 합하면 777이 되고, ~그리고(407)와 하늘(395), 하나님(86)의 합이 888이 되며 하늘(395)과 ~을(402), 창조(202)의 합이 999가 되며 하나님(86)과 태초(913)를 합해도 999가 되면서 이들 수들은 모두 111로 나누어지는 규칙성을 보이고 있다. 이 111이라는 수는 37을 세 번 더한 숫자로 역시 두 번째 다윗의 별을 의미하고 있다.

수학에서 정삼각수라는 것이 있다. 첫 번째 원구 밑에 두 개의 원구를, 그리고 세 번째 줄에 원구를 세 개 놓는 방식으로 계속해 가면서 삼각형을 만들 때 이루어지는 총 원구의 수를 말하는데 37번째 줄의 정삼각수가 703이고 73번째 줄의 정삼각수가 2,701이다. 이들 각

숫자의 합이 또 10이라는 완전수를 만들고 있다. 1장 1절에 다윗의 별이 들어 있는 셈이다. 천지창조의 기본질서를 수학적으로 완벽하게 표현하고 있음을 알 수 있다.

창세기는 성경 전체의 서론이며 그중에서도 1장 1절은 하나님 말씀의 핵심이다. 그 말씀이 이렇게 수학적으로 표현되고 있다. 그래서 성경은 우주의 기본질서가 모두 수학적으로 표현되고 있음을 증명하고 있다. 과학도 그런 과학일 수가 없다. 창세기를 집대성한 모세는 과학자가 아니었고 수학자는 더더욱 아니었다. 오직 하나님께서 지시하신 말씀을 모아 기록했을 뿐임을 감안할 때 성경의 기록을 허망한 전설이나 신화로 취급하고 있는 현대 과학자들이 오히려 '초등학문에서 머물고 있는〈골 2:8〉' 우매한 자들이라고 할 수밖에 없다.

2. 기막힌 하나님의 설계 - 세포

20여 년 전만 해도 벽돌만큼이나 큰 전화기를 가지고 있는 사람은 높은 사람이었고 귀한 사람이었다. 벽에 붙어 있거나 책상 위에 놓여 있어야 할 전화기를 줄 없이 들고 다니며 통화를 한다는 사실이 경이롭기까지 했다. 함께 골프를 치고 있던 동료 한 분이 그 전화기로 통화하는 모습을 보고 나는 그날 골프를 망친 기억이 있다.

그런 전화기가 지금은 손바닥 안에 들어와 통화 기능과 백과사전 기능은 말할 것도 없고 지도나 세계뉴스 등 만능도우미로 우리 곁에 다가와 있다는 사실이 믿기지 않는 세상에 우리가 살고 있다. 이 뿐만 아니라 AI라는 요물이 등장하더니 인간의 꿈을 현실로 만들어 우리 옆에 턱 버티고 서 있으니 우리 아버지 세대나 할아버지 세대가 보시면 기절 초풍할 지경에까지 와 있다.

현대의 첨단과학은 큰 것에서부터 얼마나 더 작게 만드는가에 명운이 달려 있다고 한다. 작다는 의미의 Micro를 지나 이제는 Nano의 시대로 접어들었다고 할 수 있다. 다시 말해 눈에 보이는 세계의 발전이 아무리 첨단화되어 간다고 하더라도 보이지 않는 세계, 즉 하나님이 창조 마지막 날에 만드신 인간에 대한 연구는 하면 할수록 그 경이로운 모습에 할 말을 잃게 된다.

인체는 60조(6×10^{13}) 개의 세포로 구성되어 있다. 이 세포들의 구조와 기능을 살펴보면 이를 설계하신 분의 능력과 예지 그리고 의지를 짐작할 수 있다. 사람의 세포는 $10-100\mu\text{m}$ 크기로 세포막으로 둘러싸인 세포핵(핵 게놈)과 미토콘드리아(Mithocondria, 미토콘드리아게놈)에 유전물질을 가지고 있다. 사람에서 핵게놈은 나선형의 DNA와 히스톤 단백질로 구성된 46개의 염색체로 이루어져 있는데 이 중 22쌍은 상염색체이고 1쌍은 성염색체로 구분하고 있다.

세포 한 개는 30억 개의 DNA가 들어 있고 한 개의 DNA에는 1백만 페이지 분량의 유전정보가 들어 있다. 이 DNA가 우연히 그리고 저절로 이런 모양으로 인체의 세포를 구성하고 있을 확률은 10의 119,000 승 분의 1이라고 하니 결코 우연일 수 없고 그 길이를 펼치면 지구에서 달까지 50만 번 왕복할 수 있는 거리가 된다. 여기에 내장되어 있는 정보의 양은 한반도 전체를 1천 페이지 책으로 78번 덮을 수 있는 양이니 가히 상상을 초월하는 초첨단 설계라 하지 않을 수 없다.

1993년 미국에서 세계 최초로 클레이라는 슈퍼컴퓨터를 만들어 세상을 놀라게 한 적이 있다. 이 슈퍼컴퓨터가 아무리 능력이 뛰어나다고 해도 꿀벌의 두뇌 설계에는 전혀 미치지 못한다는 사실이 알려졌다. 무게 1톤에 5백억이나 하는 이 컴퓨터가 꿀벌의 두뇌의 1백만 분의 1 능력에도 미치지 못하다는 사실에 사람들은 놀라고 있다.

원숭이를 인간의 조상으로 섬기고 있는 진화론에서는 세포 안의 염색체 수를 진화의 근거를 삼기도 한다. 염색체 8개의 초파리에서 12개를 가지고 있는 파리로 다시 16개의 코알라 그리고 22개를 가지고 있는 두꺼비에 이르더니 드디어 46개를 가지고 있는 인간에 이르렀다고 설명하고 있다. 그러면 50개의 염색체를 가지고 있는 아메바는 어떻게 설명할 것인지 78개를 가지고 있는 개나 닭은 무엇으로 연결되는지가 궁금하다.

자연에서 장구한 시간과 우연한 계기에 따라 진화해서 하등동물에서 고등동물로 되어 간다는 진화이론은 결코 일어날 수 없는 법칙이다. "주께서 내 내장을 지으시며 나의 모태에서 나를 만드셨나이다… 나를 지으심이 심히 기묘하심이라〈시 139:13-14〉"라고 고백하고 있다. 하나님이 직접 설계하시고 운행하시는 놀라운 일을 인간은 스스로 부정한다고 해서 없어지는 일이 아니라는 원리를 성경은 가르치고 있다.

3. 신비의 숫자 153의 의미

성경에서 예수의 행적을 기록한 책이 신약성경이다. 예수의 행적을 모두 기록한다면 그 기록된 책을 두기에 부족할 것〈요 21:25〉이라고 한 것은 그만큼 요약하고 간추려 정리했다는 의미일 것이다. 기록되지 않은 일들을 모두 적었다면 지금의 신약성경으로는 감당하기에 어림도 없을 것이라는 뜻이다.

이 중에도 눈에 띄는 것이 숫자다. 구약성경에서는 1에서부터 10까지가 종횡을 가르며 나타나고 있지만 신약에서는 153이라는 숫자가 유독 눈에 들어온다. 그냥 지나치기도 쉽지만 조금만 유의해 읽는다면 왜 난데없는 153일까 하는 의문이 드는 숫자이기도 하다. 실의에 빠진 어부 베드로가 밤새도록 아무것도 잡지 못하다가 오른쪽으로 그물을 내려 잡아 올린 물고기의 숫자가 백쉰세 마리〈요 21:11〉라는 것이다.

히브리어로 하나님의 아들(Sons of God)을 고유숫자로 풀어 보면 91+62로 153이 된다는 사실로부터 정삼각형의 17번째 삼각수가 153개이며 1에서부터 17까지 더한 숫자가 153이며 1에서부터 5까지의 팩토리(!)의 합이 153이 되고 1의 3제곱에 5의 3제곱을 더하고 다시 3의 3제곱을 더해서 그 합이 153이 된다는 사실도 오묘하다. 여기서 3제곱의 의미는 정육면체로 지성소를 의미하므로 거룩하고 거룩하며 또 거룩함을 상징하고 있기도 하다.

뿐만 아니다. 구약의 시편 81편 10절, 이사야 43장 3절 그리고 48장 17절에서 "나는 너의 야훼 하나님이다(I am the Lord, thy God)"라는 말의 히브리어 고유숫자의 합이 153이며 민수기 12장 7절의 "신실한 자(Who is faithful)", 출애굽기 12장 21절의 "유월절(Passover) 어린양"의 히브리어 고유숫자의 합이 153이고 신명기 11장 38절에 "상속(Inherit)"이라는 단어의 고유숫자 역시 153이라는 사실을 알면 섬뜩한 마음마저 든다.

수학에 3중 입방수(Triple Cube Number)라는 것이 있다. 세 자리 숫자 100에서부터 999까지 중에 153을 위시하여 390, 371 그리고 407의 4개 숫자만 존재한다. 이들 숫자는 각개 숫자의 3제곱한 숫자를 합하면 자기 자신의 숫자가 되는 마법과 같은 숫자다. 즉 153은 거룩한 숫자이고 370은 다윗의 별 두 번째 별의 숫자이며 371은 노아가 방주 안에 머물었던 날수이며, 407은 창세기 1장 1절에서 "땅을"의 히브리어 고유숫자의 합이다.

모세를 필두로 하여 성경을 기록한 사람들은 그 속에 내포되어 있는 의미를 모른 채 몇천 년을 이어 오고 있지만 그 속에 들어 있는 기상천외한 숫자의 비밀을 알면 숨이 멎을 지경이다. 비밀스런 숫자가 그 긴 성경 요소요소에 함축되어 있다는 사실은 성경이 예사로운 책이 아님을 의미하고 있는 것이다.

종이도 연필도 없던 구약시대에 하나님의 말씀이 자손 대대로 이어가면서 암송으로 그 내용이 전해졌다는 사실은 경이롭다. 그것도 토씨 하나 틀리지 않게 몇백 년을 이어져 왔다는 것은 성경을 생명같이 여기지 않고는 가능하지 않는 일이다.

후대에 필사가 가능했던 때에도 필사하는 사람은 목욕재계하고 몸을 반듯이 한 후에 정결한 마음으로 필사를 했다고 하며 필사할 때는 어느 누구도 그를 방해할 수 없다는 법까지 세워 놓았다는 사실을 우리는 상기할 필요가 있다. 한 치의 오류도 없이 작성된 성경 속에 이렇게 비밀스런 숫자가 숨겨져 있다는 것은 성경의 무오류성을 한층 높여 주고 있는 확실한 증거가 될 수 있다.

4. 창조의 증거는 널려 있다

자연에 하나님의 지문이 숨겨져 있다는 사실을 아는 사람은 많지 않다. 여러 자연 현상에서 일정한 패턴의 반복현상이 나타나는데 이를 피보나치수열(Fibonacci Series)이라고 한다.

파인애플껍질, 솔방울, 앵무조개, 해바라기씨앗, 잎차례, 나뭇가지 그리고 꽃잎의 수뿐만 아니라 태풍의 원형돌기, 우주 은하의 배열 등에서도 볼 수 있다. 이런 수열의 배치는 최소의 공간에 최대의 효과를 내기 위한 치밀하고도 과학적인 배열로 인간으로서는 흉내조차 낼 수 없는 하나님의 비밀코드다.

피카소의 그림은 평면 위에 입체를 표현하려고 하는 추상화가 특징이라서 그의 어느 그림을 보더라도 피카소의 그림이라는 사실을 누구나 알아챌 수 있는 이치와 같이 자연에서 나타나고 있는 하나님의 지문은 곳곳에 그 흔적을 남기고 있다. 꽃이 보기에 아름답다는 사실과 색의 조화가 잘 어울린다는 느낌 그리고 소리가 감미롭다는 감각 등 모두가 하나님의 치밀한 조화 때문에 인간은 이를 감지하고 있는 것이다.

여섯째 날, 만물을 창조하신 후 마지막으로 만든 작품이 인간이다. 이 인간이라는 작품을 만드신 후 하나님은 "보시기에 심히 좋았다〈창 1:31〉"라고 고백하고 계신다. 얼마나 좋으셨으면 '심히'라는 표현을 하셨는지 궁금하다. 자연의 모든 피조물을 직접 만드신 결과를 인간은 과학의 힘으로 이를 규명하고 있는데 과학이 진보하면 할수록 그 오묘한 설계에 혀를 내두를 지경인데 마지막 작품인 인간에게는 상상할 수 없는 비밀코드를 숨겨 놓으셨다.

인간은 60조 개의 세포로 구성되어 있다. 두 개의 허파는 각 직경이 25㎝의 크기이지만 3억 개의 폐세포로 구성되어 있는데 1회 호흡에 500cc의 공기를 흡입하며, 300g의 무게를 가진 심장은 평생 동안 하루 10만 번 쉬지 않고 작동하여 생명을 유지하고 있고, 몸 안에 모두 4.7L가 있는 혈액은 총 연장 16만 ㎞의 핏줄을 통하여 하루 1,000번씩 온몸을 돌고 있으며, 몸의 통제기구인 뇌는 체중의 2%에 지나지 않으나 온몸에 필요한 산소의 20%를 사용하고 있고 피의 15%를 사용하고 있는 등 그 생명의 유지체계는 어느 과학으로도 설명할 수 없을 정도로 신비롭다.

이 세포를 들여다보면 그 신비로움은 더욱 경악을 금치 못할 정도이다. 1개의 세포 안에는 대략 30억 개의 DNA(Deoxyribonucleic Acid)가 들어 있고 1개 DNA는 아데닌, 시토신, 구아닌, 티민이라는 성분이 2중 나선형 구조를 형성하여 생물체의 유전 정보를 저장하고 전달하는 데 매우 중요한 역할을 한다. 한 개의 DNA에는 백만 페이지 분량의 유전정보를 가지고 있으며 이는 한 개의 세포 안에 8기가 반도체 용량의 1억 배가량의 정보를 가지고 있는 샘이다.

우리 주위에 널려 있는 자연은 그 안에 하나님의 창조솜씨가 하나도 드러나지 않는 것이 없으며 이에 대한 현대의 과학적 탐구는 그 언저리에도 접근하지 못하고 있는 실정이다. 특별히 하나님의 마지막 걸작품인 인간에 대하여 이제 겨우 아담 이후 노아 시대 홍수 때까지 거의 1천 년을 살았다는 기록의 10분의 1에 해당하는 100세 시대에 도달하고 있는 현실로 보아 과학으로 이루어 놓은 성과라는 것이 얼마나 미미한 단계에 머물고 있는지 미루어 알 수 있다.

5. 자연 속에 숨겨진 하나님의 지문들

자연에 흐드러지게 피어 있는 들꽃들이 파란 하늘에 점점이 떠 있는 구름과 어울릴 때 그 들판은 아름다운 한 폭의 그림이 된다. 거울 같은 호숫가 물 위 나뭇가지에 앉아 있는 고추잠자리는 자연이 살아 있다는 한 편의 동영상이다. 사람들의 눈에 비친 이런 자연의 아름다움은 누가 시켜서 느낄 수 있는 일이 아니다. 그 속에는 감동으로 전해 주는 비밀스런 숫자들이 들어 있기 때문이다.

숫자로 표현되는 수학은 과학이다. 아무리 복잡한 현상도 숫자로 증명하면 과학이 되고 이 과학은 숫자가 되어 인간과 교감하게 된다. 그렇기 때문에 우리 주위에는 무수히 많은 숫자가 우리를 둘러싸고 있을 만큼 많다. 현대과학은 이런 숫자를 발견함으로써 만물을 창조하신 분이 하나님이라는 사실을 조금씩 깨달아 가고 있다.

나뭇가지가 뻗어 가는 순서와 나뭇잎이 생겨나는 모양은 나선형으로 성장하며 최소면적에 최대한 햇빛을 받을 수 있고 최대한 비를 받을 수 있는 배치로 성장하고 있는 모습으로 나타나며 해바라기씨앗, 솔방울, 고사리 등 식물에서 쉽게 찾아볼 수 있으며 나아가 달팽이, 앵무조개 그리고 태풍의 모습과 나선은하에서도 이런 모습을 볼 수 있다.

이 피보나치수열에 연관하여 황금비율(Golden Ratio, 1:1.618)이라는 것이 있다. 뒤 수를 앞 수로 나누어 생기는 1:1.618이라는 숫자가 있다. 모든 자연의 피조물이 크게는 이런 비율로 만들어져 있어 안정감과 아름다움을 나타내는 숫자로 하나님의 최종작품인 우리 몸에서도 나타난다. 하나님의 비밀코드가 숨겨져 있는 것이다.

배꼽을 중심으로 머리까지 윗부분이 1이면 그 아랫부분 발까지가 1.618의 비율이 되며 손끝에서 손목까지가 1일 경우 손목에서 팔꿈치까지가 1.618의 비율이 된다. 이를 360도의 원에서 그 값을 구하면 137.5도가 되어 이를 황금각(Golden Angle)이라고 부르고 있다. 해바라기 씨앗이 시계 반대방향으로 137.5도씩 씨앗을 만들기 시작하여 계속해 나가면 나선형의 씨앗이 만들어지게 된다.

뿐만 아니라 우리 주변에 나타나는 많은 모습들이 이 황금비율로 구성되어 있다는 사실이 놀랍다. 지갑에 넣어 다니는 신용카드 모양이 황금비율이며 A4용지, 각종 가구, 건축물과 조형물, 미술 작품, 화면 비율 등이 있다. 이들 모두 미적 감각과 함께 시각적으로 안정감을 주기 때문이다.

수학자 포 아텔레는 "자연에서 이런 규칙적인 설계가 내장되어 있어 아름답게 보인다."라고 설명하고 있고 아인슈타인은 "하나님이 없다고 말하는 사람은 불쌍한 사람들이다. 과학을 탐구하는 사람은 하나님이 존재한다는 사실을 확실히 인정하고 있다."라고 말하고 있다.

창세로부터 그의 보이지 아니하는 것들 곧 그의 영원하신
능력과 신성이 그 만드신 만물에 분명히 보여 알게 되나니
그러므로 저희가 핑계치 못할 찌니라(롬 1:20)

2장
생명활동의 신비

1. 식물, 그 신비로운 생명활동

  지구상 생물의 80%가 식물일 만큼 세상에는 수없이 많은 식물들이 있고 이들은 한결같이 녹색을 띠며 아름다운 꽃을 가지고 있다. 이 꽃들에게는 시각적 아름다움뿐만 아니라 후각으로 느낄 수 있는 향기와 미각으로 맛을 볼 수 있는 꿀까지 가지고 있다.

  흔히 식물은 고정된 위치에 있는 생물이므로 동물들이 가지고 있는 감정이나 지각이 없어 비교적 덜 진화된 생물로 간주되어 왔다. 특히 종족번식을 위한 수단으로 암술과 수술이라는 배우체를 만들며, 수분과 수정을 통하여 다음 세대를 이어 가기 때문에 꽃은 수분을 해 주는 벌과 나비 등 많은 충매(蟲媒)들을 유인하기 위해서 각기 독특한 아름다운 색과 다양한 형태들로 진화되어 왔다고 주장한다.

  만약 그렇다면 같은 매개체를 이용하는 꽃들의 색과 형태의 다양함과 매개체를 이용하지 않는 수많은 꽃들의 아름다움은 설명할 수가 없다. 굳이 생존만을 위한 것이라면 지나쳐도 너무 지나친 치장이다. 또한 단지 바람이나 물에 의해서 전파되는 식물들은 왜 꽃을 가지기 위한 방향으로 진화되지 않았을까 하는 의문이 뒤따를 수밖에 없다.

일반적으로 꽃으로부터 열매가 맺히기 때문에 꽃 피는 식물은 모두 열매를 가진다고 생각할 수 있다. 열매란 대부분 씨방이 성숙한 것으로 그 속에 씨를 가지고 있다. 단지 과실의 존재가치가 번식만을 목적으로 한다면, 수많은 과일이 각기 아름다운 색깔, 맛, 향기는 왜 생겨나며 필요 이상의 풍성한 영양분은 왜 간직하는지를 설명하기가 쉽지 않다.

생존과 번식만이 목적이라면 각각의 독특성과 다양함을 지닐 이유가 없는 것이다. 이런 식물에는 어김없이 피보나치수열과 같은 독특한 암호가 들어 있음을 보아도 알 수 있다. 이렇게 식물이 가지고 있는 신비한 현상들이 한둘이 아니다.

많은 부분을 과학이 밝혀 놓았다고 하지만 창조주의 창조내용을 이해하기에는 턱없이 부족하다. 외부의 자극에 무감각하다고 생각되는 식물이 사실은 사랑과 미움에 대하여 민감하게 반응하고 있는 생명체이며 고도로 발달된 치료능력인 항염(Anti-inflammation), 방부(Anti-septic)의 기능을 가지고 있어 인간이 가깝게 하고 살아야 할 창조주의 선물인 것이다.

식물이라는 자연조건을 미리 만드신 하나님은 인간이 생육하고 번성〈창 1:28〉할 수 있도록 준비해 주신 놀라운 배려에 인간들의 평가는 매우 인색하다. 그 화려함과 아름다움 속에 숨겨 둔 피보나치수열의 놀라운 비밀을 사람들은 잘 모른다. 진화론이 나오기 수천 년 전에 식물들이 진화에 의해 발전된 지금의 식물이 아님을 분명히 밝히고 있음에도 불구하고 사람들은 아직도 진화를 거듭하고 있다고 우기고 있는 형국이다.

2. 새의 고성능 항법장치

20여 년 전에 브라질의 아마존 정글 속을 가 본 적이 있다. 때가 마침 우기라 온통 물 천지가 되어 나무와 숲속에서 큰 뱀이나 재규어 같은 맹수들은 볼 수 없었으나 물속에 사는 악어와 원숭이 그리고 새들은 흔히 볼 수 있었다. 그중에도 큰부리새(Toucan)는 그 모양이 하도 이상해서 몇 번이나 보고 또 본 적이 있다. 이 새는 어찌된 일인지 자신의 몸통만 한 부리만 간수하다가 평생을 보낼 것 같은 생각이 들었다.

그러나 사실은 그게 아니었다. 그 큰 부리는 공기주머니를 가진 가벼운 물질로 구성되어 있어 전혀 무겁지 않으며 오히려 파파야나 바나나와 같은 큰 과일을 딴 후 조각을 내는 데 아주 유용하게 사용되고 있는 것을 알 수 있었다. 오랫동안 큰 과일만을 따 먹다 보니 작은 부리가 커진 것이 아니라 처음부터 그렇게 설계되어 태어난 것이라고 볼 수 있다.

새들의 이런 외모에만 비밀이 있는 것이 아니다. 하늘을 날아다니는 새들은 인간들이 흉내조차 내지 못하는 비상한 비행능력을 가지고 있는 것을 과학이 조금씩 알아내고 있다. 큰제비(Purple Martin)는 미국 펜실베이니아주에서 남쪽 멕시코의 유카탄 반도까지 왕복 7,500㎞의 거리를 하루 평균 580㎞의 속도로 철 따라 이동하고 있으며 숲지빠귀새(Wood Thrushes)는 미국 동부에서 멕시코만을 넘어 중미까지 날아가는 철새로 알려져 있다.

이런 철새의 무착륙 장거리 이동의 챔피언은 아무래도 큰윗부리도요(Ben-Tailed Godwit)일 것이다. 미국 알래스카 서부에서 남반부

뉴질랜드까지 장장 11,700km를 논스톱으로 날아가는 철새다. 사람으로 치면 매일 70km씩 일주일 동안 한 번도 쉬지 않고 달음박질을 하는 셈이다.

이상한 새들은 이것들 말고도 또 있다. 몸무게가 100g도 채 안 되는 북극제비갈매기(Arctic Tern)는 북극에서 남극으로 매년 70,000km씩 오고 가 30년 정도의 일생 동안 지구에서 달까지 세 번이나 왕복하는 엄청난 거리를 날아다니는 새다. 어김없는 항로와 목표지점을 정확하게 찾아내는 것은 체내에 항법시스템, 연료효율시스템, 원격감지시스템, 파워시스템, 안정화시스템 등 모든 첨단 과학적 시스템이 종합적으로 작동하지 않고는 가능하지 않는 일이다.

너무 작아서 쥐방울만 하다고 하는 벌새(Humming Bire)가 있다. 작은 것은 5cm밖에 안 되는 이 새는 세계적으로 약 300종이 있는 것으로 알려져 있다. 1초에 50회 이상 날갯짓을 하기 때문에 날개 없이 공중에서 정지해 있는 것처럼 보이는데 이런 동작을 하려면 엄청난 에너지가 필요하다. 사람에 비유하면 햄버거 1,300개를 하루에 먹어야 하며 심장이 1분에 130번 이상 펄떡거려야 한다.

하루 12시간 이상의 충분한 수면과 에너지효율이 높은 꽃만을 찾아다니며 1초에 13번 이상 흡입이 가능한 부리를 가지고 있는 점 그리고 방향전환이 자유로운 날개구조, 특별한 에너지 저장능력을 가지고 있는 점에서 그런 활동이 가능한 것으로 알려져 있다.

이런 새의 첨단구조를 모방하려고 과학은 몸부림을 치고 있지만 그 100분의 1이나 1,000분의 1만큼도 흉내조차 내지 못하고 있다. 미국 전투 헬기인 블랙호크(Black Hawk)기의 초당 속도는 자신의 몸

길이의 32배에 그치나 비둘기는 자신의 몸길이의 75배를 날고 있으며 회전율로 보면 항공모함 공격 전투기 스카이호크(Sky Hawk)기가 초당 720도가 가능하나 제비는 초당 5,000도를 상회하고 있는 형편이다. 이렇듯 간단한 비교에서조차 새들의 비밀을 따르지 못하고 있는 과학을 사람들은 맹신한 나머지 우리 주위에서 흔히 볼 수 있는 작은 새 보기를 우습게 보는 것이 우리 인간들임을 자성하여야 할 것이다.

3. 곤충의 초능력

우리들이 살고 있는 자연은 인간의 작위적인 해석으로 설명되지 않는 곳이 너무 많다. 식물과 동물 그리고 그 속에서 함께 어우러져 살고 있는 인간은 서로의 비밀을 간직한 채 태초부터 지금까지 한 치의 어긋남도 없이 조화롭게 생명을 이어 오고 있다. 그중에서도 곤충의 세계는 놀랄 만한 비밀코드가 숨겨져 있다는 사실을 아는 사람이 그리 많지 않다.

그런 비밀들이 인간의 욕망으로 인하여 조금씩 풀리고 이용되고 있기는 하지만 아직 전체에 비하면 초입에도 가지 못하고 있는 실정이다. 잠자리의 정지비행술은 헬리콥터라는 모습으로 재현되고 있지만 그 흉내만 내고 있을 따름이고 나비의 급속회전술, 메뚜기의 고공 도약술, 개미의 기중기 기술, 박쥐의 초음파 기술, 파리가 천장에 붙어 기어다니는 흡착 기술 등은 손도 못 대어 보는 분야들이다.

곤충의 겉모습을 보면 찬란한 색상을 띠고 있는 것이 보통이다. 나비의 기기묘묘한 색이라든지 딱정벌레 등날개의 신비로운 색상은 인간이 묘사하기조차 어려운 아름다운 색을 보여 주고 있다. 전자현미경으로 본 표면은 0.0002㎜ 간격으로 쐐기 모양의 격자들이 질서정연하게 배치되어 있어 자연광에 대한 초고도의 반사율과 스펙트럼으로 나타나는 최첨단 나노구조임을 알 수 있다.

누에나방(Silk Moth)의 날개 디자인은 사람이 보기에도 섬뜩하기까지 하다. 위에서 내려다보면 양 날개에 하나씩의 동물의 눈이 선명하다. 눈뿐만 아니라 눈동자의 모습이 어느 포유동물의 안면구조와 흡사하여 새라든지 다른 천적으로부터 자신을 보호하는 장치를 하고 있다. 창세 이래로 대를 이어 같은 디자인을 유지하고 있다는 것은 그들의 개체 속에 처음부터 유전자로 디자인이 되어 있었다는 것이라고 해야 할 것이다.

새와 마찬가지로 곤충들도 장거리 비행을 하는 종류가 있다. 캐나다 북동부 노바 스코시아(Nova Scotia)에서 5,000㎞나 떨어진 멕시코 서부까지 이동하는 제왕나비(Monarch Butterfly)는 인간의 우주왕복선 항법장치보다 더 정교한 장치를 가지고 있는 것으로 알려져 있다.

고도 3,500m까지 올라가 시속 50㎞로 약 8주에서 10주간에 걸쳐 낮에만 이동하는 이 나비는 유충에서 고치로 다시 번데기에서 성충의 단계를 거치며 날갯짓을 시작하면 태어나 한 번도 가 보지 않은 곳을 날아가는 원초적 초능력을 가지고 있는 신비의 곤충이다.

장거리를 이동하는 곤충은 이외에도 은나방(Silver Moth)이 있다. 이들은 암흑 속을 바람을 거슬러 가면서 이동하기도 하는데 시속 30㎞의 속도로 하루에 300㎞까지 이동한다. 이는 지름 5㎝의 종이쪽지를 바람을 이용하여 300㎞ 떨어진 목표지점으로 정확히 날려 보내는 것과 같다고 한다.

인간들에게 교훈을 주고 있는 개미 역시 재미있는 능력이 있는 곤충이다. 이들은 누가 감독도 하지 않고 가르치지도 않았는데 줄곧 줄을 지어 이동하고 있다. 먹이가 있는 목표지점까지 방향과 거리를 정확한 궤도적분(Path Integration)을 한 후 최단거리를 산정하여 간다고 한다. 지형이 바뀌어도 최단거리와 방향을 알아 가는 것은 이를 분석할 수 있는 초능력 첨단 컴퓨터가 내재되어 있지 않고는 설명이 되지 않는 현상이다.

자연에서는 환경에 따라 개체가 변한다든가 돌연변이가 생긴다고 하는 진화이론은 그래서 파리가 도망가다가 떨어져 죽었다고 하는 억지 해석일 뿐이다. 미물인 곤충에서까지 이런 놀라운 극비설계가 내재되어 있다는 것은 세상이 어느 누군가에 의해 세밀하게 지어졌다는 사실을 미루어 짐작할 수 있을 것이다.

4. 물고기의 첨단장비

육지보다 더 많은 면적을 차지하고 있는 바다에 대한 연구와 개발은 미래 인류의 터전이 바로 바다일 것이라는 것은 상식이다. 현대에 와서는 이 바닷속을 손바닥 들여다보듯 하는 기술이 개발됨으로써 육지뿐만 아니라 그 주변 바다 역시 자국의 영토로 삼고 있다 보니 어느 때보다도 영토분쟁이 잦아진 시기에 와 있는 듯하다.

그래서 그 속에 들어가 자유롭게 움직일 수 있는 수단이 무엇보다도 절실하다 보니 그 바닷속에서 살아가고 있는 물고기가 그렇게 부러워질 수밖에 없다. 그러나 지금까지 인류가 개발한 것이라고는 고작해야 잠수함이나 심해탐사선 정도일 뿐으로 물고기처럼 자유롭게 바다 밑을 활보하는 것은 아직 요원하다고 할 수 있다.

바닷속에서 살아가고 있는 물고기에 대한 연구는 많은 진척을 보이고 있지만 연구를 거듭할수록 신비한 비밀이 아주 조금씩 벗겨지고 있는 것은 참으로 다행한 일일 것이다. 마찰계수가 공기보다 큰 물속을 가르며 움직이려면 아무래도 사람이나 동물처럼 뻣뻣이 서서 걷는 것보다는 수평으로 유선형이 되어야 하는 것은 상식일 것이다.

그런데 이 유선형이 아주 특별하다. 몸체의 길이와 몸통의 지름비율이 1:20 또는 1:25가 대세를 이룬다는 것인데 유체역학 실험에서도 이 비율이 가장 효율적인 모양으로 판명이 되었다고 하니 과학 이전에 이들 물고기들은 태어날 때 이미 단합대화라도 하고 나왔을 법하다.

유선형의 대표주자는 참치(Tuna)와 백상아리(Great White Shark)이다. 이들은 몸체 중심부에 집중된 적색근(Red Muscle)이 있어 빠르게 물살을 가를 수 있고 길이 20여 m에 무게가 40톤이나 나가는 육중한 몸을 가지고 있는 혹등고래(Hunchback Whale)는 유연하게 움직이기 위하여 꼬리지느러미 위에 돌기(Bump)가 나 있어 약 8%의 양력(Lift)을 얻고 30% 이상의 항력(Drag)을 더할 수 있다고 한다. 빠르기로는 둘째가라면 서러울 돌고래(Dolphin)도 있다. 물과의 마찰계수를 줄이기 위하여 특수피부조직을 가지고 있는 돌고래는 이런 피부로 인하여 물의 저항을 60%까지 줄여 속도를 내고 있다.

그런데 유선형과는 거리가 좀 먼, 상자같이 생긴 물고기가 있어 웃음을 자아내고 있다. 거북복(Box fish)이 그것이다. 이 물고기는 수초나 암초 또는 산호초 사이에서 살아가려면 아무래도 예측이 불가능한 조류나 소용돌이 등에 견뎌야 하기 때문에 사는 환경에 가장 적합한 자체의 수정보완능력(Unflappability)을 가지고 있다. 이 물고기에 과학자들이 유독 눈길을 떼지 못하는 이유는 콩코드여객기나 우주왕복선과 같은 델타날개를 채용해야 하는 분야에서 활용할 수 있다고 여기기 때문이다.

같은 모양과 같은 디자인을 한 물고기가 자기들끼리 어울려 사는 지혜는 어느 날 갑자기 생겨난 일들이 아니다. 태초부터 그렇게 살아가기로 되어 있는 존재들이다. 아무리 장구한 세월이 지나도 고등어는 고등어이고 참치는 참치다. 그래서 물고기에 허파가 생기고 몸에 네 다리가 새로 생겨나서 육지로 어슬렁거리며 올라오는 일은 절대로 없다.

이처럼 살아가는 환경에 따라 다양한 종류의 어족과 색다른 생존방식이 있지만 이들에 대한 연구는 아직 미지의 세계로 남아 있다. 어느 날 인간이 바닷속을 육지와 같이 거닐며 그 화려하고 신기한 모습을 감상할 수 있는 때는 아마도 영원히 오지 않을는지도 모른다.

5. 자연의 초정밀 폭격기 - 잠자리

가을철, 하늘을 가볍게 나는 잠자리는 예사롭지 않은 곤충이다. 물가에 낳은 알은 한 달 정도 걸려 여러 번 허물을 벗은 후에야 성충이 되지만 다른 곤충에 비해 천적이 비교적 많지 않은 특별한 곤충이기도 하다. 식성이 좋아 모기나 파리 같은 곤충을 앉은 자리에서 수십 마리를 먹어치우는 것은 보통이고 하루에 적어도 모기 150마리 정도는 먹어야 직성이 풀리는 대식가여서 자연의 초정밀 폭격기라라고 불린다.

정밀 폭격기라는 말은 목표물이 정해지면 공격이 거의 실수가 없이 이루어진다는 의미이다. 백수의 왕 사자는 먹이를 얻기 위하여 열 번을 공격하여 두세 번 정도밖에 성공하지 못하며 바다의 포식자 백상아리도 50%밖에 성공하지 못하는 점에 비추어 보면 잠자리는 먹이를 포착하면 거의 95%를 성공시킨다고 하니 미국의 가공할 무인폭격기 드론(Drone)이 무색할 지경이다.

최근 이라크전쟁과 아프가니스탄에서 그 위력을 십분 발휘하고 있는 미국의 무인폭격기 드론은 그 명중률과 살상 효율성으로 인해 가장 각광을 받고 있는 최첨단무기이다. 국제 테러집단 알 카에다의 지도자 30여 명 중 22명이 이 드론에 의해 생명을 잃은 것을 보아도 알 수 있다. 특히 이 비행기는 현장에서 조종사가 직접 조종하고 폭탄을 투하하는 것이 아니라 전장으로부터 수천 ㎞나 떨어져 있는 미국 버지니아주 랭리의 CIA본부에서 넥타이를 맨 직원이 컴퓨터스크린으로 현장을 보고 스위치를 누르면 상황이 끝나 버리는 기막힌 무기이다.

이와 같이 잠자리의 첨단능력은 사람을 능가하는 판별력을 가진 신경구조로 이루어져 있는 뇌와 목표물에 가까워질수록 먹이의 크기는 커져 보이는 반면 초점은 더 고정되는 눈, 그리고 먹이사냥의 성공률과 직결되는 뛰어난 비행술을 구사할 수 있는 날개시스템이 있기 때문입니다.

몸통의 전면부에 몸통보다 더 큰 부피를 차지하고 있는 눈은 잠자리가 자랑하고 있는 첨단장치이다. 낱눈 1만 개가 모여 3개 그룹의 겹눈을 만들고 있기 때문에 해상도 3만 픽셀 정도로 선명하게 상을 만들며 목을 360도 회전이 가능하여 목표물을 실수 없이 포착할 수 있다. 아울러 4개의 날개를 가지고 있는 잠자리는 초당 비행속도가 10m(꿀벌 5m, 나비 2m)로 빠르고 몸체의 순간변환과 정지비행이 가능한 고도의 비행술을 가지고 있다.

이런 잠자리의 시각을 모방하여 만든 현대전의 총아가 헬리콥터다. 하늘에서 정지비행을 할 수 있어서 조종사의 육안식별이 용이하여 재난구호에도 탁월한 효과가 있으며 전장에서는 병력의 신속한 이동수단으로 활용되기도 한다.

잠자리와 같이 자연의 작은 미물은 말할 것도 없고 모든 생명체는 처음부터 그런 모습으로 창조되어 지금까지 생명활동을 이어 오고 있다는 사실을 믿을 때 원숭이로부터 인간이 진화되었다는 억지주장은 나오지 않을 것이다.

3장
지구의 나이

1. 창세기로 본 땅의 나이

예로부터 땅은 언제쯤 생겨났는가 하는 질문은 답하기 곤란한 질문 중의 하나였다. 세상의 과학을 믿는 사람들은 학교에서 배운 대로 45억 년이라고 단언한다. 성경을 믿는 기독교인들은 6천 년일 것이라고 대답은 하지만 어쩐지 미심쩍은 생각을 버리지 못해 엉거주춤하고 있는 형편이다. 6천 년과 45억 년, 너무 큰 차이의 숫자에 다툴 일이 아니라고 하여 처음부터 외면하고 마는 것이 지금의 시정이다.

과학에서는 화석이라든가 자연의 기록들을 인용하고 참고하여 나름대로 일관성을 만들어 학설로 인정하는 일이라고 하지만 그 긴 시간을 사람들은 아예 인정해 버리는 일이 훨씬 편하고 세상의 대세에 편승하는 것이 처신에도 이로울 것이라는 합리성까지 곁들이다 보니 지금까지 그 위세는 여전히 계속되고 있다. 성경을 읽고 연구해 온 사람들은 아무리 성경을 탐독해 보아도 땅의 나이는 6천 년을 넘지 않는다는 사실을 보고는 그때부터 과학과 신앙의 혼란이 시작된다.

6일 창조를 시작으로 하여 그 햇수를 셈해 보면 인류 공통의 역사로 볼 수 있는 아담에서부터 노아가 생을 마감하는 때까지 2천 년이고 셈을 시작으로 하는 그 후손들이 세상에 퍼지면서 펼쳐지는 역사가 예수의 때까지 이스라엘 역사가 2천 년으로 이어지며 그 예수가 승천한 후에 펼쳐지는 현대까지의 또 다른 2천 년을 합하면 모두 6천 년이 되는 것이다.

여기서 진화론인 과학과 창조론인 신앙의 대결이 시작된다. 그래서 이를 조정하려는 시도가 진화의 단계마다 하나님이 창조행위를 했다는 '유신진화론'과 진화론과 창조론이 조화를 이루었다는 '점진창조론'과 같은 해괴한 변종학설들이 등장할 수밖에 없었다.

성경의 내용은 진실하고 경건한 선견자들에 의해 기록된 인류 문명의 정수이다. 따라서 그 해석을 얼마나 진리에 부합하게 하는가에 따라 내용이 크게 달라질 수 있다는 사실에 유의하여야 할 것이다. 창세기 1장에서 1절과 2절의 시간은 그 이후의 시간과 크게 다를 수 있다. 즉 처음에 하나님이 하늘과 땅을 아무것도 없었던 상태에서 창조하신 후 알 수 없는 얼마의 기간 동안은 정리가 안 된 상태가 있었다는 것을 의미한다.

2절의 "땅이 혼돈하고 공허하며"는 히브리어로 정리가 안 된 상태라는 '토후'와 '보후'라는 의미이며 "수면에 운행하시니라"에서의 운행(運行)은 히브리어로 '라하프' 즉 '날갯짓을 하다'라는 의미인데 영어로는 'hovering'이라고 하여 위에서 내려다보는 행위로 설명하고 있지만 그 진정한 의미는 '알을 품다'라고 하여 그 이후 창조할 일들을 준비하는 단계로 보아야 할 것이다.

그 후, 빛을 있게 하신 첫째 날을 시작으로 하여 6일 동안 세상 만물을 창조하시며 인류의 역사가 시작되어 6천 년을 이어 온 것으로 해석

한다면 땅의 나이는 6천 년을 넘을 수 있다는 추론이 가능하다. 과학에서 주장하는 오래된 나이는 많은 오류를 포함하고 있기 때문에 모두 받아들일 수 없지만 신앙으로 주장하는 6천 년설은 인류의 역사로 보는 것이 타당할 듯하다.

이렇게 창세기 1장의 첫 두 절을 묵상해 보고 그 시간의 범위를 고려한다면 세상이 처음 창조된 후 한동안의 시간이 지난 후 3절부터 하나님은 본격적으로 구체적인 세상을 만들었을 것이라는 추측은 얼마든지 가능하다. 다만 그 처음 시간이 얼마 동안인지는 아무도 알 수 없는 미지의 영역으로 남아 있다. 아마도 암석의 절대연령 측정이라든가 고고학, 지질학의 발전으로 현제 과학에서 주장하는 땅의 나이는 45억 년은 너무 길고 신앙에서 말하는 6천 년은 너무 짧다는 생각은 지울 수 없다.

2. 지구의 나이 - 45억 년은 너무 많다

대학 2학년 때 강원도로 야외실습을 간 적이 있다. 강원도 장성과 철암 간 국도변에 구문소(九問所)라는 곳 암벽에 삼엽충화석이 무더기로 발견되는 곳을 답사한 적이 있다. 그 화석들이 4억 5천만 년 전에 만들어진 화석이라고 해서 다투어 가면서 한 움큼씩 주워 왔다. 볼품없는 돌덩이에 지나지 않았지만 억 년이 넘는 시간개념에 감동하여 소중하게 다루었던 기억이 있다.

지구의 나이를 처음 언급한 사람은 그리스 사학자 헤로도토스(Herodotus)였다. 그는 나일강의 범람규모를 기준으로 추정한 지구의 나이는 6천 년 정도일 것이라고 언급했으며 페르시아의 조로아스터(Zoroaster)는 1만 2천 년으로 추정하였다. 그러나 지구의 나이를 가장 짧게 잡은 사람은 아일랜드의 어셔(Ussher) 주교로 그는 BC 4004년 10월 26일에 지구가 창조되었다고 하여 6천 년설을 주장하고 있다.

19세기 영국의 물리학자 켈빈(L. Kelvin, 1824-1907)은 지구가 열을 잃어버리는 양을 기준으로 계산하여 그 나이를 4천만 년이라고 했으며 이외 퇴적암의 총 두께가 160km이며 1년에 1mm씩 쌓인다는 가정으로 1억 6천만 년으로, 나트륨(Na)의 바다유입량을 기준으로 계산한 1억 년 등을 들 수 있다. 그러나 최근 방사상 동위원소에 대한 연구가 진행되면서 U-Pb방법, Rb-Sr방법, K-Ar방법에 더하여 C14방법, Th230방법 등이 개발되면서 지구의 나이는 단박에 45억 년±5천만 년 정도로 획기적으로 증가하였다.

진화론적인 배경으로 만들어진 이런 지구의 나이는 최근 학교교육을 통하여 확고한 진리처럼 자리를 잡았다. '론(論)'이라는 말은 과학적으로 증명이 되어 변할 수 없는 원칙이 아니라 합리적 이론으로 포장된 주장을 뜻하기 때문에 진화론(進化論)은 진리라고 말할 수 없는 상황이다. 그럼에도 불구하고 이 진화론을 불변의 진리로 받아들이고 있다는 사실이 현실이다.

수천만 년 또는 수억 년이라는 시간은 다분히 감각적인 서술이다. 100년도 살지 못하는 인간이 주장할 수 있는 허구의 시간을 아주 쉽게 입에 올리는 이유는 단 한 가지뿐이다. 학교에서 그렇게 교육을 받았기 때문이다. 아무런 과학적 근거에 의하지 않은 관습적 주장이다.

지질학에서 주장하고 있는 45억 년은 '지질주상도'라고 하는 독선적 기록 때문에 족쇄가 된 것이다. 이 기록을 맹종하여 아무도 이의를 제기하지 않고 무비판적으로 받아들인 결과물일 뿐이다. 1838년 영국에서 만들어진 이 지질주상도는 지금까지 누구도 비판하지 못하는 성역이 되어 인용되고 있다는 것이 참으로 이상할 따름이다.

　강원도 삼척에서 단양에 이르는 두께 1,000m 내외의 대석회암층은 무조건 5억 년 된 고생대층이라고 주장하고 있다. 그 장구한 기간 동안 지구에는 수많은 변혁이 있었을 것임에도 지층의 성분변화가 거의 없고 층리(층의 결)가 일목요연하게 나타나는 현상은 아무리 보아도 장구한 세월 동안 쌓였다기보다는 어느 때 짧은 기간에 한꺼번에 쌓여 만들어졌다는 의구심을 지울 수 없다.

　이 지층 상부에 있는 막동석회암층에서 삼엽충화석이 무더기로 발견되는데 이 화석의 지층 상하관계로 미루어 고생대 하부에서 나타나는 화석이라고 하여 그 시대를 5억 년 전후의 고생대 캄브리아기와 오오도비스기로 정해 버리는 지질주상도 때문에 현장에서는 아무런 비판 없이 그 나이를 받아들인 것이다. 임의로 정한 지층의 나이 때문에 그 지층을 이루고 있는 지구의 나이를 45억 년이라고 주장하는 것은 우기기일 뿐이다. 우기기로 시작하여 지금까지 여전히 우기고 있는 지질주상도를 이제는 버릴 때가 되었다.

3. 진화론의 큰 기둥 - 지질주상도

우리가 생명체의 느린 변화 속도(진화)를 믿는 유일한 이유는, 퇴적암이 형성되는 데 오랜 시간이 걸렸다는 것을 지질학이 주장하고 있다는 사실이다.(헉슬리, 1869년)

진화론의 중요한 토대 중의 하나가 '지질주상도'이다. 이 지질주상도는 퇴적암층들을 시기별로 분류한 것으로 각각의 지층들은 수백만 년에서 수십억 년에 걸쳐 형성된 것을 전제로 하고 있다. 세계 여기저기 땅속에 흩어져 있는 암석(지층)들을 모두 모아서 형성된 순서를 정해 도표화한 것이다. 그 순서 결정은 주로 암석에 포함된 화석에 근거했다.

지질주상도는 『지구의 이론』(1795)이라는 책에서 제임스 허튼(J. Hutton)이 제안한 '동일과정설'에 기초를 두고 있다. 그의 주장은, 충분한 시간이 주어진다면, 약하고 느린 지질 작용들도 대격변이 일으키는 결과들과 똑같이 만들어 낼 수 있다는 것이었다. 이 주장이 라이엘(C. Ryell)에 의해 받아들여져 『지질학의 원리』(1830)라는 책으로 출간되었고, 이 책을 다윈은 비글호 항해 기간 동안 여러 번 읽었다고 했다.

지질주상도를 근거로 계산해 보면 지층은 대략 1년에 0.2mm 정도씩 퇴적되었던 것으로 나온다. 이렇게 조금씩 오랜 시간 흙이 쌓이는 과정을 통해 암석(지층)이 만들어졌다면 그 안에서 발견되는 화석은 도대체 어떻게 만들어진 것일까. 오늘날 우리는 세계 어디에서도 화석을 함유한 암석이 형성되는 것을 볼 수가 없다. 왜 그럴까. 썩기 때문이다.

죽은 시체에 오랫동안 조금씩 흙이 퇴적되어서는 결코 화석이 만들어질 수가 없다. 화석이 되기도 전에 썩어 버리거나 다른 동물에게 먹혀 버릴 것이기 때문이다. 그래서 여전히 자연에서는 많은 생물이 죽고 사람들도 죽어서 숱하게 매장되지만, 화석이 만들어지는 과정을 발견하지 못하는 것이다. 갑작스러운 대규모의 퇴적에 의해 사체가 완전히 매몰됨으로써 보호되지 않는 한, 화석이 만들어지는 것은 불가능하다.

수십억 마리의 물고기가 떼죽음 당한 화석층이라든가, 다양한 육상 생물(코끼리, 돼지, 코뿔소, 원숭이 등)의 뼈가 뒤범벅되어 있는 인도의 시왈리크 화석층, 수많은 공룡 뼈들이 함께 얽혀 있는 화석층 등 수백 m 이상의 거대한 화석 무덤들은 서서히 이루어진 퇴적이라는 전제를 무색케 한다. 석탄층에서 발견된 화석 나무를 보면 크기가 6m 이상인 화석이 있다.

만일 1년에 0.2㎜씩 서서히 퇴적이 이루어졌다면, 그 나무들은 화석이 되기도 전에(6m 덮는 데 3만 년) 썩어 없어져 버리지 않았을까. 더군다나 거대한 육식 공룡들의 경우, 사체가 박테리아에 부패하거나 포식자에게 먹히는 것을 막으려면 수십 m의 퇴적물이 필요하다. 이런 규모라면 순식간 대규모의 매몰로써 설명하는 게 훨씬 더 타당하다.

홍수와 같은 격변에 의해 지층이 순식간에 생겼다는 입장에서 보면, 지층의 깊이에 따른 화석의 분류는 그 생물들이 살았던 지역(위치)과 생물의 운동성이 서로 달랐음을 보여 주는 것이 된다. 즉, 가장 깊은 곳의 작은 바다 생물들은 초기 퇴적물이 급격히 밀려들면서 일차적으로 매몰되었기에 지층의 맨 아래쪽에서 주로 화석이 나온다. 반면에 조류나 포유류와 같은 것들은 홍수로 인한 초기의 재앙으로부터 어느 정도 도망칠 수(운동성)가 있었기에 더욱 위쪽 지층에서 화석이 주로 나온다. 이런 관점에서는 화석이 뒤바뀌어 나타나는 현상도 충분히 설명된다. 때때로 어떤 종의 생물들은 떠밀려 다니다 보면, 얼마든지 다른 지역(위치)에서 퇴적될 수가 있기 때문이다.

4. 지구의 나이는 어떻게 알아내나, 절대연령 측정

70년대 후반, 자원조사차 페루 리마에서 남북을 길게 뻗어 있는 국도를 자동차로 여행한 적이 있다. 서너 시간을 달리다 보면 좌측에 10여 m 높이의 작은 전망대가 나오는데 이 전망대에 올라 면 지평선을 보면 들판에 희미한 도형이 보인다. 설명에 의하면 알 수 없는 어느 과거에 알 수 없는 사람들이 만든 새나 원숭이 같은 동물의 도형이라고 하며 선의 직선은 어느 기하학으로도 흉내를 낼 수 없는 정확성으로 보아 외계인이 내려와 만들었다고 전해지는 나스카(Nazca) 문명의 대형 지상도형들이다.

이 도형들을 누가, 왜, 그리고 언제 만들었는지 알 수 없어 으레 외계인의 소행으로 치부해 버린 예이다. 사람의 나이를 알아보는 방법은 그 사람에게 직접 나이를 물어보는 방법이 가장 정확하다. 그러나 땅은 말이 없으므로 땅 위에 나타나고 있는 간접적인 증거를 찾아 그 나이를 추정해 보는 방법밖에는 없다. 그 간접적 증거라는 것이 방사성 동위원소를 이용한 절대연령 측정법이라는 방법이 현재까지 가장 넓게 받아들이고 있는 방법이다.

1896년 프랑스의 베큐럴 박사(E. Becquerel, 1820-1891)가

우라늄의 방사능이 일정한 속도로 붕괴(Decay)하여 납으로 변하는 성질을 발견한 이후 이를 이용한 암석의 생성시기에 대한 나이를 알아내는 데 사용하기 시작하였다. 즉 암석 중에 포함되어 있는 방사성 동위원소가 그 양이 반으로 줄어드는 기간을 반감기라고 하는데 각 동위원소는 고유한 반감기를 가지고 있다.

동위원소를 이용하는 방법으로는 탄소측정법이 대표적이다. 원자의 핵 중 양성자는 같고 중성자가 다른 값을 가지는 것을 동위원소라고 하는데 탄소의 양의 비율이 C12와 C14는 1조대 1로 C12가 대부분이다. 그러나 C14는 불안정하여 N14로 변환되는데 그 반감기가 5,730년이다. 모든 생물의 유해를 측정하는 데 이 방법을 사용하는데 이는 생물이 살아 있을 때는 공기 중 탄소를 흡입하지만 죽으면 흡입이 중지되므로 그 죽은 나이를 측정하는 데 활용된다.

문제는 이 방법으로 측정되는 중생대 공룡의 뼈나 물고기화석은 모두 최소 몇천만 년 또는 몇억 년 이상 되어야 하는데 모두 C14가 남아 있어 4-5천 년으로 측정되고 있다는 사실이다. 중생대지층에서 산출되는 석탄은 5천 년, 30억 년 이상 된 지층에서 산출된 다이아몬드 역시 5천 년으로 측정된다는 사실은 지질주상도에서 고생대, 중생대로 구분하는 지층이 그렇게 오래된 지층이 아니라는 사실을 역설적으로 증명하고 있는 셈이다.

이런 원리를 이용한 다른 방법으로는 U-Pb방법이 있다. 질량 238인 우라늄이 8개의 a입자(He 핵)를 방출하고 납(Pb206)으로 변한 양의 비율을 측정하여 나이를 측정하는 방법이다. 이 외 방법으로 K-A방법, Rb-Sr방법 그리고 가까운 지질시대를 측정하기 위해 Th230

방법, C14방법 Th230-Pa231법 등이 쓰이고 있다.

그러나 최근에 와서는 U-Pb방법이나 Rb-Sr방법은 측정치에 오차가 많아 폐기된 지 오래고 K-A방법이 일부 용암에만 적용되고 있는 실정이다. 예를 들면 1980년에 분출된 암석 중 사장석은 34만 년, 각섬석은 90만 년으로 측정되었으며 하와이화산의 현무암은 2천만 년으로 측정되는 등 오류가 많아 쓰이지 않고 있다.

지층에 대한 방사성 동위원소측정법은 고유의 반감기가 제시된 것만큼 절대적이지 않고, 초기상태를 측정할 수 없다는 한계 그리고 반감기 동안 지구상에 있었을 격변상태에 대한 변화상태를 일률적으로 적용하는 데 무리가 있다는 점 등 때문에 이 방법에 대한 신뢰도가 낮은 것은 분명하다.

5. 하늘의 별, 바닷가의 모래

2009년, 유네스코(UNESCO)와 공동으로 개최한 국제 천문연맹(IAU)에서 우주 안에는 10의 68승 개의 태양계(별들)가 있을 것이라는 이론을 발표한 바 있다. 동양에서는 이를 무량대수(無量大數)라고 하여 그 숫자가 인간이 추정할 수 있는 숫자인지는 차치하고라도 얼마나 많은 숫자인지는 어렴프시라도 짐작이 안 된다. 특히 바닷가 모래의 숫자도 이와 비슷한 양일 것이라는 추론이다.

"내가 네게 큰 복을 주고 네 씨가 크게 번성하여 하늘의 별과 같고 바닷가의 모래와 같게 하리니…〈창 22:17〉"라는 성경말씀은 당시로서는 막연히 무한한 숫자로 받아들였지만 현대과학은 그 숫자의 의미를 정확하게 분석하고 있다. 태양계에서 가장 가까운 은하인 안드로메다 (Andromeda)은하가 발견된 때가 지금부터 90년 전이고, 한 개의 은하 안에는 1천억 개의 별이 있고 1천억 개의 은하가 모여 우주를 이루고 있다는 사실을 확인한 때가 30년 전인데 어떻게 3,500년 전에 그런 숫자를 언급할 수 있었는지 신비할 따름이다.

16세기 폴란드 천문학자 코페르니쿠스(Nicolaus Copernicus)를 비롯하여 독일의 천문학자 케플러(Johannes Kepler)를 시작으로 하여 1990년 허블(Edwin Hurble) 그리고 세이건(Carl Sagan) 등의 천문학자들에 의해 우주에 대한 비밀이 조금씩 풀리고 있으며 최근에는 NASA의 전 소장 이름을 딴 제임스 웹 망원경(James Webb Space Telescope)을 활용함으로서 우주의 신비가 하나씩 벗겨지고 있다.

제임스 웹 망원경은 가시광선뿐만 아니라 적외선 영역까지 관측이 가능하여 높은 해상도와 감도로 초기 우주의 상태를 파악하는 데 중요한 역할을 하며 인근 은하의 조사와 행성계의 형성과정 그리고 외계행성에 대한 연구가 가능하며 훨씬 더 먼 거리의 천체를 관측할 수 있도록 설계되어 있어 초기 우주의 형성 단계부터 현재까지의 우주를 다양한 시각에서 탐색하고 있는 것이 특징이다.

1981년, 미국의 3대 천문대에서 우주를 관측한 결과가 세인의 관심을 끌고 있다. 별들이 치밀하게 배열되어 있는 우주의 한편인 북두칠성 뒤에 지름 3억 광년의 빈 공간이 확인되었다고 발표했다. 별들이 치밀하게 배열되어 있어야 하는 그 무한한 공간에 어떻게 빈 공간이 있을 수 있는지 천문학자들은 해석을 하지 못하고 있다.

그러나 3,500년 전 욥은 하나님으로부터 받은 영감으로 그 빈 공간을 가리키고 있다. "그는 북쪽을 허공에 펴시며 땅을 아무것도 없는 곳에 매다시며…〈욥 26:7〉"라고 기록하고 있으며 1천여 개의 성단이 하나의 큰 꽃떨기 모양을 이루고 있는 오리온별자리를 "네가 묘성을 매어 묶을 수 있으며 삼성의 띠를 풀 수 있겠느냐〈욥 38:31〉"라고 언급하고 있는 것은 첨단과학으로도 해석이 안 되는 신비로움일 뿐이다.

근세 천문학을 일으킨 독일의 천문학자 케플러(J. Kepler, 1571-1630)는 "우주는 창조주의 설계로 만들어졌으므로 지극히 논리적 방식으로 운행된다."라고 하여 하나님이 창조의 주권자임을 인정한 바 있다.

프랑스의 사상가 볼테르(Voltaire, 1694-1778)는 "성경은 전설과 신화를 기록하고 있는 바보 같은 책이라 앞으로 1백 년 내에 세상에서 사라질 것이다"라고 했지만 그 성경은 오히려 세계 제1의 베스트셀러의 자리를 굳히고 있다. 과학이 첨단으로 갈수록 성경에 담긴 내용은 시간과 공간을 넘어 진리가 관통하고 있다는 사실을 확인시켜 주고 있다.

4장
진화론은 틀렸다

1. 진화되었다는 증거는 없다

2차 대전을 일으킨 히틀러는 그의 책 『나의 투쟁(Main Comp)』에서 "자연법칙은 생존투쟁에서 생긴 자연현상이다."라고 하여 적자생존의 법칙을 철저하게 신봉했던 사람이었다. 그는 이런 사상을 기초로 게르만 민족의 우월성을 강조해서 6백만 유대인들을 살육하는 명분을 만들었다. 이런 사상의 근원은 인간 존엄성을 인정하지 않고 강자만이 최고의 선이라는 사고에서 출발했다.

지구상의 모든 생물은 처음에는 원시세포로부터 출발했으나 장구한 시간과 우연이라는 과정을 통해 어류, 양서류, 파충류, 조류와 포유류 그리고 마지막 단계에 인간으로 진화과정을 거쳤다는 영국의 박물학자 다윈(C. Darwin)의 진화론(Evolution Theory, 1859)이 지금까지 영향력을 발휘하고 있다는 사실이 참으로 이해할 수 없는 미스터리이다.

과학이 첨단으로 치닫고 있는 현실에서 생명체가 무생물에서 발생할 수 있는 확률은 10의 14,136승 분의 1만큼 가능성이 없는 것으로 증명되었다. 즉 진화이론은 최초 무기물의 출처를 설명하지 못하여 열역학 제1법칙을 위배하고, 하등동물에서 고등동물로의 진화현상은 열역학 제2법칙을 위배하고 있다고 밝히고 있다.

더욱이 이 이론은 생명현상을 단순한 물질로 인정함으로써 인간의 존엄성을 무시하여 동성애, 쾌락주의, 배금주의, 낙태허용 문제로 비약하고 있으며 계급투쟁의 이론으로 세상의 신으로 확정되어 히틀러의 나치주의 강령으로 채택됨으로 세계대전으로 2천만 명이 희생되었고, 스탈린의 공산주의 이념으로 채택됨으로써 사상투쟁으로 5천만 명이 희생되었으며 폴 포트, 모택동, 김정일 등이 생명경시사상으로 인종청소를 허용하는 반인륜적 범죄를 저지르는 사상적 배경이 되었다.

그러나 무엇보다도 진화론의 결정적인 결점은 이를 증거하고 있다는 화석에 있다. 진화과정이 사실이라면 어류와 양서류, 양서류와 파충류 그리고 포유류와 인간 간의 중간형태의 화석이 발견되어야 하는데 전혀 발견되지 않고 있다는 사실이다. 발견되지 않고 있다는 사실뿐만 아니라 그 중간단계의 화석이 연속적으로 무수히 많이 발견되어야 함에도 불구하고 전혀 발견되지 않고 있다는 사실을 사람들은 받아들이려고 하지 않고 있다.

이 진화이론에 편승한 일부 과학자들의 일탈행위로 진화론은 더욱 그 위세가 수그러들지 않았던 많은 사건들이 있었다. 원숭이와 인간 간의 진화과정을 설명하기 위하여 '자바원인'이나 '북경원인'의 두개골을 조작한 사건을 비롯하여 파충류와 조류의 중간화석을 발견했다고 주장했던 '시조새(Archaeopteryx)사건' 그리고 어류와 양서류의 살아 있는 화석이라고 주장한 실러칸스(Coelacanths)사건 등 수도 없이 많았다.

이 중에도 독일의 생물학자 헥켈(E. Haeckel, 1874-1919)의 발생반복설(Recapitulation Theory)은 진화론을 조작한 사례의 압권이다. 그는 물고기와 도룡뇽, 거북과 토끼 그리고 사람의 배아형태가 거의 비슷한 것은 모두 한 조상에서 진화되었다는 주장(1874)을 해서 진화론의 실증사례로 인정받아 왔으며 이 내용은 최근의 교과서에서도 인용되고 있다. 그러나 최근 같은 생물학자 리차드슨(M. Rechardson)에 의해 매우 부정확하고 과장된 주장이라면서 학설의 폐기를 주장한 바 있다.

진화이론을 뒷받침할 만한 화석은 지금까지 한 건도 발견되지 않았으며 이 이론에 경도된 일부 과학자들의 주장에 무작정 동조하면서 학교에서 배운 진화론을 아무런 비판과 검증 없이 맹종하는 현대인들의 오도된 시각을 이제는 바로잡을 때가 되었다.

2. 진화론을 믿는 사람들이 너무 많다

어느 여론조사기관에서 실시한 종교별 진화론에 대한 인식조사를 한 적이 있다. 2009년에 실시한 조사에서 무종교인은 64%가 인정하고 있고 불교인은 61%, 가톨릭인은 58%인 데 반해 기독교인은 40%가 진화론을 신뢰하고 있다는 조사결과였다. 그 10년 후인 2019년에 다시 실시한 조사결과에 따르면 기독교인은 55%가 진화론을 믿고 있다는 놀라운 결과가 나왔다. 해가 갈수록 기독교인들이 진화론을 인정하고 있는 추세가 증가하고 있다는 사실은 무엇을 의미하고 있는 것일까.

1950년대 한국은 세계에서 가장 가난한 나라의 대열에 서 있었다. 전쟁의 참화에서 겨우 벗어난 사람들은 한 줌의 쌀에 목을 매면서 생존의 현실이 너무 힘들었던 때였다. 동네마다 십자가가 세워지고 쪽방 판잣집에 모여 무릎을 꿇고 부르짖던 기도에 응답하신 하나님은 20여 년 만에 성령의 불길이 타올라 전 국민의 40%에 이르는 천만 명이 넘는 기독교인을 만들어 내는 기적을 이루었다. 그러나 1970년대 중, 고등학교에서 진화론을 가르치기 시작하고부터 그 기세가 꺾이기 시작하더니 최근에는 전 국민의 15%에도 미치지 못하는 기독교 감소세를 보이고 있다.

이런 현상은 미국이라고 예외는 아니었다. 기독교 종주국이랄 수 있는 영국으로부터 신앙의 자유를 찾아 뉴프런티어 정신으로 미국대륙으로 이주해 온 첫 이민자들은 어려운 정착단계부터 하나님과 함께하는 굳건한 신앙을 가지고 있었다. 그러나 1930년대 유럽에서 진화론이 처음 전해지다가 1960년에 진화론이 학교 교과과목으로 정식으로 채택되면서 기독교 정신은 조금씩 무너지기 시작했다. 결국 지금은 전 국민의 5%만 교회에 출석하는 명목상의 기독교국가로 전락하고 말았다.

일본은 이런 현상이 더욱 뚜렷하다. 근대 기독교가 우리나라보다 100년 먼저 들어왔지만 지금은 0.2%만이 하나님을 믿는 잡신의 나라로 전락하고 말았다. 1859년 처음으로 기독교가 전래되어 1890년에 신·구약성경의 번역이 완성될 정도로 부흥하다가 메이지유신 때 진화론을 받아들였고 1877년(메이지 10년) 아시아 최초로 학교에서 진화론을 가르치기 시작하면서 교인들이 급속히 교회를 떠나기 시작했던 것이다.

이렇게 진화론이 급속히 교회를 무너트리고 신앙을 잃어 가는 과정을 살펴보면 종교 지도자들의 책임도 크다고 할 수 있다. 처음 진화론이 발표되었을 때 참신한 발상과 새로운 시류라고 착각한 종교 지도자들은 떠나려는 교인들을 잡아 두기 위한 편법으로 하나님이 진화과정을 허용했다는 '유신진화론', 진화의 순서에 따라 하나님이 순차적으로 세상을 창조했다는 '점진적 창조론'을 수용하는 어중간한 자세를 취함으로써 젊은 교인들이 더욱 교회를 떠나게 만들었던 아픈 경험이 있다.

그렇게 교회를 떠난 사람들이 대를 이어 갈수록 많아지면서 교회는 비어 가게 되고 사회는 진화론을 확고한 진리로 믿고 있는 사람들이 넘쳐나게 되었다. 세상의 주류사회를 이루고 있는 진화론자들은 쉽고 큰 길을 마다하고 좁고 힘들며 철 지난 창조론의 길로 돌아올 이유가 없다는 것이 주된 이유였다.

"말세에 조롱하는 자들이 와서 자기의 정욕을 따라 행하며 조롱하여… 하나님의 말씀으로 된 것을 그들이 일부러 잊으려 함이로다.〈벧후 3:3-5〉"라는 말씀이 지금 우리들의 모습을 지적하고 있다. 말세에 스스로 자기의 마음대로 행하며 하나님이 지으신 것을 일부러 잊으려고 하는 현대인의 모습을 그대로 보여 주고 있는 것이다. 트랙터로 수확하는 진화론자의 뒤를 따라가며 이삭줍기를 하고 있는 창조론자처럼 되어 버린 세상에 지금은 진화론자들이 많아도 너무 많다. 한번 세뇌되어 버린 패러다임을 바꾸기가 이렇게 어려운 것이다.

3. 아마존 원주민 – '다윈' 알아보기

20여 년 전 남미 아마존 밀림 지역을 방문한 적이 있다. 원주민이 사는 지역을 방문하여 그들로부터 물고기(피라냐) 대접을 받으면서 그들이 사는 모습을 보았다. 그때 나는 그들은 우리 같은 현대인보다 한참 미개한 종족으로 알고 있던 기존의 생각을 완전히 바꾸어야 하는 경험을 하게 되었다. 미개한 종족으로 알고 있던 생각에서 우리보다 문명을 덜 받아들여 조금 미개해 보일 뿐 우리보다 진화가 덜된 인간이 아니라는 생각이 그것이었다.

현대 과학계에는 해묵은 논쟁이 하나 있다. 인간은 하나님의 피조물이라는 창조신앙에 반기를 들면서 인간은 원숭이의 후예라는 진화론을 처음으로 주장한 영국의 박물학자 찰스 다윈(Chales Darwin, 1809-1882)이 그 중심에 있다. 그의 진화론은 지금까지 과학계 전반에는 물론 모든 현대사회의 중심사상으로 자리하고 있어 막강한 영향을 끼치고 있다.

1859년 다윈은 그의 대표작인 『종의 기원(Origin of Species)』을 출판하면서 논쟁의 방아쇠를 당기게 되었다. 독실한 기독교 집안(영국 정교회)에서 태어난 그는 처음부터 창조신앙을 거스를 의도는 전혀 없었다. 다만 자신이 연구한 내용이 결국 생물은 '장구한 시간과 우연'이라는 과정을 거치면서 보다 발전된 상태로 진화한다는 확신에 이르면서 그의 책을 출판하게 되었던 것이다.

책은 출판하자마자 베스트셀러가 되어 며칠 만에 매진이 되어 재판을 찍게 되었는데 그 후 15년 동안 여섯 번의 증보개정판을 내는 성공을 거두었다. 다만 출판을 거듭하면서 그는 독자들의 의견을 모두 수렴해서 개정판에 그 내용을 반영하다 보니 나중에는 원래의 취지와는 다소 다른 결과가 수록되는 일도 있었다.

다윈은 부유한 금수저 집안에서 태어났다. 의사였던 그의 아버지는 의사를 시키려고 의대에 보냈으나 자신의 취향과는 맞지 않는다고 해서 후에 신학 공부를 하면서 다양한 분야에 관심을 가지게 되었다. 처음에는 땅에 대한 의문으로 지질학에 관심을 두었다가 식물 등 자연과학에도 관심이 있어서 다양한 분야로 영역을 넓혀 나갔다.

그가 22살 때(1831), 마침 정부의 측량선 비글호(Beagle)에 박물학자를 태운다는 소문을 듣고 찾아가 승선할 수 있었다. 대서양을 건너 북미대륙의 동부를 시작으로 남하하여 중미와 남미를 거쳐 다시 북상하면서 중미 에콰도르에 이르렀을 때 갈라파고스제도에 잠시 들를 기회가 있었다. 그곳에 서식하는 동물들을 관찰하면서 특히 핀치새 부리의 변화 모습을 보고 영감을 얻어 진화론을 구상하게 되었다고 전해지고 있다.

5년여의 항해로 얻은 각종 자료를 기초로 '종의 분화'와 '변이'를 통해 자연에서는 '강한 개체만이 살아남는다'라는 자연선택설(Natural Selection Theory)을 근거로 한 진화론 집필을 시작하게 되었다. 1858년, 마침 동료학자 월리스(A. Wallice)와의 경쟁과정에서 급히 자신의 이론을 발표함으로써 그 이듬해 진화론(Evolution Theory)이 세상에 발표되게 되었다. 그는 자신의 이론을 발표하기 전에 종교계의 반발을 많이 두려워했기 때문에 20여 년간 발표를 주저했다.

창조세계관이 지배하던 당시로서는 진화(Evolution)라는 용어를 쓰기보다는 '수정을 통한 향상(Descent with modification)'이라는 완곡한 표현을 써야 할 만큼 기존사상에 대한 거부감을 줄이려고 애를 썼다. 이 진화론은 현대에 와서는 생물학에서뿐만 아니라 인문사회학과 정치, 경제, 문화 등 전 분야에 영향을 미치고 있어 극심한 이론의 확장 및 편중현상마저 보이고 있는 주류이론으로 자리 잡고 있지만 물리학과 지질학 그리고 고고학계의 거센 도전에 직면하고 있는 추세이다.

4. 한반도 지질로 본 창세기

지구 위 땅은 산과 들 그리고 강으로 구성되어 있다. 사람들은 이 땅에 대한 궁금증 때문에 그 땅속을 알아내려고 연구하는 학문이 지질학이다. 이 지질학은 산과 들의 모습을 보고 그 속사정을 추리하는 학문인데 여기에는 지층의 모습과 그 속에 나타나고 있는 동식물의 화석이 매우 유용하게 활용되고 있다. 이 지층은 다시 가로로 줄무늬(층리, Bedding)가 있는 층과 없는 암층으로 나누어지는데 이 줄무늬를 가지고 있는 지층이 물에 의해 만들어진 퇴적암층이며 줄무늬가 없는 암층은 퇴적 후 하부에서 뚫고 들어온 화성암체로 구분하고 있다.

한반도의 최초 지질도작성은 일제 식민시대 지하자원의 수탈목적으로 일부 작성된 것이 있지만 전국을 대상으로 한 지질조사는 1960년대 초부터 실시되었다. 당시 학생이었던 필자 역시 이 일에 참여한 적이 있다. 호주나 캐나다, 미국, 러시아와 같은 큰 영토를 가지고 있는

나라는 대체로 그 지질구조가 간단하면서도 대규모인 데 반해 한반도
는 비록 작은 영토이지만 지질시대에 속하는 모든 지층이 빼곡히 들어
있는 복잡한 지질구조를 보이고 있다.

진화론적 관점에서 기술한 한반도 지질현황은 자못 흥미롭다. 한반
도에는 선캄브리아기에 해당하는 변성암을 기반으로 하여 고생대와 중
생대 그리고 신생대 지층이 고루 분포하고 있고 북한 지역보다 남한 지
역이 더욱 복잡한 지질구조를 보이고 있다. 편마암을 주로 하는 선캄
브리아기 지층 위에 주로 사암과 석회암층으로 구성된 캄브리아기의
조선계지층과 그 위를 평안계와 대동계지층, 사암과 셰일지층으로 구
성된 백악기 경상계지층 그리고 마지막으로 제3기 셰일층이 분포하고
있다. 이들 퇴적암지층들은 묵호-목포를 잇는 지나방향(NE-SW)으
로 띠 모양으로 분포하며 이 구조를 따라 후기 화성암인 화강암이 관입
하는 복잡한 지질구조를 보이고 있다.

성경에서 땅을 처음 언급한 곳은 창세기 1장이다. 첫날에는 그 땅이
물로 덮여 있고 형체가 갖추어져 있지 않았지만 셋째 날에 물속에 있던
땅이 들어 올려지면서 모습을 드러내고 그 위에 식물이 처음으로 생겨
났다. 이 땅 위에 다섯째 날 바다의 물고기와 공중의 새가 나타났으며
그다음 여섯째 날에는 각종 동물이 나타난 후 마지막으로 첫 사람 아담
이 태어났다고 기록하고 있다.

아담 이후 1,656년이 지난 노아의 때에 세상은 다시 물로 심판을
받아 새로운 땅이 만들어졌다는 성경의 기록을 현대과학은 인정하려고
하지 않고 있다. 지질시대 중 선캄브리아기 암석층에는 전혀 화석이
나타나지 않고 있지만 고생대 캄브리아기에 이르러서는 화석이 폭발적

으로 발견되는 현상을 지질학에서는 설명을 못 하고 있다.

그러나 성경은 이 현상을 잘 설명하고 있다. 선캄브리아시대 하부(시생대)지층에서 화석이 전혀 나타나지 않는 것은 첫째 날과 둘째 날이라 그 땅이 아직 물속에 잠겨 있었기 때문이며 그 상부(원생대)지층에서부터 퇴적의 흔적과 일부 식물화석이 나타나는 것은 셋째 날, 땅이 들어 올려지면서 물이 흐른 흔적인 층리가 나타나고 그때 있었던 식물의 흔적들이 화석으로 나타나는 것이다.

문제는 다섯째 날부터다. 바다에는 물고기를 하늘에는 새를 만드신 하나님은 여섯째 날, 기는 동물을 만드신 후 마지막으로 아담을 만드셨으니 바다에는 물고기, 하늘에는 새 그리고 땅 위에는 각종 동물들이 무수히 많았던 때였다. 이들이 노아 때의 거대한 물결에 휩쓸리게 되었다.

결국 150일간 그 거대한 물결에 휩쓸려 새로운 땅이 만들어지면서 함께 매몰된 동식물의 화석이 지금 무더기로 발견되는 것을 지질학에서는 '캄브리아기 대폭발(Cambrian Great Explosion)'이라고 하지만 그 이유를 아직 설명하지 못하고 있다.

5. 땅의 모습은 어떻게 바뀌어 왔는가

"산천은 유구한데 인걸은"

사람들은 땅의 모습은 변하지 않는다고 생각하며 살아왔다. 단단한 땅이라 시간이 가고 세월이 가도 땅은 늘 그 자리에 영원히 있는 줄 알고 있다. 그러나 땅 아래가 항상 움직여 왔듯이 땅 위의 모습 역시 늘 변해 왔다. 하나로 된 평평하던 땅이 큰 변혁 때 갈라지고 움직이고 서로 부딪치기도 하면서 산과 산맥과 같은 높은 곳도 만들어지며 약한 부분은 강이 되어 계곡을 만들면서 끊임없이 땅의 모습을 바꾸어 왔다.

땅 모양을 변화시키는 가장 큰 원인으로 비나 바람과 같은 기후변화를 들 수 있다. 자연에 노출되어 있는 바위들은 그 표면에 틈이 생기고 이 틈 사이로 물과 공기, 생물들에 의해 파괴되면서 모양이 바뀌는 기계적 풍화작용을 받게 된다. 또 대부분 화강암질로 구성되어 있는 바위는 장석 성분이 대부분인데 이 성분이 0.03%의 이산화탄소가 들어 있는 빗물과 화학반응을 일으켜 고령토나 보옥사이트(Bauxite)로 변화시킬 만큼 화학적 풍화작용도 받아 땅의 모양이 변한다.

땅의 모습이 바뀌는 다른 원인으로는 지구의 중력을 들 수 있다. 구체인 지구는 중심으로 당기는 만유인력과 자전운동으로 발생하는 원심력이 서로 작용하여 균형을 이루는 지오이드(Geoid) 상태가 되는데 여기에 작은 힘의 불균형이 발생하면 지층의 뒤틀림이나 지형의 변형과 같은 지질작용에 의해 땅의 모습이 바뀐다.

지구의 위성인 달의 인력으로 땅의 모양이 변하기도 한다. 달의 질량은 지구의 1/8에 불과하지만 그 공동중심은 해수면 아래 약 1,600 km에 있어 바닷물에 밀물과 썰물을 일으켜 해안의 모습과 바닷속 지형을 변화시키면서 생태계에 큰 영향을 미치고 있다.

극지방에 넓게 분포되어 있는 빙하도 땅의 모양을 바꾸는 데 일조하고 있다. 지구 내부의 열이 평방 ㎝당 연 약 40칼로리 정도가 땅 위로 방출되는데 그 위에 덮여 있던 빙하의 밑부분을 연간 0.5㎝ 정도 녹임으로써 빙하의 흐름을 활발하게 하여 원래의 땅이 깎이기도 하며, 태양의 복사열이 땅 위에 비춰지면 노출된 바위는 물보다 열전도율이 크지만 대류를 일으키지 못하므로 그 표면을 집중적으로 파괴함으로써 땅의 모습이 변하기도 한다.

이렇게 땅의 모습이 바뀌는 현상을 인간이 인식하지 못하는 이유는 시간과 공간을 초월하시는 하나님의 설계를 인간이 미처 깨닫지 못하고 있다는 사실이다. 바위가 물에 깎이는 시간은 인간이 관찰할 수 있는 시간이 아니라 인간의 수명을 훨씬 넘는 긴 시간이 필요하고, 없었던 산이나 섬이 생겨나고 없어지는 규모 또한 광대하여 미처 인간의 인지능력으로는 그 변화의 조짐을 짐작조차 할 수 없기 때문이다.

자연의 모든 현상은 창조주 하나님의 작품이며 하나님의 섭리에 의해 운행된다. "여호와께서는 강을 변하여 광야가 되게 하시며 샘으로 마른 땅이 되게 하시며〈시 107:33〉"라고 했고 "내가 땅의 기초를 놓을 때에 네가 어디 있었느냐… 누가 그 도량을 정하였는지 누가 그 준승을 그 위에 띄웠는지 네가 아느냐〈욥 38:4〉"라고 하나님은 스스로 자신의 무한하신 능력을 설명하고 있지만 인간은 이 사실을 이해하려고 하는 시도나 용납할 그릇이 이에 미치지 못해 땅에 대한 탐구에 한계를 드러내고 있는 것이다.

4부

땅의 속사정

절대진리보다 상대진리를 중시하는 포스트모더니즘(Post Modernism) 시대에 어느 한 이론을 절대적으로 옳다고 하는 일은 매우 위험한 논리일 수 있다. 성경을 그 논리의 중심에 세운다는 것은 더 위험하다. 성경은 온 우주와 세상이 하나님의 피조물임을 설명하고 있기 때문이다. 그중에서도 땅에 대한 중요성은 아무리 설명을 하더라도 부족하다고 할 것이다.

그 땅의 중심에 인간을 세우신 것은 그들이 자연의 모습을 보고 하나님을 알게 하려는 섭리가 숨겨져 있다. 그렇기 때문에 그 증거를 제자리에서 찾고 바르게 해석해야 한다. 세상의 모든 것은 그 땅에 이미 있었다. 있었을 뿐만 아니라 한 치의 오차도 없이 운행하고 있다. 이 엄연하고도 확실한 사실을 두고 사람들은 오랜 옛날 아무도 살지 않았던 그때를 수많은 이야기로 꾸미기를 좋아한다.

그렇게 꾸민 이야기에는 땅에 대한 이야기가 주류를 이루고 있지만 은하수도 나오고 세상의 모습도 보이는가 하면 물고기와 새의 화석도 단골로 나오고 있다. 이런 화석은 그 땅속에서 어떻게 오랜 세월 동안 있어 왔으며, 무엇을 의미하는지, 왜 그곳에 있었는지를 모르고 지레짐작으로 판단해 버린다. 차라리 모른다고 하지 않고 오랜 시간이 흘렀다고 억지를 부린다.

하나님을 안다는 것은 그분의 모습을 조금 더 구체적으로 파악함으로써 인간의 자리를 알고 그분과 영원토록 동행하기 위한 최소한의 노력이고 예의이다. 인간의 지식이 점점 발전하고 있지만 하나님의 경륜을 이해하기에는 너무 부족하다. 그래서 이것이 우리가 서 있는 땅과 그 속사정을 좀 더 이해하여야 하는 이유가 되는 것이다. 땅속 사정을 인간은 모두 파악하고 있지 못하다. 인간의 머리로 알기에는 그 대상이 너무 크고 너무 깊기 때문이다.

이제 우리는 성경에 기록된 내용을 '무조건 믿어야 한다'는 주장에서 '사실이니까 믿을 수밖에 없다'고 하는 그 증거를 제시해야 한다. 숫자로 표현되는 성경을 설명해 주어야 하고 오래된 모습으로 보이는 땅이 의외로 오래되지 않았다고 말해 주어야 하며 오래된 화석이 며칠 만에도 만들어질 수 있다는 과학적 증거들을 보여 줄 때가 된 것이다.

1장
움직이는 땅

1. 꿈틀거리는 땅 – 인간은 안전한가?

처음 사람 아담이 태어난 후 온 지면에 사람이 편만할 때 그 사람들은 발을 디디고 서 있는 땅이 늘 그곳에 있어서 안전하다고 생각했다. 그래서 그 땅 위에서는 온갖 짓을 다 해도 괜찮다고 여기며 살았다. 그때는 온 땅이 하나여서 모든 사람들이 한곳에 모여 살면서 자기가 원하는 대로 살다 보니 세상이 점점 악해지고 다툼이 많아졌다. 이때의 땅을 초대륙(Rodinia)이라고 부르고 있다.

원래 대륙이란 한번 만들어진 후에는 그 상태를 그대로 유지하는 것이 아니라 항상 움직이고 있다는 사실을 현대과학이 설명하고 있다. 대륙을 이루고 있는 지각을 상하 또는 좌우로 모양을 바꾸는 지각변동/지변(Diastrophism) 현상은 창세 이래 지금까지 끊임없이 이어져 오고 있다.

창세 후 1,656년이 되었을 때 첫 번째 지각변동이 있었다. 인간들이 점차 패악해진 것을 보신 하나님이 이 사람들을 지면에서 쓸어버릴 작정으로 일으킨 대홍수 사건이 그것이다. 인구학자들의 추산에 따르면 홍수 직전 당시 인구는 10억에서 50억 명 정도였을 것이라고 하니 현대 세계인구에 버금가는 사람들이 살고 있었음을 알 수 있다.

그 홍수는 약 1년간 계속되면서 온 땅을 물 천지로 만들 만큼 천지개벽의 역사를 만들었다. 터키 동쪽에 있는 해발 5,250m의 아라랏산(Mt. Ararrat)이 잠길 정도의 물이라고 하니 온 세상이 뒤집어질 정도의 대변혁이었다. 이때 한 덩어리의 땅은 여러 조각으로 나뉘어져 지금의 5대양 6대주가 형성되는 전 지구적 땅의 재편이 있었다. 지구의 맨 겉쪽에 있는 지각(Crust)이 여러 조각의 판(Plate)으로 쪼개져 맨틀(Mantle) 위로 떠다니면서 이합집산을 거듭한 결과였다.

이렇게 만들어진 대륙(원시대륙, Pangaea/Gondwana)은 그 후에도 가만히 있지 못하고 지각내부 맨틀의 대류작용으로 인해 쉬지 않고 움직이면서 화산(Volcano)과 지진(Earthquake)과 같은 지각변동을 일으키면서 땅을 요동치게 만들었다.

화산활동과 지진현상은 늘 서로 연관되어 나타나는데 지구의 특정한 지역에 편중되어 있는 경향이 있다. 즉 해양지각판이 대륙지각판과 충돌하는 지역에 따라 일어나는 것은 지질적으로 서로 밀접하게 연관되어 있기 때문이다. 특히 태평양 주위로 발달된 지각판의 충돌부를 불의 고리(Ring of Fire)라고 따로 명명한 사실은 특기할 만하다. 지구상에서 매년 일어나고 있는 이런 지질작용은 약 2천 건에 이르며 이중 인간에게 영향을 주는 자연재해로 이어지는 경우는 450건 정도로 추산된다.

지구가 항상 움직인다는 사실은 지층이 휘어지는 습곡(Folding)현상과 지층이 어긋나는 단층(Fault)현상을 보면 알 수 있다. 즉 지각이 지진이나 화산등과 같은 움직임이 일어날 때 지층이 외부로부터 압력을 받으면 수평상태를 잃고 휘어지거나 어긋나는 현상이 그것이다. 이 중 습곡현상은 홍수 직후 얼마 동안 있었지만 그 후 지층이 굳어지면서 지층이 어긋나는 단층현상만 발견된다는 사실에 주목할 필요가 있다.

땅 위의 변화는 이뿐만 아니라 지구 중심으로 향하고 있는 만유인력, 인접하고 있는 달의 영향 그리고 태양으로부터 오는 복사열 등도 땅을 흔들고 있다. 이렇게 태초 이후 끊임없이 꿈틀거리며 움직이는 땅 위에 사람들이 살고 있다. 이런 땅은 인간들에게 재앙을 불러오기도 하지만 그 재앙을 피할 수 있는 지혜도 함께 가지고 있어서 미리 대처하는 능력을 키워 오면서 문명을 이어 가는 곳이 땅이다.

2. 잠 못 드는 지구 – 지진과 화산

2023년이 시작되고 얼마 되지 않아 튀르키예(터키)-시리아 지역에 큰 지진이 일어났다. 아마도 그 희생자 수는 거의 20만 명에 이르러 금세기에 있었던 5대 자연재해로 기록될 전망이다. 이곳은 아나톨리아단층대에 따라 발생한 지진으로 유럽지각판과 아시아지각판이 충돌하는 지역이므로 연관된 지진이 계속 이어질 전망이라 앞으로의 지속적인 주의가 필요한 지역이다.

지진과 화산은 원시대륙이 지각운동에 의해 대략 10개의 지각판으로 나누어지면서 이동하다가(대륙표이설) 대륙판과 해양판이 충돌하는 지역에서 주로 생기는 지질현상으로 설명하고 있다. 지구라는 행성이 자체의 평형을 유지하기 위해 일어나는 안정화현상이기 때문에 지진이 일어나는 지역에서 화산의 폭발이 많고 화산이 많은 지역에는 으레 지진현상이 빈번하게 수반하고 있다고 알려져 있다.

밀도가 큰 해양지각판이 밀도가 작은 대륙지각판과 서로 만나면 해양지각판이 밑으로 끌려 들어가는 섭입(Subduction)현상이 발생하는데 이때 물을 다량 함유하고 있는 해양지각판이 고온과 고압으로 암석이 용해되어 위 방향으로 생긴 틈으로 상승하면서 마그마를 만들어 땅 위로 분출하는 현상이 화산이고 밑으로 들어간 해양지각판이 일정한 임계점을 넘으면 복원력이 발생하여 지각을 흔드는 현상이 지진이라고 할 수 있다.

태평양을 중심으로 남북미대륙의 서해안과 알라스카를 지나 일본열도 그리고 인도네시아와 솔로몬제도를 거쳐 뉴질랜드에 이르는 화산/지진대를 환태평양지진대(불의 고리, Fire Ring)라고 이르고 있다. 화산폭발로 인한 피해보다 지진의 피해가 더 심각한 것은 화산폭발은 그 범위가 제한적이지만 지진은 발생 지역이 넓기 때문이다.

금세기에 있었던 지진과 화산으로 인한 인명피해는 심각한 수준이다. 아이티지진(2015, 진도 7, 25만 명), 중국 당산지진(1976, 진도 8.3, 24만 명), 인도네시아 아체지진(2004, 진도 9.1, 22만 명) 그리고 중국 쓰촨지진(2008, 진도 8.0, 9만 명) 등으로 많은 반면 화산폭발로 인한 피해는 인도네시아 탐보라화산(1815, 9만 명), 인도네시아 크라카티우화산(1883, 3만 6천 명), 일본 운젠화산(1792, 1만 5천 명) 등 지진피해에 비해 적은 편이다.

최근 전 세계에서 가장 우려되는 자연재해 지역으로는 미국 캘리포

니아주의 북서-남동 방향의 안드레아단층 지역의 지진, 일본 동경직
하지진 그리고 화산으로는 미국 옐로스톤화산과 백두산화산을 들고 있
다. 이들 화산과 지진발생은 적어도 금세기가 다 가기 전에는 반드시
일어날 수 있는 자연재해로 꼽고 있다.

특별히 백두산은 서기 943년 대분출 이후 거의 100년마다 크고 작
은 분출이 있었으며 오는 2025년에 분출이 예상되는 대형화산이다.
2010년 아이슬란드에서 분출하여 한동안 항공대란을 일으켰던 에야
라흐요쿨(Eyjafjallajokul)화산은 화산재 분출량이 평방 m당 0.1톤
인 4등급 화산인 데 반해 백두산이 폭발할 경우 평방 m당 100톤인 7
등급 화산으로 예상되는 대형화산이 될 전망이다. 최근 천지 수온의
상승, 이산화탄소량과 헬륨 양의 지속적 증가 그리고 부근 지형의 점
진적 상승(부풀림)현상들이 향후 10년 내 분출할 확률이 80% 이상인
점을 유의하여야 할 것이다.

"누가 폭우를 위하여 길을 내었으며 우뢰와 번개 길을 내었으며…
누가 티끌로 진흙을 이루며 흙덩이로 서로 붙게 하겠느냐〈욥 38:25,
38〉"라고 성경은 설명하고 있다. 하나님의 섭리 안에서 끝없이 살아
움직이고 있는 지구에 우리가 살고 있다는 사실에 감사할 뿐이다.

3. 일본열도가 흔들린다

2024년 새해가 밝자마자 일본 서해안 이시가와현의 소도반도에 규
모 7.6의 강진이 조용하던 어촌마을을 20초간 흔들면서 일본을 놀라

게 했다. 지하 16㎞를 진앙지로 하는 지진이어서 그 깊이가 비교적 얕아 피해가 컸다. 이곳으로부터 약 600㎞ 떨어진 한국의 동해안에도 이 지진의 영향으로 0.8m 정도의 파도가 몰려왔다.

이곳은 며칠이 지났지만 아직도 규모 5.0 이상의 지진을 포함하여 1천여 회의 여진이 계속되고 있고 과거 일본에서 있었던 대지진의 양상으로 보아 더 큰 지진이 다시 올 수 있다는 우려 속에 복구작업은 더디기만 하다. 이번 지진은 땅속에 있던 지하수의 영향이 두드러져 액상화현상(Liquidation)도 나타나고 있어 지반의 대규모 침하를 우려하고 있다.

일본열도는 지진다발 지역에 속해 있다. 맨틀 위를 떠다니고 있는 4개의 지각판(유라시아/필리핀/태평양/북아메리카)이 서로 교차하는 지역이라서 환태평양 불의 고리(Ring of Fire) 선상에 위치하고 있기 때문이다. 40만 명의 인명피해를 냈던 규모 9.1의 관동 대지진(1922. 9)을 비롯하여 7.3의 고베지진(1955. 2) 그리고 후쿠시마원전이 폭발한 9.1의 동일본지진(2011. 3) 등 대규모 지진이 언제 땅을 요동치게 할지 늘 두려움을 가지고 있는 나라가 일본이다.

세계 역사상 관측된 최대지진은 1960년에 있었던 남미 칠레지진(규모 9.5)이었는데 이때 발생한 쓰나미는 태평양을 건너 10시간 만에 일본에 도달하여 6m 높이의 파도에 150명의 인명피해를 낼 정도였다. 이런 대형지진은 환태평양 지역에 집중되어 있다.

이런 대규모 지진이 발생할 가능성이 있는 지역으로는 일본 동부 지역, 아류샨열도 지역 그리고 남미의 페루와 칠레 서부 지역이 예상되는데 향후 30년 내에 규모 10.0 이상의 지진발생 가능성을 70%로 예측하고 있는 것은 예사로운 일이 아니다. 이중 일본 동경직하지진(난카이트라프지진)은 발생주기가 90-120년이고 마지막 지진이 발생했을 때가 1946년이었으니 향후 30년 내 대형지진이 발생할 확률이 80% 이상으로 예측하고 있다.

지진이 발생했을 때 흔들리는 시간이 매우 중요하다. 땅이 흔들릴 때 지진의 피해가 집중되기 때문이다. 고배지진(7.3) 때는 15초간 흔들렸으나 동일본지진(9.1) 때 190초(약 3분)로 급격히 증가했는데 만약 규모 10.0 이상의 지진 때에는 최소 30분에서 1시간 동안 흔들림이 계속될 것으로 예상되어 그 피해는 가공할 정도가 될 것이다.

지진의 발생빈도 역시 매우 중요하다. 전 세계적으로 규모 7.0 이상의 지진은 한 달에 한두 번 있었고 8.0 이상은 1년에 한두 번 있었으나 진도 9.0 이상은 20세기 이후 100년 동안 5회 정도 발생했으며 10.0규모는 1천 년에 한 번 정도로 예상하고 있는데 역사상 10.0 이상의 지진은 아직 일어나지 않고 있다.

지진학자들에 의하면 가까운 시기에 지상 최대의 규모 10.0 지진이 일본의 동경 부근에서 일어날 것으로 예측하고 있다. 이때 피해규모는 250조 엔(2,600조 원)으로 예상하고 있어 세계적인 재정위기뿐만 아니라 환경재앙으로 문명이 파괴될 것으로 보고 있고 그것도 수십 년 이내에 일어날 것이라는 예측이라서 일본의 온 열도가 머지않은 장래에 흔들릴 것이라는 우려를 낳고 있다.

성경에도 지진을 언급하고 있다. "민족이 민족을 대적하고 나라가 나라를 대적하겠으며 여러 곳에 기근과 지진이 있으리니〈마 24:7〉"라고 하여 지진이 세상의 마지막 때에 종말적 재해로 언급하고 있다.

4. 대형 화산들이 꿈틀거리고 있다

전 세계 화산은 모두 약 1,700여 개가 확인되고 있는데 가장 많은
화산을 보유한 나라는 미국(176개, 12%)이고 일본(116개, 7%)이
그 뒤를 따르고 있다. 화산은 크게 폭발을 수반하는 규산암질 화산과
마그마가 흘러내리는 현무암질 화산으로 구분하고 있는데 주의 깊게
관찰하고 연구하면 피해를 최소화할 수 있는 자연현상이기 때문에 관
심을 두어야 할 자연재해이다.

현재 가장 관심을 가져야 할 화산은 미국의 옐로스톤화산, 일본의
후지산화산 그리고 한국의 백두산화산이라고 할 수 있다. 이 화산들은
분화 폭발 시 현대 문명사적 격변을 일으켜 인류에게 치명적 피해를 줄
수 있다는 점이 특별하다. 대규모폭발을 동반하기 때문에 분출물에 의
한 대기오염과 환경재앙 그리고 항공대란을 야기할 수 있다는 점이 그
이유이다.

과거 두어 번 폭발했을 것으로 추정되는 옐로스톤(Yellowstone)화
산은 창세 이후 가장 규모가 큰 화산으로 워싱턴주 세인트헬렌화산의
폭발규모의 6천 배인 화산지수(VEI) 최고인 8 정도였을 것으로 추정
하고 있다. 하부 10km 지점에 지구 최대 규모의 마그마가 관측되었고
중심 칼데라지형이 매년 수 cm씩 상승하고 있으며 최근 인근 지역에서
규모 6의 지진이 다수 관찰되는 점을 감안하면 금세기 안에 분출이 있
을 것으로 예상하고 있다. 분출할 경우 히로시마 원폭의 5천만 배 이
상의 에너지 규모이므로 지구 전체가 치명적 환경재앙을 불러일으킬
것으로 예상된다.

일본 동경 남서쪽 100㎞ 지점에 일본의 상징 후지산(富士山, 3,776m)이 있다. 5천6백 년 전 최초분화 이후 180여 회의 분화가 있었고 1707년에 마지막 분화 이후 숨을 죽이고 있지만 최근 인근 지역에 규모 5.5 내외의 마그마운동과 연관된 저주파 지진이 증가하고 있으며 특별히 동경 부근에 낭카이트라프에 면한 동경직하지진이 예상됨에 따라 일본정부는 초미의 경계상태를 유지하고 있다. 화산이 분출하면 최소 3천만 명의 인명피해와 200조 엔(2천조 원)의 재산피해가 예상되는 대형화산이다.

대륙 내 열섬화산으로 백두산(2,778m)화산이 있다. 발해의 멸망원인으로 추측되고 있는 서기 946년 폭발 이후 100년 간격의 소규모 폭발이 있었지만 화산지수 7 내외의 대규모 화산으로 간주되고 있다. 최근 인근에 이산화탄소와 유황가스가 분출되고 칼데라 인근 지형이 연간 10㎝ 정도 상승하며 인근 지역에 빈번한 마그마 관련 지진이 자주 발생하는 현상들을 감안할 때 향후 10년 내 폭발할 가능성이 80% 이상으로 보고 있는 대형화산이다. 폭발 시 칼데라호수(천지연 20억 톤의 물)에 의한 화산쇄설물의 피해는 한반도 전역뿐만 아니라 전 세계적인 재앙을 초래할 것으로 예상하고 있다.

"누가 지혜로 구름의 수를 세겠느냐 누가 하늘의 물주머니를 기울이겠느냐 티끌이 덩어리를 이루며 흙덩이가 서로 붙게 하겠느냐〈욥 38:37-38〉"라는 말씀은 시사하는 바가 크다. 아무도 자연의 움직임을 일으키거나 조절할 수 있는 사람이 없고 오직 전능자 하나님만이 이런 자연의 움직임을 하실 수 있다는 믿음이 절실한 때에 우리가 살고 있다.

2장

땅과 바다

1. 광야는 어떤 곳인가

50여 년 전, 자원조사를 위하여 이란 남부 지역을 여행한 적이 있다. 사진으로 보아 온 사막의 모래언덕을 생각하며 가 본 그곳은 바위와 돌투성이의 광야이었음을 보고 크게 실망한 적이 있다. 사막은 모래로 언덕을 이루며 끝도 없이 이어지는 삭막한 풍경을 연상하게 마련이지만 왜 그곳에 이런 땅이 생겨났는지 의문이 일게 마련이다.

사막(Desert)은 연간 강우량이 250㎜ 이하의 뜨겁고 메마른 땅으로 설명하고 있다. 따라서 이곳에는 덥고 건조한 자연환경이라 식물의 성장이 어렵고 동물의 서식도 크게 제한되는 것이 특징이다. 통상 남위 25 부근과 북위 25도 부근의 남북 회귀선에 연하여 발달하고 있다. 북반부에서는 모하비사막, 사하라사막, 아라비아사막. 고비사막이 있고 남반부에서는 아타카마사막, 나미브사막, 파타고니아사막 그리고 서부호주사막이 대표적이다.

보통 모래로만 구성되어 있는 사막을 에르그(Erg)사막이라고 하고, 자갈로 구성되어 있는 사막을 레그(Reg)사막, 그리고 바위로만 구성되어 있는 사막을 하마다(Hamada)사막으로 구분하고 있다. 모래로만 구성되어 있는 사막은 전체의 10%에 지나지 않는다. 낮에는 섭씨 50까지 올라가나 밤에는 영하 10도까지 내려가는 기온차가 커서 노출된 암석의 기계적 풍화가 매우 심하여 바위의 주구성물질인 모래(석영, SiO_2)으로 분해되어 모래사막을 이루게 된다.

지구상에 사막은 통상 대륙의 서쪽에 분포하는 것이 특징이다. 이는 바다와 육지의 비열의 차이로 고기압이 만들어지는 바다에서 저기압이 만들어지는 육지 쪽으로 바람이 불어 형성되는데 아프리카대륙에서는 대기 순환으로 건조한 하강기류로 인하여 사하라사막이 만들어지고 내륙의 산들로 둘러싸인 지역에서 만들어지는 중국의 고비사막 그리고 남미의 큰 산맥(안데스)을 넘어오는 건조한 바람으로 형성된 파타고니아사막, 해변에 연한 한류로 하강기류가 만들어진 나미브사막 등으로 나타나고 있다.

이렇게 메마른 대지로 구성된 사막에 사람이 살 수 있는 특별한 지역이 있다. 오아시스(Oasis)가 있어서 사막을 사막답게 만들고 있는 것이다. 오아시스는 지하수가 저지대에 노출되어 호수 형태로 나타나는 경우와 지하수가 용출되어 수자원으로 이용하는 두 가지 형태로 나눈다.

사하라사막의 시와(Siwa)오아시스와 페루의 후아카치나(Huacachina)오아시스는 적은 강우량이지만 장기간 지하 대수층에 스며들었다가 저지대(웅덩이)에서 용출되어 나오는 대표적 오아시스이며 중앙아시아의 타크라마칸사막의 오아시스는 북쪽의 톈산산맥에서 스며드는 지하수를 남쪽의 곤륜산맥이 막아 형성된 지하저수조 형식의 오아시스로 구분된다. 특히 이곳 타크라마칸 오아시스는 여러 곳의 도시를 형성할 만큼 수자원이 풍부하여 실크로드의 거점도시로 발전하는 역사를 가지고 있다.

세계 최대 사막인 아프리카의 사하라사막은 지금 심각한 환경변화로 죽음의 땅으로 변화고 있다. 수십여 년간 강우량이 거의 없어 심각한 가뭄으로 사막의 면적이 매년 증가하고 있다. 아프리카 전체 경작지의 70%가 지난 50여 년간 사막화되었다는 보고가 있다.

성경에서 광야는 특별한 의미를 가지고 있다. 척박하고 메마른 땅이다 보니 시련이나 시험, 무익한 상태 혹은 영적인 탐험을 의미하는 데 사용되고 있다. "회개하라 천국이 가까웠느니라〈마 3:2〉"라고 세례 요한이 선포한 곳이 유대광야였고 모세가 40년간 훈련을 받은 곳이 미디안광야이었으며 고뇌에 찬 예수가 40일 금식하며 기도했던 곳이 메마른 땅 '광야'였다.

2. 바다 그 미지의 세계

지구의 대부분을 차지하고 있는 바다는 지구가 가지고 있는 가장 큰 자산이다. 이 바다에 대한 연구는 다른 영역에 비해 더디게 진행되어 왔다. 1920년대부터 시작된 음향측심법(Echo Sounding)에 의해 해저지형을 파악하기 시작한 이후 1960년대부터 본격적으로 바다 밑의 모양에 대한 연구가 있어 왔고 1970년대에 이르러서는 괄목할 만한 성과를 거두게 됨에 따라 육지의 모습만으로는 해결되지 않던 여러 가지 지구 표면의 현상들이 해석되기 시작하였다.

지구의 환경변화에 가장 큰 역할을 하고 있는 것이 지구의 70%를 차지하고 있는 거대한 바다다. 바닷물의 양은 빗물이나 강물이 흘러들어 매년 증가할 것으로 생각되지만 그만큼의 바다 표면에서 증발작용이 일어나 균형을 이루고 있는 것도 신비한 현상이다. 바닷물 속에는 무게로 3.0%의 광물질 즉 염분이 녹아 있는데 바다로 흘러 들어가는 염분의 총량은 매년 약 35억 톤으로 추정하고 있다.

바다는 자연에서 발생하는 열에너지의 90%를 흡수하여 생태환경을 조절하는 주체이며 온도와 밀도의 차이로 늘 움직이고 있다. 신비스럽게 기울어진 지구 자전축의 영향으로 계절에 따른 해류가 발생하여 해양생물의 생존을 유지하며 온도의 변화로 태풍과 같은 변동요인을 일으켜 해양생물의 번성에 기여하고 있다.

그러나 최근 지구 온난화의 영향으로 바닷물의 온도가 과도하게 상승함으로서 괴멸적인 환경파괴가 일어나고 있다. 2019년 대서양의 동서 바닷물의 온도차가 2도 발생했을 때 동쪽 호주에서는 한반도 면적만 한 지역에 산불이 일어나 몇 개월째 계속되었고 그 반대편인 서쪽 아프리카 동해안 지역은 기록적인 홍수가 나고 메뚜기 떼의 발생으로 여러 나라가 큰 기근의 고통을 겪었다. 이런 바닷물의 온도상승은 1초에 히로시마원폭 4개 정도의 위력에 해당하는 에너지가 지속적으로 공급되었기 때문으로 추정하고 있다.

최근 지구온난화로 인한 해수면 상승도 인류문명을 위협하고 있다. 과거 수세기 동안 해수면은 연 1㎜ 미만을 유지해 왔으나 산업화 이후 상승속도는 3배 이상 빨라져 2050년에는 세계 대도시의 40%가 피해를 입을 것이 예상되며 2100년에는 해수면상승으로 약 7억 명의 난민이 발생할 것으로 예상하고 있다.

바닷물의 운동으로 바다 밑 지형은 몇 가지 특징적인 모습을 보이고 있다. 육지로부터 10-50㎞ 사이의 깊이 200m 구간을 대륙의 연장부라고 할 수 있는 대륙붕(Continental Shelf)이 있고 바로 인접해서 급사면을 이루는 대륙사면(Continental Slope) 그리고 심해평원(Abyssal Plain)으로 나누어지는데 심해평원에는 해령(海嶺)이라고 하는 남북방향의 해저산맥이 있음이 최근 확인되었다.

바다 밑에는 심해광물자원인 '하이드레이트'를 비롯한 구리, 닉켈, 코발트 등이 포함된 망간단괴가 부존되어 있는 미지의 자원보고이다. 1985년, 심해잠수정 '엘빈'호를 타고 최초로 타이타닉호의 잔해를 발견한 벨러드(R. Bellerd)를 비롯하여 많은 사람들이 바다 밑 탐사를 시도했지만 그 성과는 미미한 편이다. 38만 ㎞ 떨어진 달에는 여러 명의 인간이 다녀왔지만 10,000m 이하 심해는 미지의 세계로 남아 있다. 이 바다가 점점 더워지면서 지구 표면에 홍수와 가뭄과 같은 자연재해를 일으키는 원인이 된다는 사실이 인류문명 발전에 걸림돌이 되지 않을까 매우 우려되고 있다.

"높이 계신 여호와의 능력은 많은 물소리와 바다의 큰 파도보다 위대하시도다〈시 93:4〉"라고 하여 하나님의 능력을 표현할 때 바다를 비유하고 있을 만큼 규모가 웅장하고 광대한 것이 바다이며 인류의 마지막 자산이다.

3. 깊은 바다 심해에는 무슨 일이

"열 길 물속은 알아도 한 길 사람 속은 모른다."라는 말이 있다. 물속이 아무리 깊어도 사람이 들어가서 알아볼 수 있다는 비유일 것이지만 첨단과학이 빠르게 발전하는 요즈음에는 전혀 적절하지 않은 비유다. "한 길 사람 속은 배를 갈라 보면 쉽게 알아도 열 길 물속은 전혀 모른다."로 고쳐 사용해야 할 듯하다.

지구의 70%를 차지하는 바다는 물의 96%에 해당하지만 인류가 파악하고 있는 내용은 초보단계에 머물고 있다. 탐사활동으로 확인된 부분은 바다 전체의 5%에 지나지 않아 우주탐사율과도 비슷하여 소우주라고 부르기도 한다. 육지의 평균높이가 860m인 반면 바다의 평균깊이는 3,680m로 이 깊이쯤에서 지구와 달의 평균중력선이 위치하고 있다는 사실이 절묘하다.

지금까지 인류가 파악하고 있는 바닷속 모습은 깊이에 따라 대륙붕, 대륙사면, 대륙대, 심해평원으로 구분되고 심해에는 지각활동이 활발하여 생긴 중앙해령이 남북으로 발달해 있다. 바다 중 6,000m 이상의 깊이를 심해(Deep Sea)라고 구분하고 있는데 가장 깊은 바다는 필리핀 동쪽에 있는 마리아나해구(11,000m)를 들고 있다.

인간과 관련이 있는 깊이는 해안에서부터 이 심해까지의 구간이다. 인간이 수영을 즐길 수 있는 깊이 3m 구간을 시작으로 하여 100m까지가 전문 잠수부가 직접 내려가 볼 수 있는 한계깊이다. 산소통을 이용할 경우 깊이 330m까지 진입이 가능한데 이 경우 하강하는 데 15분이 걸리지만 상승할 때에는 혈관에 발생한 압축기포를 정상화시켜야 하는 13시간(시속 25m)이 소요된다.

이 이상의 깊이는 과학적 장비로만 탐사가 가능한데 1,000m에 이르면 햇빛이 차단되는 암흑세계로 변하고 3,000m 깊이에는 향유고래가 먹이활동을 하는 마지막 깊이로 추측하고 있다. 향유고래는 대왕오징어(15m)를 주 먹잇감으로 하고 있어 이 심도에서 대왕오징어가 주로 서식하고 있는 구간이다. 3,800m에 이르면 타이타닉호의 잔해가 있는 심도이며 5,000m에서는 인류 미래의 자원인 망간단괴가 분포되어 있는 깊이이며 6,000m 이상의 깊이를 심해라 하며 인적미답의 처녀지로 남아 있다.

2012년, 영화감독 카메론(J. Cameron, 1954-)이 10,916m까지 내려갔지만 2019년 베스코브(V. Vescovo)가 심해잠수정 DSV를 이용하여 10,928m까지 내려가 가장 깊은 곳을 다녀온 사람으로 기록되었다. 이렇게 바닷속 가장 깊은 곳까지 가 본 사람은 아직 이들 4명에 불과하여 달나라에 다녀온 사람들보다도 그 수가 적을 만큼 바다는 미개척지로 남아 있다.

대서양과 태평양 한가운데는 남북으로 산맥과 같은 거대지형이 발달해 있는데 이를 중앙해령이라고 한다. 대양의 중앙 부분에 주변보다 약 2,500-3,000m 높게 솟아오른 대규모의 해저 산맥은 태평양, 대서양, 인도양, 북극해까지 연결되어 있고 총길이는 약 8만 ㎞에 달하며, 해령 중심부에 깊은 골짜기인 열곡(골짜기)이 있다.

해령은 대양중심부의 거대한 골짜기를 말한다. 여기서 지진이 생기고 지각이 벌어지는 곳이다. 이곳은 지하의 맨틀 물질이 상승하면서 만들어진 마그마가 분출하여 새로운 해양 지각이 만들어지고 생성된 해양 지각이 열곡을 중심으로 양옆으로 확장 이동되는 곳인데 이동 속도는 연간 2-12㎝ 정도로 측정되고 있다.

노아의 홍수 사건 때 하나의 대륙이던 판게아(Pangea)대륙이 아프리카와 남아메리카 대륙 사이에 큰 해령이 생겨 분리되었고 남쪽에 있던 인도 대륙은 북쪽으로 이동하여 유라시아 대륙에 부딪쳐 히말라야 산맥과 티베트고원이 생겨났다는 사실을 상기할 필요가 있다.

4. 쓰나미 - 어떤 피해를 주는가

쓰나미(津波, Seismic Wave)는 일본어에서 유래한 용어로, '나루터(津つ)의 파도(波なみ)'라는 의미이며 통상 지진으로 인해 발생하는 해일을 말한다. 넓은 의미로는 해저에서 발생한 지진 · 화산폭발 · 산사태 등의 급격한 지각변동이나 운석, 소행성 등 우주 천체 등의 충돌로 발생된 해수의 파동이 비정상적으로 높아져 해안가에 도달하는 현상을 말한다. 지진해일(地震海溢)로 의미가 축소된 건 1960년 칠레 대지진 이후이며 2004년 인도네시아 대지진으로 인한 대규모 지진해일 피해가 난 후부터는 의미가 확실히 정착되었다.

쓰나미가 위협적인 이유는 지진발생으로 해저에서 단층이 발생할 경우 순간적으로 물기둥의 무게(위치에너지)가 전부 운동에너지로 전환되기 때문이다. 따라서 수심이 깊은 곳에서 발생하는 해저지진일수록 쓰나미의 에너지가 커지게 된다. 몇 ㎞에 걸쳐 단 몇 ㎝의 고저 차가 순간적으로 발생해도 수십억 톤에서 수조 톤에 달하는 위치에너지가 생기게 되는 것이다. 쓰나미의 전파속도는 대양의 평균 수심인 3,800m에서는 보통 민항기의 속도인 시속 700-800㎞에 달한다.

지진해일의 도달시간을 지진파와 비교하면 다소 차이가 있다. 예를 들면 1960년 칠레의 해안에서 발생한 지진의 경우, 호놀룰루까지 지진파가 도달하는 데는 13분 52초가 걸렸지만 지진해일은 15시간 29분이 걸렸다. 따라서 지진해일이 발생하면 그것이 도달하기 전에 경계 해역을 결정하여 정확한 지진해일의 규모를 파악하고 지진해일 경보를 발할 수 있다.

빠른 전파속도보다도 더 중요한 것은 파도의 높이다. 전파속도는 수심의 0.5제곱에 비례하므로 해안에 근접할수록 속도가 급격히 떨어지게 되면서 파도의 높이는 커지게 된다. 즉 완만하게 파동 형태로 가다가 바닥의 경사 부분에서 바닷물이 쳐올려지고 그로 인해 파도의 높이가 급상승하는 것이다. 동일본 대지진 당시 후쿠시마 원전의 방파제를 넘어온 파도가 18m였다.

쓰나미를 일으키는 지진의 진원지는 대개 30-50㎞ 정도의 심도를 가지며 규모 7 이상으로 예측되는데, 육지에서 지진 때문에 암석이 부서지거나 화산이 폭발하면서 땅이 흔들리는 것과는 다소 개념이 다르다. 2005년 후쿠오카 근해에서 발생한 해저 지진은 지구의 판이 수평으로 움직였기 때문에 쓰나미에 의한 피해가 크지 않았지만 2004년 12월 26일 인도네시아의 수마트라섬 인근 해저에서 발생한 해저 지진 때문에 인도네시아는 물론 스리랑카와 인도, 타이 등 주변국 해안 지대에서 많은 피해가 발생했다.

이렇게 쓰나미로 인한 피해는 지진피해를 가중시키는 자연재해다.

1896년 일본 동해에서 발생한 지진 해일로 25m의 지진 파도가 발생하여 10,000채의 가옥이 파손되었고 26,000명의 인명피해가 있었다. 1933년 일본의 산리쿠 쓰나미는 파고가 20m 이상 되었으며, 1972년 마유야마 지진으로 발생한 해일에는 14,920명의 사망자와 함께 막대한 재산의 손실을 가져왔다. 1958년 알래스카의 리트야만에서 발생한 산사태 때도 바닷물의 높이가 25m까지 치솟았다고 한다. 후쿠시마원전을 강타한 2011년 동일본지진으로 발생한 지진 해일로 4만 명 이상의 인명손실과 35만 명 이상의 이재민이 발생하였다.

노아가 만든 방주에 대한 현대 조선공학계 연구에 따르면 40m의 파도에도 견딜 수 있게 만든 조선공학의 최첨단 선박임이 밝혀지고 있다. 천지개벽의 큰 물결에도 견딜 수 있는 방주의 설계는 하나님이 직접 하신 것이다. 지금까지 파고가 30m를 넘었다는 기록이 없는 것으로 보아 방주는 세상의 모든 파고에도 견딜 수 있도록 설계하신 첨단조선기술의 정수임을 미루어 알 수 있다.

3장
땅속의 신비

1. 땅속에는 무엇이 있는가

'지저탐험'이라는 영화가 있었다. 내가 10대일 때에 이 영화를 보았으니 아마도 지금부터 70여 년 전에 만들어진 공상과학영화일 것이다. 몇 명의 영국 탐험가가 우연히 백두산 부근의 화산 동굴로 들어가 신비로운 지하세계를 탐험한다는 내용이었는데 아직도 내 기억에 뚜렷이 남아 있는 것으로 미루어 그 때부터 땅속에 대한 탐구로 나의 인생길이 정해진 영화가 아니었나 생각된다.

땅에 대한 연구는 예로부터 하늘에 대한 연구와 함께 꾸준히 있어왔다. BC 3500년부터 이집트에서는 땅 위의 자연현상을 하늘의 별 운동과 연결한 태양력을 만들어 사용한 것을 비롯하여 헬라 시대에는 탈레스 등의 학자에 의해 자연현상을 신의 뜻이 아니라 자연의 법칙으로 이해하기 시작했으며 18세기에 처음으로 지구에 대한 탐구영역인 지질학이라는 학문이 시작되었다.

18세기 산업혁명에 따른 원료광물의 획득을 위한 지질학이 크게 발전해 오다가 1915년 독일의 지질학자 A. 베게너(Wegener, 1880-

1930)에 의해 원시지각이 여러 개의 조각으로 나뉘어 이동한다는 대류표이설(Continental Shifting Theory)을 주장하여 지구 내부에 대한 연구는 급진전을 보게 되었다. 이 학설은 1960년 판구조론(Tectonic Plate Theory)으로 발전하면서 지구 측정장비의 발전에 힘입어 지구 내부에 대한 과학적인 탐구가 이루어졌다.

지구는 평균반경이 6,370㎞인 구체로, 지각(5-60㎞), 맨틀(2,900㎞), 외핵(2,300㎞), 내핵(1,220㎞)의 4구간으로 이루어져 있다. 지각 아래 맨틀과 내, 외핵은 4천 도 이상의 고온상태이며 특히 외핵은 철과 니켈을 주성분으로 하는 액체로 되어 있고 내핵은 6천 도 이상의 고체 상태로 되어 있는 것으로 추정하고 있다.

전체 표면적 5억 1천 ㎢ 중 육지가 29% 정도이며 그 육지의 75%는 퇴적암으로 구성되어 있다는 점이 특이하다. 평균밀도 5.15g/㎤이고 지구를 둘러싸고 있는 대기는 질소가 78.08% 산소가 20.95%이며 그 나머지는 아르곤과 이산화탄소로 구성되어 있다. 특기할 것은 달이라는 특별한 위성을 거느리고 있는데 최근 지름이 5㎞ 정도 되는 크뤼트네(Cruithne)라고 하는 소행성이 지구 주위를 말발굽 형태의 궤도로 돌고 있음이 확인되어 이를 준위성이라고 부르고 있다.

지구 내부를 직접 눈으로 확인하기 위한 시도도 여러 곳에서 이루어졌다. 지각에 구멍을 뚫는 시추작업(Drilling)으로 가장 깊이 시도한 예는 1989년 러시아 콜라반도에 있었던 12,262m까지 뚫었던 것이 가장 깊이 뚫은 시추작업이었으며 일본 낭카이해구 인근에서 운젠화산(1792년)의 원인을 파악하기 위한 시추작업에서는 7,000m에서 지각판의 충돌부분을 확인하는 성공을 거두기도 했다.

지구 내부에 대한 관심은 현대가 안고 있는 인구증가 문제, 환경과 자연재해 그리고 지구온난화 문제를 해결하기 위한 기초자료를 제공해 주고 있기 때문에 보다 많은 연구가 필요하다. 특히 인류에 큰 재앙이 될 수 있는 지진이나 화산폭발과 같은 자연재해를 미연에 파악할 수 있는 방법을 개발해야 하는 관점에서 땅속에 대한 탐구는 지속적으로 이루어져야 할 문제이다.

　성경에 "여호와는 하늘을 창조하신 하나님이시며 땅도 조성하시고 견고케 하시되 헛되이 창조치 아니하시고 사람으로 거하게 지으신 자시니라〈사 45:18〉"라는 말씀은 하늘과 땅 모두를 조성하시고 그곳에서 인간의 생명을 이어 가도록 하신 목적을 분명하게 설명하고 있다. 아직 지구에 대한 탐구영역이 많아 인간에게 그 역할을 감당하게 하신 그분의 예정을 깊이 묵상하며 살아야 하는 이유이다.

2. 땅속의 암석과 광물

　대학을 졸업하고 60년대 중엽부터 나의 땅속 기행은 시작되었다. 땅속 사정을 알기 위해 땅 위의 바위나 돌(노두, 露頭, Outcrop)을 찾아 남한 8도를 헤매고 다녔다. 눈 덮인 겨울과 잎이 무성한 여름을 빼고 다닌 산길이 수천 리가 넘었을 것이다. 그렇게 해서 땅속에 묻혀 있는 광물을 찾아 캐내기 시작하면서 굴속의 길로 접어들었다. 총 길이 400여 ㎞나 되는 갱도를 뚫으면서 캐 낸 광석이 어림잡아 천만 톤(원광)이 넘었다.

이 땅속 기행은 70년대 중엽에 들어서 정부 주도의 중화학공업 육성책이 수립되면서 부족한 원료자원을 확보하라는 명에 따라 건국 이후 처음으로 해외자원 확보요원으로 발탁되면서 끝이 났다. 동남아, 중동, 호주와 남북미주를 대상으로 30여 국의 사막과 정글 그리고 고산준령을 오르내리기를 10여 년 하다 보니 세상은 넓고 땅속 사정은 갈수록 오리무중이라는 경험을 했다.

땅은 맨 위에 흙으로 덮여 있고 그 흙 아래에는 단단한 돌덩이(바위 암석)가 있다. 이 돌덩이를 잘 관찰하면 그 안에 숨겨져 있는 유용광물을 찾아낼 수 있으니 이와 관련한 일련의 과정을 탐사(Exploration) 작업이라고 한다. 그렇기 때문에 암석과 이를 구성하고 있는 광물의 모양을 파악하는 일이 우선이다.

암석(Rock)은 지각을 구성하는 물질로 마그마활동으로 생긴 화성암(Igneous Rock), 물이나 바람에 의해 쌓여 만들어진 퇴적암(Sedimentary Rock) 그리고 이들 암석이 변해서 만들어진 변성암(Metamorphic Rock)으로 구분하며 이들은 여러 가지 광물(Mineral)로 구성되어 있고 주요한 광물(조암광물)로는 장석(Feldspar, 50%), 석영(Quartz, 12%), 휘석(Pyroxine, 11%), 감람석(Olivene, 5%), 운모(Mica, 5%)가 있으며 이들은 산소(47%), 규소(28%), 알루미늄(8%), 철(5.1%), 칼슘(4%), 나트륨(3%), 칼륨(2%), 마그네슘(2%)로 구성되어 지각의 8대원소로 알려져 있다.

현대산업의 발전에 따라 다양한 지하지원이 산업의 기초 원료로 사용되기 때문에 이들 지하자원의 중요성이 더욱 커지고 있는 경향이다. 석탄과 석유는 에너지자원으로 현대산업의 근간을 이루고 있고 석회암은 시멘트원료로 고령토는 도자기원료로 사용되며 특히 금, 은, 동 그리고 철 등의 금속광물은 산업화의 필수원료로 시용되고 있다.

최근에 와서는 희유금속(Rare Metal)의 활용도가 날로 커지고 있다. 리튬(Lithium)은 리튬 이온 배터리의 주요 구성 요소로 휴대전화, 노트북, 전기 자동차 등의 재충전이 가능한 배터리에서 널리 사용되며 코발트(Cobalt)는 리튬 이온 배터리의 다른 주요 성분으로 사용되고 텅스텐(Tungsten)은 고효율 카바이드 도구 및 강화 재료로 사용되고 전기 및 전자 제품의 부품 그리고 합금의 강도를 높이는 데에도 사용되며 흑연(Graphite)은 전기차 배터리 및 연료 전지의 제조에 사용되며 핵반응 제어막에도 필요한 원료광물이다.

땅속에 묻혀 있는 자원의 활용을 위해 인간은 끊임없이 노력하고 있다. 특히 땅속의 암석이 어떻게 생겨 있는지 그 암석을 구성하고 있는 광물은 어떤 원소로 구성되어 있는지 현대과학은 어느 정도 파악하고 있지만 어디에 얼마만큼 묻혀 있는지는 아직도 모르고 있다. 땅속의 비밀은 이를 만드신 하나님의 소관이니 인간의 노력 여하에 따라 조금씩 그 비밀의 문이 열릴 것이다.

태초에 하나님이 하늘과 땅을 만드실 때 인간이 '생육하고 번성'하도록 미리 준비해 두신 것이 이 지하자원이며 아직도 그 한계의 끝을 인간은 모르며 그 땅 위에서 살고 있다. 인간의 필요에 따라 조금씩 사용하도록 하신 태초의 배려에 감사할 따름이다.

3. 지구의 부존자원

지구는 특별한 행성이다. 태양계 안에서도 특별하고 우주 안에서도 특별한 위치에 있는 것이 특별하다. 이 특별한 행성을 인류가 살아가게 만든 조건들이 하나같이 특별한 것은 하나님의 특별하신 관심과 정성이 집중된 곳이라서 그런 것이다. 원형 구체의 행성을 우리는 지구라고 부르고 그 안에 하늘과 땅, 바다 그리고 땅속의 모든 것들이 모두 인류를 위한 자원으로 예비해 주신 축복 안에서 생명을 이어 가고 있는 것이다.

이 특별한 행성인 지구가 가지고 있는 자원은 인간이 미처 파악하지 못하고 있는 것들이 알고 있는 것들보다 훨씬 많다. 지구 밖 우주 안에 어떤 자원이 있는지 파악하는 일은 아직 그 근처에도 가지 못하고 있고 땅 위 대기자원과 생태자원 해양자원 그리고 땅속 지하자원 역시 인적 미답의 미지의 세계로 남아 있는 곳이 훨씬 더 많다.

더구나 지구의 부존자원 중에 에너지자원은 지속적으로 사용되어도 무한히 생성되거나 대체될 수 있다는 특징이 있다. 이러한 자원은 주로 자연적인 생태계 및 지구 환경에서 생성되며 지속 가능한 방식으로 이용될 수 있다. 무한한 에너지원으로는 태양광 패널을 통해 에너지로 변환되어 사용될 수 있는 태양 에너지가 있고 바람과 수력에너지 역시 에너지로 변환될 수 있다.

대기자원은 산소를 제공하고, 대기 중의 기체들은 산업 및 생활에서 사용될 수 있는 자원이며, 생태자원은 서로 균형을 유지하면서 의료, 식품 등 다양한 용도로 인류가 이용할 수 있는 자원이며 해양자원을 포함한 수자원은 산업, 농업, 생활 등 생명유지에 필수적인 요소로 사용되고 있고 지하자원은 인류가 보다 나은 삶의 도구로 활용되고 있다.

특별히 지구만이 가지고 있어 가장 중요한 자원으로 간주되는 수자원(물)은 모든 생명의 근원자원이다. 총 13억 5천만 km^3 중 염수가 97%로 대부분을 차지하지만 담수가 3천 5백만 km^3로 2.53%에 지나지 않으나 인류의 생명을 유지하는 기본자원 역할을 담당하고 있다. 이 담수 중 빙산과 눈 등 빙설이 약 70%를 차지하고 지하수가 29% 그리고 나머지 0.38%만이 인간이 직접 생명유지에 사용할 수 있는 호수나 하천의 담수이다.

문명이 발달함에 따라 더욱 그 활용도가 커져 가고 있는 자원은 지하자원이다. 땅속에 묻혀 있어 그 형태나 규모를 파악하는 데 상당한 시간과 자금이 소요되지만 그 개발 여하에 따라 인류 문명의 향상을 앞당길 수 있는 자원으로 간주되고 있다. 석유와 천연가스는 에너지의 주요자원으로 사용되며 특히 석유는 연료뿐만 아니라 플라스틱, 화학 물질, 의약품 등 다양한 산업 분야에서 사용되고 있다.

지각 중에 0.01% 이상 함유하고 있는 지하자원으로는 철(Fe), 알루미늄(Al), 망간(Mn), 마그네슘(Mg), 크롬(Cr) 그리고 티타늄(Ti) 등이 유용광물자원으로 활용되고 있고 이외에 금(Au)과 은(Ag), 백금(Pt), 다이아몬드(C) 같은 귀금속과 산업용으로 쓰이는 화강암과 석회암, 사암 등 석재로 쓰이는 자원이외에 비료의 원료로 쓰이는 카나라이트($KMgCl_3.6H_2O$), 인화석(Ca_3OH) 등이 있다.

이렇듯 인류가 생명을 유지하며 살아가고 있는 지구는 인류에게 최적의 생존지라고 할 수 있다. 성경 창세기에는 하나님이 태양보다 땅

(지구)을 먼저 만드시고 이 지구를 위해 넷째 날에 태양을 만드신 이유를 알아야 한다. 사람들은 태양이 모든 에너지의 원천이며 인간 가치의 최우선순위로 여기지만 태양 역시 지구 특히 그 위에 생명을 유지하며 살아가는 인간을 위해 준비하신 하나님의 역사를 알 필요가 있다.

4. 석탄과 석유 이야기

현대 산업의 '씨앗'이라고 불리는 석탄과 석유는 21세기에 들어와서도 여전히 그 영향력이 대단한 화석연료이다. 18세기 산업혁명은 석탄을 사용하는 증기 기관차의 등장으로부터 시작되었다고 할 만큼 석탄은 여전히 에너지원으로서의 역할이 크다. 석탄에 비해 늦게 개발된 석유는 현대에 와서 그 활용도가 더욱 커지면서 여러 가지 환경문제에도 불구하고 21세기 에너지원에서 주도적 위치를 지켜 나갈 듯하다.

역사적으로 석탄이 처음 언급된 것은 BC 315년 그리스의 과학자 디오플라테스(Theophrastos)의 저서 중에 "암석 중에는 연소되는 것이 있어 금속을 녹이는 데 사용할 수 있다"라는 기록이 최초이며 우리나라에서는 『삼국사기』에 신라 진평왕 31년(서기 609년) 경주 지방에서 '동토함 산지가 불탔다'는 기록이 있는데 현재 경북 영일군 갈탄 지역으로 추정된다.

석탄은 무성한 식물이 한꺼번에 물에 잠겨 매몰되어 공기와의 접촉이 차단되면서 지압과 지열을 받아 가압 · 건류작용을 통해 탄소(C)를 주성분으로 분화, 탄화되어 만들어진다. 매몰된 식물의 두께가 1/20로

줄어들면 토탄(Peat), 이 토탄이 다시 1/5로 압축되면 갈탄(Lignite)
이 되고 이것이 다시 그 반으로 압축되면 역청탄(Bituminous Coal)
이라고 하며 더 탄화가 진행되면 무연탄(Anthracite)이라고 구분하고
있다.

석유는 주로 해양에서 살아 있던 동식물의 유기물이 바다 바닥에 쌓
인 후 흙과 모래 등의 침전물이 그 위를 덮어 압력을 받아 만들어진 액
체 상태의 천연 탄화수소 혼합물을 말한다. 이러한 과정에서 미세한
유기물이 분해되고 압력과 온도의 영향으로 유기체로 변환된 불투수성
점성액체를 말한다. 그 생성원인은 확실하게 규명된 것은 없으나 유기
질 물질에서만 나타낼 수 있는 광학적 성질을 가지고 있으며 포르피린
(Porphyrins)이라는 화합물이 포함되어 있다는 점으로 미루어 해양
유기물이 있던 환경에서 형성되었다고 할 수 있다.

석탄과 석유는 대부분 땅의 75%를 차지하고 있는 퇴적지층에서 산
출되고 있다는 특징이 있으며 지하에서 형성되는 같은 화석연료이지만
석탄은 상대적으로 낮은 압력과 온도인 지표면 가까운 곳에서 수 cm에
서 수십 m 이상의 폭을 유지하는 탄층으로 나타나는 반면 석유는 바다
밑에서 만들어지는 유기질 층으로 구성된다는 특성이 있어 최소 지하
100m에서 5,000m 이상의 특수한 지질구조 안에서만 만들어진다는
점이 다르다. 최근 미국에서는 석유를 함유하고 있는 셰일층에 대한
석유채굴이 경제성을 가짐에 따라 석유의 활용도는 더욱 높아지는 추
세에 있다.

세계 석탄분포와 그 양을 추정해 보면 원 재료라고 할 수 있는 식물
의 양은 현재 지상의 숲보다 수십 배가 더 필요한 양으로 계산된다. 이

는 현재의 육지 면적보다 3배 이상 즉 육지 면적이 전 세계의 80%가 되어야 하며 그것도 그 육지 위에 식물이 빽빽하게 울창해 있어야 지금의 석탄을 만들 수 있는 양이 될 수 있다는 계산이 된다. 이는 홍수 전 지구의 모습을 추정할 수 있는 근거가 된다.

이 두 화석연료는 수억 년 이상의 오랜 시간을 거쳐 만들어 졌다고 설명하고 있는 지질학의 해석은 재고해 볼 필요가 있다. 석탄과 석유는 전 세계 지층의 대부분을 점하고 있는 퇴적지층 안에서만 나오고 있다는 점에 유의하여야 할 것이다. 그 퇴적암이 수억 년 전에 형성된 암석층이 아니라 과거 어느 시점에 있었던 급격한 격변운동으로 단기간에 만들어졌다면 이 석탄과 석유의 생성시기 역시 그 지각변동 때와 동시기일 가능성이 크다고 할 것이다.

5. 셰일오일의 반격

제3차 중동전쟁으로 촉발된 1차 오일쇼크를 겪은 세계는 중동으로부터 원유를 확보하기 위하여 혈안이 되어 있었는데 최근 석유의 최대 수입국이라고 했던 미국이 느긋한 행보를 보이는 모습이 아무래도 수상하다.

미국의 셰일오일(Shale Oil)이 사우디아라비아 등 산유국들의 감산 효과를 무력화하고 있기 때문이다. 유럽과 중동에서 두 개의 전쟁이 동시에 벌어지고 산유국들이 감산까지 나섰지만 유가는 80달러대에서 안정세다. 고유가였던 2010년대 초반 화려하게 등장했다가 가격 경쟁력을 앞세운 산유국들의 협공에 버티지 못하고 퇴출 직전까지 갔던 셰일오일 개발업계가 일단 반격에 성공한 모습이다.

셰일오일은 수평으로 퇴적된 셰일층(점판암, Shale)에 함유되어 있는 유류물질을 수압을 가해 생산하는 석유와 가스를 말한다. 이 셰일층에서 석유나 가스를 생산하기 위해서는 층 내부에 고압의 액체를 주입하여 주위암층을 부수어 수평통로를 만든 후(유압 광막층, Hydraulic Fracturing) 시추공(rig)을 삽입하여 추출하는 방법이다.

미국의 셰일오일은 그 매장량이 엄청나게 많다는 사실을 일찍 파악하고 있었지만 채굴에 따른 경제성이 미달되어 개발을 미루어 오다가 채굴기술의 발전과 석유가격의 급등으로 경제성을 갖게 되면서 수년 전부터 개발에 착수한 결과, 셰일 시추공 하나에서 뽑아내는 원유량을 크게 늘리는 생산 기술 혁신을 통해 세계 최대 석유수입국에서 석유수출국으로 변신하게 되었다.

셰일 오일은 2011년 배럴당 120달러까지 오르는 고유가 시기에 화려하게 등장했다. 과거엔 복잡한 생산 방식 등으로 경제성이 없었지만 고유가에 채산성이 생기자 미국 곳곳에 시추 현장이 늘었다. 하지만 오일머니를 앞세운 산유국들은 보고만 있지 않았다. OPEC 국가들이 증산 등을 통한 파상 공세를 퍼붓자 2014년 6월 초 100달러를 웃돌던 국제 유가는 그해 말 50달러, 2016년엔 30달러 아래까지 떨어졌다.

원가가 배럴당 30달러에 못 미치는 산유국과는 달리 당시 배럴당 60-70달러 높게는 90달러까지 생산비가 들던 셰일오일 업계는 직격탄을 맞았다. 여기에 더하여 2020년 코로나 사태에 따른 수요 위축은 셰일 업계를 초토화시켰다. 주요 셰일오일 업체들이 파산했고 미국 내

시추공 수는 2013년 1,757개에서 2020년 244개로 급감했다.

그 후 셰일오일 업계가 저유가시기를 견뎌 내며 생산 효율화에 나선 게 주효했다. 시추 기술이 발전하며 시추공 아래에서 옆으로 길게 뻗는 수평 시추관의 길이는 2010년대 중반 1.6km 수준에서 이제 2-3km 까지 늘었고 한 시추공에 4개 정도였던 파쇄용 구멍도 이제는 12개 이상이다. 이같이 생산성이 높아진 셰일오일 업계는 원자재 가격과 인건비 급등을 흡수하며 배럴당 40달러 선에서 이익을 거두고 있게 되면서 OPEC와 겨루게 되었다.

원유 수출에 국가 재정이 달린 산유국들은 어떻게든 유가를 80달러 위로 밀어 올리려고 노력하지만, 급증하는 셰일오일 생산량이 가격을 끌어내린 것이다. 러시아발 에너지 위기가 본격화하기 전인 2021년 2월 하루 992만 배럴까지 떨어졌던 미국의 원유 생산량은 2023년 9월에는 332만 배럴 늘어난 1,324만 배럴까지 증가하면서 셰일오일의 위력은 날이 갈수록 더해 가고 있다.

4장
땅속의 특별한 자원들

1. 흙 – 만물의 기원물질

우리 주위에 지천으로 흩어져 있는 흙에 대해 사람들은 여전히 무감각하다. 발아래 밟히면서 보이지 않는다고 무시하는 물질이기 때문이다. 때에 따라서는 사람으로부터 멀어져 있어야 하는 더럽고 기피하는 물질로 취급되기도 한다. 그러다 보니 세련된 도시에서는 그 흙이 시멘트나 아스팔트로 가려져 아예 흔적조차 찾아볼 수 없는 흙의 기피 지역이 현대도시의 모습이다.

흙은 대기권과 암석권 사이에 중간 윤활제 역할을 하고 있는 기원물질이며 역사 이래로 생태계의 주인 역할을 해 왔다. 두께가 비록 수 m에 지나지 않지만 식물 성장의 매개체로, 물의 공급 및 저장체로, 지구 대기의 보조체로 그리고 유기체의 서식지로 땅의 모습을 만들며 식물이 살아갈 수 있는 기초가 되며 동물이 생존할 수 있는 바탕이 되고 인간이 역사를 이어 갈 수 있는 생태계의 근원이 되는 물질이다.

땅의 기초물질인 바위가 외부환경의 변화와 곰팡이나 지의류와 같은 녹조생물에 의해 부식되고 부서져 작은 알갱이가 되어 생겨나는 것이 흙이다. 알갱이 지름이 2mm-1/16mm의 크기를 모래라고 하고 1/16-1/256mm 크기를 보통의 흙이라고 하며 그 이하 크기면 점토라고 구분하고 있다. 성분은 대체로 지구의 원천적 구성물질인 석영(SiO_2)이 주성분이며 소량의 방해석($CaCO_3$)과 장석($KAlSiO_2$)으로 구성되어 있으며 유기질이 많아질수록 색이 검게 변하는 특성이 있다.

한 줌의 흙 속에는 보통 유기물이 5%, 무기물이 45%, 수분이 25% 그리고 공기가 25% 정도 포함되어 있고 이름이 다 알려지지 않은 박테리아가 약 5천여 종 2억 마리 정도가 살아 움직이고 있다. 땅 위 생물의 사체(동물, 낙엽, 나뭇가지)가 세균이나 곰팡이를 통해 흡수된 탄수화물과 단백질을 만들어 지상 최고의 청소부 역할을 함으로써 5억 km^2 넓이의 땅 위를 더욱 풍성하게 만드는 역할을 하고 있는 물질이 흙이다.

이 흙 속에 지렁이가 산다. 길이가 수 cm밖에 안 되고 얼굴도 없고 모양도 갖추지 않은 미물이지만 엄청난 일을 해내고 있다. 흙 속에 터널을 파고 다니면서 토양을 통풍시켜 흙의 물리적 특성을 향상시키고 유기물을 분해하여 식물의 영양분을 공급하며 미생물의 활동을 활발하게 하여 식물을 성장시키며 주위 토양의 Ph를 조절하여 식물 성장에 최적화된 환경을 만들어 주는 역할을 하고 있다. 어둠 속에서 생태계의 기적을 만들고 있는 주인공이다.

최근 지구온난화가 흙에 미치는 영향은 시간이 지남에 따라 커지고 있어 심각한 자연환경파괴가 일어나고 있다. 땅 위 동물과 식물은 이 흙을 바탕으로 생명을 이어 가고 있는데 기상이변에 따른 폭우와 한발의 영향으로 평형을 유지하던 환경이 파괴되어 식물상의 균형이 깨지고 이 속에 살던 동물 역시 생활환경이 급변함으로써 생태환경이 파괴되는 순환작용으로 이어지고 있다.

흙에는 정신적인 의미도 있다. 고향으로서의 땅과 흙이다. 그 땅에서 태어났으며 조상의 피와 땀이 섞인 흙에서 자신의 뿌리와 가치관을 찾는 토착적 생각이 땅과 흙을 고향이라는 생각에 연결시키고 있다. 태어난 땅과 흙에서 떠날 수 없고 어느 때고 되돌아가야 했기 때문에 인생은 흙에서 태어나 흙 속으로 돌아가는 것이 그 행로라 생각하는 환토관(還土觀)도 내포하고 있다.

하나님은 이 흙으로 사람을 만드셨다. "여호와 하나님이 땅의 흙으로 사람을 지으시고 생기를 그 코에 불어넣으시니 사람이 생령이 되니라〈창 2:7〉"라고 하여 인간의 태생을 설명하고 계신다. 처음 이 흙으로 지어진 사람은 죽으면 다시 원래 고향인 흙 속으로 돌아가는 것이 하나님이 정하신 길이다.

2. 지하수 - 인류를 위한 비상비축수

강우량이 많지 않았던 중동지방에서는 우물을 파서 생활의 근본으로 삼았다. 족장시대 이삭은 가는 곳마다 우물을 파서 생활의 근거지로 삼았다는 기록을 보면 예로부터 빗물이나 강 또는 호수의 물만으로는 생활용수를 감당할 수 없을 때 땅속에 있는 물을 찾아 사용하는 방법이 있었음을 알 수 있다. 이런 땅속에 숨겨져 있는 물을 통칭하여 '지하수(Underground Water)'라고 한다.

지하수에 대한 개념은 고대 그리스시대 철학자들에 의해 언급되기도 했지만 1650년 프랑스의 변호사였던 페럴(P. Perrault)이 세느강 유역의 강우량을 측정하면서 처음으로 알려지기 시작했다. 즉 강유역의 강우량이 강이 배출하는 유출량의 6배가량 되는 것을 보고 강우량의 대부분이 지하로 스며들어갔을 것이라는 추론에서 출발하게 되었다.

하늘로부터 내리는 비나 호수의 물 그리고 빙하가 녹아 흐르는 물은 일부 증발되어 없어지기도 하지만 강으로 유입되어 바다로 흘러 들어간다. 그러나 바다로 흘러 들어가는 양은 땅속으로 스며들어 저장되는 지하수 양의 20%에도 미치지 않는 다는 사실이 알려졌다. 더욱이 지구의 총 담수량의 30%를 차지할 만큼 많은 양의 지하수는 수질이 양호하고 수량이 안정적이라는 관점에서 물 이상의 가치가 있는 수자원으로 간주된다.

구약시대의 주된 배경이 되었던 중동 지역은 강우량이 적어 대부분 지하수와 관련된 예가 많이 나온다. 모세가 르비딤에서 반석을 쳐 바위 속에 있는 지하수를 내는 일〈출 17:7〉을 위시하여 하나님이 가나안복지를 설명할 때 그곳에는 '시내와 분천과 샘이 흐르는 땅'이라고 하여 물이 풍부함을 설명하는 일〈신 8:7〉 그리고 아브라함은 브엘세바에서 뿌리가 30m까지 뻗어 지하수면에까지 닿을 수 있는 에셀나무를 심었다는 기록〈창 21:33〉 등이 그것이다.

이런 물은 땅 표면에서 밑의 암반층까지 물을 가장 많이 함유하고 있는 통기대(Aeration Zone)라는 구역에 대부분 저장되며 그 윗부분을 지하수면(Groundwater Table)이라고 하여 지하수 탐색에 기준을 삼고 있다. 지하수면 아래에 틈이나 공극(구멍)이 많은 퇴적층이 있을 경우 이를 대수층(Aquifer)이라 하여 상당량의 지하수를 보유하고 있다.

최근 일부 수리지질학자는 지각 밑 650㎞에 새로운 지하수층을 발견했다는 보고를 하고 있다. 미국의 지질학자 제이콥슨(Steve Jacobson)은 링우다이트(Ringwoodite)라고 명명한 암석층에 엄청난 양의 지하수가 저장되어 있다는 이론을 내놓았다. 암석 내 광물의 결정구조가 수소를 끌어들여 물을 흡수하면서 스펀지 형태의 함수암석층이라고 했다. 이 지하수의 양은 현재 지구 표면에 있는 물의 양의 3배가 넘을 것이라고 추정하고 있다.

한편 일부 지질학자들의 연구에 의하면 빙하가 녹으면서 해수면의 상승을 주도하고 있지만 이에 못지않게 지하수를 과다 사용함으로써 해수면을 상승시키는 원인에 일조하고 있다고 주장하고 있다. 세계에서 가장 많은 지하수를 사용하고 있는 인도와 미국 서부 지역 앞바다는 지역적으로 해수면이 타 지역에 비해 낮지만 다른 모든 해수면이 상승하고 있다는 관측결과를 내놓고 있다.

세상이 처음 생겨날 때 땅덩어리는 온통 물로 싸여 있었던 것만 보아도〈창 1:2〉물은 모든 생물의 생존에 필수불가결한 원천적인 물질이다. 이 물이 땅 위에 넘쳐나 홍수가 되면 인류에게 재앙이 되지만 인간의 눈으로는 볼 수 없는 땅속에 감추어져 있는 지하수는 인류를 위한 비상 비축수다. 인류의 문명은 모두 강이나 이와 연관된 지하수가 많은 지역에서 기원하는 이유가 여기에 있다.

3. 첨단산업의 원료자원 – 희토류

21세기는 첨단산업의 시대라고 한다. 원자번호 57번 란타넘(La)부터 71번 루테튬(Lu)까지의 란타넘족과 21번 스칸듐(Sc), 39번 이트륨(Y)까지의 17종류 원소의 총칭이다. 란타넘에서 사마륨까지의 6원소를 세륨족 원소, 유로퓸에서 루테튬까지와 이트륨·스칸듐을 합친 11원소를 이트륨족원소라고 하며 모두 희유원소에 속한다.

자연에서 드문 금속이라는 뜻의 희토류는 이름과는 달리 매장량 자체는 매우 풍부하다. 백금족 원소인 금, 은, 카드뮴, 수은, 인듐, 셀레늄, 텔루륨, 안티모니, 비스무스보다 풍부하지만 한곳에 집중된 광맥을 찾기 어렵고 그렇게 찾아도 단일원소로 추출이 매우 어려워서 이런 이름이 붙은 것이다.

희토류 원소 중 비교적 흔한 세륨은 구리(Cu), 아연(Zn) 금속 정도로 흔하고 납(Pb)보다 3배나 많다. 중국의 희토류 무기화를 보도할 때 흔히 강력한 네오디뮴 자석을 만드는 데 쓰이는 네오디뮴이 흔히 언급되지만 사실은 흔하고 그보다는 네오디뮴 자석의 고온보자력을 강화하는 데 첨가물로 들어가는 디스프로슘이 훨씬 귀하고 희토류 분쟁의 핵심원소이다.

희토류 중에서 가장 많이 쓰이는 것은 네오디뮴(Nd)으로 전체 희토류 소비의 40%를 차지한다. 네오디뮴을 넣어 자석을 만들면 자력이 10배 강해지므로 그만큼 자석을 소형화할 수 있다. 이런 식으로 조금만 넣어도 소재의 성능이 크게 달라지는 특성이 있다.

한 나라에서 희토류를 활발하게 개발하기 위한 필수적 조건들은 다음과 같다. 첫째, 풍부한 매장량의 채산성 있는 광산이 있어야 하고 둘째, 저렴한 인건비의 노동자들 그리고 셋째, 환경오염이나 노동권 침해도 무릅쓰는 개발제일주의 관점을 들 수 있다. 즉 희토류 채굴업은 땅이 넓고 인건비가 저렴한 개발도상국만 주력으로 할 수 있는 산업이다. 그나마 선진국 중에서는 희토류 수입의 중국 의존도를 낮추려는 미국과, 광업이 발달하고 땅이 매우 넓은 호주 정도가 채굴을 하고 있어서 각각 생산량 2, 3위를 차지하고 있지만, 여전히 압도적인 1위는 중국이다.

희토류 채굴과 추출과정에서 심각한 환경오염이 발생하기 때문에, 이를 선진국 기준으로 재처리 및 정화를 하려면 정말 많은 비용이 든다. 따라서 그런 조건을 무시하고 채굴할 수 있는 개발도상국에서 수입하는 것이 훨씬 싸게 먹힌다는 결론이다. 덕분에 세계 최대 희토류 광산이 있는 중국의 바오터우 지역은 그야말로 환경문제가 심각할 지경이고 희토류가 다량 매장되어 있다는 중국 남부 지역은 무분별한 개발 때문에 삼림 파괴, 산 붕괴, 식수원 오염 등의 피해가 크게 발생하고 있다.

현재 호주 광산업체 '라이너스(Lynas Rare Earths)'가 말레이시아에 희토류 제련공장을 짓고 있는데, 이는 호주에서 광석을 채굴해 4,000㎞나 떨어진 말레이시아까지 운반해 제련하기 위해서이다. 문제는 이미 예전에 말레이시아에서는 일본회사의 희토류 제련공장으로 심각한 환경오염 및 주민피해를 야기한 바 있기에 말레이시아 환경단체들과 주민들이 극렬반발하고 있다. 사실 우리가 쓰는 스마트폰, 컴퓨터, 그 밖의 여러 첨단 기기들의 가격이 이 정도까지 내려갈 수 있는 것도 개도국들의 출혈이 있기 때문이다.

2021년 기준으로 기후변화에 대응하기 위해 전 세계 각국이 탄소중립화 노력을 하고 있는데 이에 쓰이는 태양광 패널, 풍력 발전기 터빈, 전기자동차 배터리 등에 희토류가 사용된다. 그러나 희토류 광물을 채굴하는 과정은 대단히 환경 파괴적이며 그로 인해 꾸준히 발생하는 인명피해 역시 심각하다는 점을 심각하게 고려하여야 할 것이다.

4. 중동에는 석유, 중국에는 희토류

"중동에는 석유가 있다면 중국에는 희토류가 있다." 중국지도자 덩샤오핑의 말이다. 중동의 석유, 러시아의 천연가스, 중국의 희토류라는 말이 있을 만큼 주요 자원 중 하나이다. 중국은 오일쇼크 때 자원무기화의 위력을 직감하고 개혁개방 이래 희토류 개발을 적극 추진하여 왔다. 그 결과 현재 중국이 현재 세계 최대의 희토류 생산국 반열에 떠오르게 되었다. 2010년 10월 중국 정부가 센카쿠 열도 분쟁을 이유로 일본에 희토류 원소 수출을 중단한다고 선언하자 전 세계에 난리가 난 적이 있다.

미국 정부는 십 년 전 채굴이 중단된 폐 광산까지 국가가 직접 재개발에 나서면서 자국 내 희토류 원료 공급망을 만들 계획을 내놓을 정도였다. 그러나 정작 지난 15년 동안 희토류 관련 연구 인력들을 푸대접한 결과 미국은 희토류 생산 인프라를 재건에 애를 먹고 있다. 네오디뮴 자석을 최초로 개발한 과학자도 미국인이고 그 과학자의 소속 기업도 미국 기업이었는데 경영 문제로 중국에 팔렸고 중국은 구입할 때 약속했던 5년의 기한이 지나자마자 관련 인력들을 해고하고 생산 시설 및 기술을 중국으로 가져가 버렸다.

2011년 초여름, 중국은 수출량을 1/3로 줄여 버렸다. 이 때문에 희토류 가격이 다시 폭등했다. 그 결과 2년간 희토류 가격이 평균 10배 이상 폭등했다. 이 난리 덕에 희토류 매장량과 정제술 연구가 많이 진행되었는데 연구에 따르면 지금 같은 추세로 희토류를 소비해도 적어도 고갈될 때까지 100년 이상 걸릴 것이라는 결과가 나왔다.

기업들은 대체 소재 연구에 들어갔고 가시적인 성과가 보이고 있다. 예를 들어 전기차 한 대를 생산하는 데 1.5kg의 희토류가 소요되는데, 도요타는 베트남 등 희토류 대체 생산지 확보에 나서는 한편 희토류를 쓰지 않는 신형 배터리를 개발했다. 세계에서 희토류를 가장 많이 수입하는 나라가 일본인데, 중국이 최근 희토류 수출량을 그전의 1/3로 줄었다고 한다. 왜 일본이 감금하고 있던 중국인 선장을 즉시 석방했는지 알 수 있는 대목이다.

세계 희토류 생산은 중국이 거의 90% 독점하고 있는데 중국 광산에서 채굴뿐만 아니라 이를 제품으로 만드는 정제과정도 거의 독점하고 있다. 중국은 1970년대 이후 희토류 시장 독점을 바탕으로 규모의 경제를 이루고 정제 기술도 이미 미국을 추월했고 기술인력과 자본력에서도 다른 나라를 크게 앞서가고 있어서 앞으로도 중국의 희토류 시장독점은 계속될 것으로 보인다.

미국 등이 중국산 희토류 자원 의존을 줄이기 위해 미국 본토의 희토류 광산에서 생산을 독려하고 있지만 미국 광산에서 채굴된 희토류 원광도 미국 정제시설은 낡고 규모도 작고 기술인력도 부족해 경제성이 떨어져 제품으로 정제는 거의 중국에 위탁해 들여오고 있다. 미국도 한동안 생산을 안 하다 보니 인력이나 기술적으로는 중국에 크게 뒤쳐진 것이다. 아프리카, 동남아 등 타국의 희토류 광산개발도 중국자본이 주도하고 있다. 즉 중국의 희토류 독점은 단지 중국 광산의 문제가 아니고 투자, 채굴, 정제, 유통 등 희토류 산업의 전 단계 전반을 중국이 쥐고 있는 형편이다.

실제로 미 지질조사국(USGS)은 2018년 희토류 글로벌 생산량(17만 톤)의 70.6%(12만 톤)가 중국산이라고 집계했으며, 심지어 직전 4년(2014-2017)간 미국이 수입한 희토류의 80%가 중국산이었다고 밝혔다. 이와 관련해 미국 항공우주국(NASA)에서 특이한 소식 하나가 들려왔다. 짐 브리덴스타인 NASA 국장에 따르면 "금세기 안에 달 표면에서 희토류 채굴이 가능할 것"이라고 말한 것이다.

5장

땅의 속사정

1. 땅속 알아보기 – 시추작업

땅속에는 무엇이 들어 있는가 하는 궁금증은 역사 이래로 있어 왔던 질문이었다. 한 치 속을 모른다고 하는 사람의 마음과 같이 한 치 속에 숨겨져 있는 땅의 속사정은 파 보고 뚫어 보지 않고서는 알 길이 없다. 그러나 직접 파 보는 작업은 노력도 많이 들지만 전체규모를 파악하는 데 한계가 있다 보니 작은 구멍을 뚫어 그 속사정을 알아보는 데 가장 유효한 시추작업이 대안으로 채택될 수밖에 없다.

1980년대 초, 필자는 강원도 태백 지역에 있는 국내 최대 금속광산에서 광물탐사 업무를 주도한 적이 있다. 땅속의 유용광물을 모든 탐사방법을 동원하여 찾아내는 일이었는데 물리–화학탐사를 필두로 하여 시추탐사를 시행한 적이 있다. 땅속 사정을 알 수 있는 방법 중 가장 확실한 방법인 시추작업을 해 본 경험은 후일 땅의 속사정을 파악하는 데 가장 유효한 방법으로 인식하게 되었다. 보다 깊은 곳의 지질 상태를 파악하기 위해서는 처음부터 큰 구경으로 뚫기를 시작하여 점차 작은 구경의 강관(Rod)으로 바꾸면서 진행되는데 목표지점으로부터 멀리 휘어지는 공곡(孔曲)이 문제가 된다. 이렇게 휘어지는 지점을 정확하게 측정하여야 당초 목적한 자료를 얻을 수 있기 때문에 반드시 작업완료 후에는 이런 공곡 측정작업이 필수적으로 수반되어야 한다. 태백 지역에서 시행한 1,250m 심도의 시추작업에서 목표지점으로부터 150m까지 휘어지는 경험을 한 적이 있다.

이 시추작업은 크게 육상시추와 해상시추로 구분된다. 땅 위에서 하는 시추작업은 인공시설을 구축하기 위한 지반조사를 위시하여 유용광물의 탐사, 지질구조 파악을 위한 천부시추(2,000m 이내)이지만 땅 위의 환경과 지질적 정보를 얻기 불가능한 해상시추는 주로 석유나 천연가스탐사를 위한 시추이다 보니 더 깊은 심도인 5,000m까지 굴착하는 경우가 대부분이다.

지구의 가장 외곽을 이루고 있는 지각과 그 아래에 있는 맨틀(Mantle) 사이에는 물리적 성질을 달리하는 모호로비치(Mphorovicci) 불연속선이라고 하는 경계구역이 있다. 대륙의 하부 불연속선까지 지각의 두께는 50-70km 정도이나 대양의 하부는 비교적 얇아 5-10km로 추정되고 있다. 이 불연속선구역의 지질 상태를 파악하기 위한 시추작업이 미국에서 처음 시도된 바 있다.

1966년 산티아고 남쪽 멕시코 연안에서 1만 m 심도를 목표로 한 모홀(Mohole)프로젝트를 시작하여 5천여 m를 굴착했으나 그 3년 후 아폴로 11호 달 탐사프로젝트로 가려 중단된 바 있다. 그 10여 년 후 소련은 북극해 부근 무르만스크 지역의 콜라(Kola)반도에서 Kola Superdeep 프로젝트를 시작하여 1982년에 11,667m를 굴착 후 그 이듬해 12,000m를 그리고 1989년에 12,226m까지 굴착하였다. 원래 13,411m가 목표였으나 공내 온도가 섭씨 80도로 예상했으나 심도가 12,000m를 넘어서자 예상온도가 급격히 올라가 섭씨 180도에 이르러 굴착을 중지한 바 있다.

최근 미국에서는 셰일(Shale)층 내에 함유되어 있는 석유나 천연가스가 경제성을 가지게 됨에 따라 특별한 시추작업이 각광을 받고 있다. 원래 원유를 채굴하기 위해서는 깊은 시추작업으로 만들어진 구멍을 통해 지하에 고여 있는 원유를 뽑아 올리는 시추작업이 유용하였으나 그동안 경제성으로 방치되어 있던 셰일석유 추출을 위한 특별한 시추공법이 채택되기에 이르렀다.

원유를 함유하고 있는 셰일층에 시추작업을 통해 만들어진 구멍에 강력한 압력을 분사하여 기존의 암층을 부수어 그 암층에 포화되어 있던 석유를 뽑아내는 시추작업을 통해 다량의 석유와 천연가스를 땅 위로 추출하는 기술이 개선되어 경제성이 있는 석유의 생산이 가능하게 되었다. 석유를 둘러싼 자원전쟁이 고조되는 지금의 상황에서 시추작업은 필수작업이 된 지 오래다.

2. 동해에서 석유가?

2024년 6월 초, 대통령은 우리나라 동해에 석유가 다량 매장되어 있다는 대형뉴스를 발표해서 전 국민을 깜짝 놀라게 했다. 금세기 최대 유전 발견이라고 하는 남미 가이아나유전보다 더 규모가 큰 140억 배럴 규모의 석유와 가스가 동해에서 발견했다는 발표에 정치권은 그

진위를 두고 격렬한 논쟁에 휘말렸고 증권가에서는 관련 주가 폭등을 하는 한바탕 난리를 치렀다.

'석유 한 방울 나지 않는 나라'라는 말에 익숙한 한국이 국가전체 수입액 중 에너지수입액이 20%를 넘기고 있으니 산유국이 될 수 있다는 말에 전 국민이 흥분하는 일은 너무 당연하다. 그러나 자원탐사 분야에서 평생을 일했고 해외자원개발업무를 처음 시작한 필자로서는 동해에 석유가 매장되어 있을 수 있다는 가능성을 한 번도 배제한 적이 없다.

대학 시절에는 포항 지역에 분포되어 있는 제3기 지층(석유가 부존할 수 있는 지층)에 대한 지질조사에 참여한 적이 있고 그 후 금속탐사, 지하수조사 및 온천개발업무를 하면서 영일만 일대에서 기름의 유출이나 가스분출사례가 많이 있었음을 비추어 조직적이고 체계적인 조사를 하면 석유의 부존가능성이 클 것으로 예상하고 있었기 때문이었다.

동해에 대한 본격적인 유전탐사의 역사는 1970년대 초로 거슬러 올라간다. 당시 영세시추업자들에 의해 탐사작업이 시작되었고 1976년에는 생산되었다는 기름 한 병을 박정희 대통령께 진상(?)하는 일이 있었다. 결국 그 기름은 주유소 기름이었음이 판명되어 한바탕 사기극으로 끝이 났지만 1979년 석유개발공사가 설립되면서 체계적이고 과학적인 탐사작업이 진행되었고 전문적인 평가작업이 계속되어 왔던 것이다.

해저 유전탐사는 대륙붕일 경우 1천 m 미만의 시추작업으로 확인이 되지만 이번 동해유전의 경우 2천 m 심해바닥에서 다시 2천 m 이상을 더 뚫어야 하는 고난도 시추작업이기 때문에 그 성공률은 통상 5% 미만이며 비용 또한 한 공에 1천억 원이 소요되는 매우 어려운 작업이다. 뿐만 아니라 물리탐사(탄성파탐사)-시추작업-평가작업 등의 각 단계마다 실패할 요인이 많아 상업적 생산에 이를 때까지는 수많은 위험요인이 도사리고 있다는 점도 간과해서는 안 되는 조건들이다.

현재까지 확인된 자료에 의하면 2021년 호주의 Woodside 회사에 의해 동해 6광구에 대하여 3개 시추공(주작, 홍게, 방어)을 뚫은 결과 특별한 가능 지역이 발견되지 않아 철수하였지만 이후 3D탐사를 추가로 시행하여 보다 세부적인 대상 지역(대왕고래)이 확인되었고 이를 세계적인 탐사분석회사인 Geo-Act 회사(대표 Vitor Abreu)에 의해 석유의 부존 가능성이 크다는 결론에 따라 성공률 20%로 추정하고 시추작업을 계획하게 되었다고 한다.

앞으로 첫 시추작업은 금년 말에 시작하면 내년 상반기에 그 결과를 추정할 수 있으며 순조롭게 계획이 진행된다면 본격적인 시추작업은 2027년에 착수될 것이고 또다시 그 결과가 성공적이라면 상업적 생산은 2035년에 가서야 가능하다는 예측을 내놓고 있다. 매장량이 140억 배럴이라면 현재 국내 사용량을 기준으로 할 때 석유는 4년분, 가스는 29년분이라는 예측이다.

하나님은 인간에게 "땅을 정복하라〈창 1:28〉"라고 명령하셨다. 정복이란 '힘든 일이나 어려운 일을 극복해 내는 과정'으로 설명하고 있다. 땅에 대한 연구로 그 속에 부존되어 있는 자원을 찾아내어 인간들이 유용하게 사용할 수 있도록 하신 하나님의 크고도 높은 배려에 감사할 뿐이다. 다만 그 땅에 대한 정복과정에서 발생할 수 있는 높은 위험도를 감안한다면 그 발표를 대통령보다 이 사업을 주관하는 단체의 장이나 장관 정도가 했으면 하는 아쉬움이 있다.

3. 보석 이야기

　16세기 영국의 첫 여왕 메리(Mary Tudor, 1553-1558)는 보석을 좋아해서 당대 최대 보석이라는 '순례자목걸이(La Peregrina)'를 늘 목에 걸고 살았다. 그녀는 재위기간 내내 청교도의 순례자들을 박해하여 '피의 메리'라는 별명을 얻기도 했다. 이렇듯 부와 권력을 위하여 보석으로 치장함으로써 그 위력을 더해 온 것이 인류의 역사다.

　보석(Jewel, Gemstone)은 귀중하고 아름다운 광물이나 물질로, 주로 장식이나 장신구로 가공되어 사용되는 장식물을 말한다. 각 보석에는 고유한 미적 가치와 특성을 가지고 있으며 다이아몬드를 위시하여 에메랄드, 루비, 사파이어, 터키석, 진주 등이 있다. 모두 자연에서 산출되는데 최근 광물의 가공기술이 발달함에 따라 합성석(Synthetic Stone)이나 모조석(Immitation Stone)이 자연산 보석을 대체하기도 한다.

　보석 원석의 생성은 지구의 화성활동과 밀접한 관련이 있다. 지각하부 마그마가 분출하면서 분출퇴적암인 응회암(Tuff) 내에 재결정작용으로 만들어지거나 화산활동의 종말적 단계에 틈을 따라 기존지층을 뚫고 들어온 석영암맥(Pegmatite)이 고결될 때 광물의 재결정작용으로 만들어진다.

　따라서 보석은 외관상 미적 감각을 유발할 수 있는 아름다움과 영롱함을 갖춘 광물로 주성분이 석영(SiO_2)으로 구성되나 철(Fe)과 구리(Cu), 망간(Mn) 그리고 티타늄(Ti) 등과 같은 불순물이 가미되어 다양한 색상을 띠면서 강도(Hardness)가 6 이상이 되는 자연산 광물로 정의하고 있다. 그러므로 자연에서 산출되지만 가공하여 그 부가가치를 높여야 하는 전제가 따른다.

이들 보석 중 가장 대표적인 보석이 다이아몬드이며 이와 함께 루비, 사파이어 그리고 에메랄드를 4대 보석으로 꼽고 있다. 다이아몬드는 지하 깊은 곳에 있는 킴벌라이트(Kimberite)를 모암으로 하는 변성암 안에 탄소(C)를 주성분으로 하는 결정형태로 산출되며 이를 가공하는 과정에서 그 가치가 달라진다. 광물 중 가장 강도가 높은 10으로 4C(Color, Clearity, Cut, Carat)를 기준으로 Poor, Fair, Good, Very Good, Exellent의 5등급으로 나눠지고 있다.

강옥(Corundum, Al_2O_3)을 주 성분으로 하면서 혼합된 불순물에 따라 붉은색을 띠면 루비(Ruby)라고 하며 푸른색을 띠면 사파이어(Saphire)로 구분하고 있다. 녹주석(Beryl)이 크롬(Cr)이나 바나듐(Bd)을 소량 함유하면 연청색의 에메랄드(Emerald)가 되며 조금 더 청색을 띠면 아쿠아마린(Aquamarine)으로 구분하고 있다.

이외 연옥(玉, Nephrite)은 경도 6 이상의 석영(SiO_2)을 주성분으로 하는 암석으로 유백색이나 담록색을 띤다. "황금은 값을 매길 수 있으나 옥은 그 값을 매길 수 없다"라고 할 만큼 그 가치의 범위가 넓다. 서부 호주의 쿠퍼 페디(Cooper Pedy)에서만 산출되는 오팔(Opal)은 영롱한 광택으로 각광을 받고 있는 보석으로 치밀한 사암(Cherty Sandstone) 내에 석영성분의 재결정작용으로 층리 모양으로 산출된다.

이외 석영암맥이 기존 암석을 뚫고 들어와 후에 결정 형태로 산출되는 투루마린(Tourmaline), 석영의 변종인 재스퍼(Jasper)와 연수정(Amethyst) 그리고 마노(Agate)라고도 불리는 재스퍼(Jasper) 및 페나사이트(Penasite) 등 다양한 보석들이 자연에서 산출되고 있다.

성경에서는 에덴동산을 설명하면서 "그 땅의 금은 순금이요 그곳에는 베델리엄과 호마노도 있으며〈창 2:11〉"라고 처음으로 보석을 소개하고 있다. '베델리엄'은 녹주석을 주성분으로 하는 에메랄드를 가리키며 '호마노'는 재스퍼의 일종인 아게이트로 설명된다.

4. 땅속을 들여다보는 사람들

21세기에 들어서면서 인류는 인문학에 열광하더니 최근에는 자연, 특히 땅 위에 서식하는 동물과 식물에 관한 신비한 생태에 관심이 옮겨졌다. 자연에 관한 인간의 탐구는 여기서 끝나지 않고 결국에는 이들의 기초가 되는 '하늘과 땅'에 대한 탐구로 이어지면서 천문학과 지질학이라는 학문이 빛을 보게 된 시대에 우리가 살고 있다.

기준갱도에서 밑으로 수직 600m에 10개단으로 뚫은 갱도의 길이만도 400㎞가 넘는 광산에서 굴속을 들여다보며 근 20여 년을 보낸 필자는 갱도 굴진을 위한 발파작업 후 나타나는 지질상황을 기록하여 지질도를 만들고 이를 바탕으로 유용광물(금, 은, 동, 연, 아연)을 찾아내는 일이 주된 임무였다. 남들은 손과 발에 흙을 묻히지 않는 멋진 직장을 찾을 때 소외된 자연과학 분야에 집착한 나머지 자못 비장한 각오까지 하고 강원도로 갔다.

그 현장에서 내세울 수 있는 전가의 보도가 '지질주상도'였다. 화석을 근거로 상대적 시대를 나누어 지층을 구분하고 각 지층마다의 특징을 설명하는 표였다. 다섯 시대로 구분하고 있는 이 지질주상도는 처음부터 45억 년으로 시작하기 때문에 처음 대하는 사람은 그 긴 시간에 대한 감각이 선뜻 다가오지 않게 마련이다.

이 지질주상도에는 시생대, 원생대를 전캄브리아기로, 캄브리아기, 오도비스기, 사이루리아기, 데본기, 석탄기, 페름기까지를 고생대로 그리고 트라이아스기, 쥐라기, 백악기를 중생대 그리고 제3기 그리고 제4기를 신생대로 구분하고 있으며 이들 체계들은 지층과 그 속에 나타나는 생물화석을 진화론자들이 주장하는 진화의 정도에 따라 구분하고 있다.

최근에는 탁월한 시각과 뛰어난 영상기술로 땅에 대한 탐구심을 유발할 만한 영상프로그램을 만들어 대중들을 자극하고 있다. 여기에는 의례 지질학자가 진행자가 되어 지구의 역사며 암석과 지층에 대한 친절한 해설까지 곁들이니 땅에 대한 상식이 없는 일반대중들은 단박에 현혹되어 그들의 주장을 가감 없이 받아들이고 있다.

특히 우주는 145억 년 전, 빅뱅(Big Bang)이라는 기상천외한 과정으로 생겨났고 그 100억 년 후쯤에 그 잔존물들이 우연히 결합하여 지구가 생겨나 45억 년이라는 시간을 거치면서 또한 우연히 진화라는 과정을 거치면서 지금의 지구가 되었다는 진화론은 확고부동한 지질학의 근간이론이다.

검토와 비판이 없는 학문은 그 폐쇄성으로 인해 발전이 없는 죽은 학문일 수밖에 없다. 증명되지 않았던 45억 년의 시간은 인간이 느끼지 못하는 시간이며 확인할 수 없는 허구의 시간이다. 인류 역사의 어디에도 45억 년의 기록은 없다. 그러나 최초의 인류기록이라고 할 수 있는 성경에는 분명 지구의 나이는 6천 년으로 계산하고 있다.

땅에 대한 대중의 관심을 이끌고 있는 이들 지질학자라는 사람들은 전부 이런 고착화된 진화이론을 불변의 철학으로 믿고 있기 때문에 이들이 진행하는 땅에 대한 설명이 많으면 많을수록 땅의 본연모습에서 멀어진 설명을 하고 있는 셈이 된다. 수천만 년이나 수억 년이나 된 지층이라고 아무런 학자적 양심이 없이 설명하는 그들에게 연민의 정을 느끼지 않을 수 없다.

1960년대 대학에서 공부를 시작할 때는 인기도 없고 사회의 수요도 많지 않았던 이 지질학을 공부하면서 지하자원이 빈약한 한반도를 넘어 세계로 향한 믿음으로 이 분야에 매진해 왔으나 후학들의 맹목적인 45억 년의 지구 역사를 강변하고 있는 이때 무한한 학문의 영역의 한쪽 언저리에 겨우 다다랐을 뿐인데 이미 내 인생은 삶의 마지막 문 앞에 와 버리고 말았다.

5부

땅 위의 변화들

YONG Bae 2022

하나님을 느끼면서 — 식물과 동물 그리고 인간

땅 위에는 그 수를 헤아릴 수 없이 많은 모습의 생명체가 살고 있다. 이들은 한결같이 독특한 영역을 차지하고 특별한 생명활동을 하고 있다. 그러나 이들로 인하여 땅 위에는 수많은 변화가 있게 마련이다. 식물과 동물 그리고 이들을 다스리고 있는 인간으로 인하여 모습이 바뀌고 있다. 특별히 근세에 와서 이런 변화는 특별하다고 할 정도로 눈에 띄고 있어 하나님의 나라가 훼손되고 있다는 두려움이 커지고 있다.

이 땅 위의 식물은 나름대로의 신비한 생존방식으로 인간과 동물의 유익을 위하여 생육하고 번식하며 살아가고 있으며 하늘을 날아다니는 새와 곤충들은 그런 환경 속에 살아갈 수 있도록 가장 알맞게 설계되어 있으며 물속의 물고기도 특유의 생존방식을 가지고 있다. 새와 물고기 그리고 땅 위에 살아가고 있는 동물들은 이렇게 특유의 영역 안에서 평화스럽게 살아왔으며 앞으로도 그렇게 살아갈 것이지만 네 발 달린 짐승이 물속으로 들어가서 고래가 될 이유가 없으며 도마뱀이 날갯짓을 하면서 하늘을 날 이유도 없다.

동물들의 생명활동을 연구해 본 인간은 그 기관의 발달과 기능을 보고 입을 다물지 못한다. 아무리 인간의 지능이 발달한다고 해도 그런 고차원의 컴퓨터는 만들 엄두조차 내지 못하고 있다. 잠자리의 정확한 정지비행, 새들의 첨단 항법장치가 내장된 장거리이동, 동물들의 기막힌 먹이사슬로 이루어진 자연의 균형은 창조주의 고도한 사전 설계가 없이는 가능하지 않다는 것은 진리이다.

인체의 기관과 조직은 더욱 신비덩어리이다. 숨을 쉬고 생명을 연장한다는 것은 인간의 상상을 초월할 정도로 치밀하게 작동하고 있다는 의미이다. 의사가 칼로 살을 베어 내고 꿰어 멜 수는 있지만 생살이 돋아나고 아무는 현상은 하나님의 영역 안에서 이루어진다. 여기에 생각하고 느끼는 사고와 감각의 영역에 이르면 도무지 인간이 손을 댈 엄두조차 내지 못하고 있다. 자연에서 생존하고 있는 모든 생명체의 속을 들여다보면 볼수록 하나님의 숨결을 느끼지 않을 수 없다.

그래서 장구한 시간과 우연이라는 비과학으로 세상을 재단하려는 시도는 인간을 진리에서 멀어지게 하는 세상의 유혹일 뿐이며 바르고 진실하게 살아가야 하는 인류 문명의 이단이다. 이로 인해 땅은 점차 어지러워지고 균형이 깨어지면서 생기는 자연의 변화 중 가장 큰 결과는 기후재앙이다. 지구 곳곳에 이상기후로 지구는 몸살을 앓고 있게 된 때가 바로 하나님을 느껴야 할 때에 이른 것이라고 할 수 있다.

1장
환경재앙−1

1. 지구가 더워지고 있다

지구가 더워진다고 야단이다. 더워지는(Warming) 정도가 아니라 달구어(Burning)진다고 할 정도로 심각하다. 19세기 초에 시작된 산업혁명 때부터 더워지기 시작한 이후 지금까지 150여 년간 1.1도가 올랐으며 앞으로 0.4도가 더 올라 1.5도가 오르면 지구는 환경적 재앙을 맞게 된다는 것이다. 평균기온이 1도 오르는 데는 적어도 1,000년 이상의 시간이 필요한 것만 보아도 상승속도가 빨라도 너무 빠르다고 할 수 있다. 이러한 지구온난화현상은 주로 산업화에 따른 이산화탄소(CO_2)의 과다한 배출로 인해 지구 온실효과 때문인 것으로 알려져 있다.

금세기에 들어와서 전 세계가 극심한 폭염과 홍수 그리고 한발로 고통받고 있다. 미국 국립환경예측센터(NCEP)에 따르면, 최근 지구 평균기온은 섭씨 17.01도를 기록하며 1979년 위성 관측을 시작한 이후 처음으로 17도를 넘어섰다고 한다. 종전 기록은 2016년 8월 16.92도였다. 지구 평균기온이 '섭씨 17도' 선이 깨졌다는 것은 온난화현상이 심각하다는 의미로 해석된다.

현대에 와서 대규모 화석 연료의 사용이 증가되면서 이산화탄소와 같은 온실효과를 일으키는 가스의 배출량이 증가함으로 지구온도가 상승해 왔는데 2015년 개최된 기후 변화와 관련된 제21차 파리기후협정(Paris Agreement)에서 기온상승억제 목표치를 1.5도 이내로 할 것을 정했다. 그러나 지금과 같이 산업화가 지속되는 한 2040년까지 목표치 1.5도 이내로 감축하는 일은 달성하기가 지극히 어려울 것으로 예상된다.

지구의 온도를 높이는 이산화탄소의 과도한 배출 이외 대류권과 해양 간의 상호작용에 기인하는 '엘니뇨'와 '라니냐'라는 기후현상도 지구의 온도와 기후에 영향을 미치고 있다. 전 세계 기온이 가파르게 상승하는 것은 바닷물 온도가 높아지고 있기 때문이다. 그것은 지구의 70%가량이 바다이기 때문에 해수면 온도가 높아질수록 지구 평균기온이 크게 올라가는 것이다.

해수면의 온도는 적도 부근에 동에서 서로 부는 무역풍에 좌우되는데 약하게 불 때는 해수면 온도가 동쪽이 높고 서쪽이 낮아지는 '엘리뇨현상'이 생기고 강하게 불 때는 서쪽의 기온이 높아지는 '라니냐현상'이 나타나게 된다. 현재 전 세계는 몇 년째 라니냐 현상을 겪고 있다. 이로 인해 적도 지역에 저수온 현상이 나타나면서 캐나다엔 한파가, 호주엔 폭우가 찾아왔다.

문제는 엘니뇨가 나타나는데도 서태평양 해수면 온도까지 덩달아 오르고 있다는 것이다. 보통 엘니뇨가 나타나면 서태평양 해수면 온도가 내려가고, 라니냐 땐 상승하는데 그 반대현상이 나타난 것이다. 엘니뇨는 일반적으로 지구 평균 온도를 상승시키는 경향이 있다. 이는 대양의 따뜻한 수온이 기후 변화에 기여하는 온실효과 가스의 배출량과 상호작용하기 때문이다.

이러한 지구의 기상이변으로 2040년까지 기온상승 억제목표치 1.5를 낮추지 못하면, 지구의 냉장고 역할을 하고 있는 극지방과 그린란드의 빙하가 다 녹아 해수면이 상승하여 세계 대도시가 침수될 것이며 적도 부근에서는 강력한 태풍과 대륙의 홍수, 산불로 인해 삼림파괴가 뒤따를 것이고 한발에 따른 곡물생산의 감소로 인류의 생존에 막대한 어려움이 예상된다.

성경에는 "일월성신에는 징조가 있겠고 땅에서는 민족들이 바다와 파도의 성난 소리로 인하여 혼란한 중에 곤고하리라〈눅 21:25〉"라고 하여 지구온난화현상은 바다에서 시작되는 자연현상임을 지적하고 있다. 이런 일월성신의 자연현상으로 인간에게 징조를 보이시는 하나님은 "그 때에 사람들이 인자가 구름을 타고 능력과 큰 영광으로 오는 것을 보리라〈눅 21:27〉"고 분명히 마지막 때를 예언하고 있음을 알 수 있다.

2. 인간의 한계를 넘는 폭우와 더위

지구 온난화로 인해 지역별 기온이 상승하면 인간이 견딜 수 있는 한계를 넘어선 더위가 찾아온다는 연구 결과가 있다. 온도가 높아질수록 고온에 노출되는 지역이 넓어진다는 의미이다. 지구 기온이 지금보다

1도(℃) 이상 상승하면 매년 수십억 명의 사람들이 높은 열과 습도에 노출돼 자연적으로는 열을 식힐 수 없는 상황이 오게 될 것이라고 한다.

최근 인도 북동부 시킴주(州)의 한 마을이 이틀간 내린 폭우로 물에 잠겼다. 전날부터 평년의 5배에 달하는 비가 쏟아져 인근 강과 계곡이 범람하면서 최소 14명이 숨지고 100명 이상이 실종됐다. 2023년 9월 미국 뉴욕에서도 기록적인 폭우가 쏟아져 도시가 마비됐다. 미국 국립 기상청에 따르면 이날 뉴욕 존 F. 케네디 국제공항에는 하루 동안 200㎜가 넘는 비가 내려 항공편 수백 편이 취소되거나 지연됐다.

브루클린에도 하루 3시간 만에 한 달(9월) 평균 강수량(85-100㎜)을 넘어선 114㎜ 이상의 폭우가 내렸다. 하루 강수량은 184㎜에 달했다. 미국 국립기상청은 지난달 뉴욕은 355.6㎜ 강수량을 기록하며 역사상 둘째로 비가 많이 내린 9월이 됐다고 전했다.

유럽연합(EU)의 기후변화 감시 서비스 '코페르니쿠스'는 "지난달 평균 기온이 1991-2020년 9월 평균 기온보다 섭씨 0.93도 높았다"고 발표했다. 그리고 "기존 최고 기록인 2020년 9월보다도 0.5도 높아, 기록상 가장 높은 기온"이라고 발표했다. 사만다 버제스 코페르니쿠스 부국장은 "2023년은 가장 기온이 높은 한 해로 마무리될 가능성이 크다"고 전했다.

이상 고온의 영향으로 빙하가 녹는 속도는 빨라지고 있다. 가디언은 최근 스위스 빙하가 2년 만에 10% 감소했다고 보도했다. 스위스 과학원은 "지난해 스위스 전체 빙하량 가운데 6%가 사라진 데 이어 올해는 4%가량 추가로 없어질 것으로 관측된다"며 "작년과 올해 빙하 소실량은 관측이 시작된 이래 최대 규모"라고 전했다.

미 펜실베니아 주립대와 퍼듀대 공동연구팀은 지금보다 지구 온도가 1.5도만 올라가도 일부 지역에서 인간이 견딜 수 있는 한계를 넘는 열과 습도로 대규모 사상자가 나올 것이라고 밝혔다. 인간이 공장에서 화석 연료를 태우기 시작한 산업혁명 이후 전 세계 온도는 약 1도 상승했다. 이로 인해 2015년 196개국이 파리협정을 통해 전 세계 기온 상승을 산업화 이전 수준보다 1.5도 높은 수준으로 제한하도록 했다.

연구팀은 지구온난화로 인한 지구의 변화를 모델링했다. 그 결과 지구 기온이 산업화 이전보다 2도 가량 높아지면 파키스탄과 인도의 인더스강 계곡에 사는 22억 명, 중국 동부 지역 10억 명, 사하라 사막 이남의 8억 명이 인간의 한계를 능가하는 더위를 경험하게 될 것으로 나타났다. 특히 이 지역에서 기온이 올라가면 습도가 함께 상승하는데, 습도가 높은 폭염은 공기가 흡수할 수 있는 수분 한계를 넘어서기 때문에 인체에서 땀이 증발하는 것을 막기도 한다.

지구 온도가 3도 이상 올라간다면 이러한 현상은 미국 플로리다에서 뉴욕까지 미 동부 해안지대와 중부 지역에 영향을 미칠 것으로 보인다. 4도 이상 온도가 올라가면 예멘의 경우 매년 300일 이상 인간 한계를 넘어서는 더위가 이어지는 등 사람이 살 수 없을 정도의 큰 영향을 받을 것으로 예측됐다. 연구팀은 "지난 2021년 700명 이상의 사망자를 낸 미 오리건주의 폭염도 인간 허용 한계치 미만이었다"면서 "기온이 상승할수록 농작물 수확량이 감소하면서 전쟁가능성은 그만큼 더 커질 것이라고 예측했다.

3. 이산화탄소와 기후딜레마

유럽 기후 모니터링 기구인 코페르니쿠스가 지난달 지구 평균 기온 (섭씨 16.83도)이 역대 9월 최고치(2020년)보다 0.5도 높았다고 발표한 바 있다. 기후변화는 10년마다 0.2도 올라가는 속도로 움직여 왔다. 그에 비해 지난달은 경악할 수준의 널뛰기였다. 엘니뇨 요인만 갖고는 설명이 불가능하다.

'역대 최고치 경신'은 6월부터 넉 달째다. 미국 민간 기후관측 기구인 버클리어스에 따르면 7월 역대 최고치를 0.26도 8월엔 0.31도 경신했는데 9월 다시 그 격차를 크게 벌려 놨다. 산업혁명기(1850-1900) 평균에서 1.75도 높았다. 지금 기세면 연간 평균치로도 파리협정 1차 억제 목표인 1.5도를 초과할 가능성이 상당히 크다.

이쯤 되면 세계가 긴박하게 돌아가야 할 것 같지만 평온하다. 주요 뉴스로 거론도 되지 않고 있다. 중대형 승용차를 몰면 1㎞마다 이산화탄소를 200g 정도 뿜어낸다. 1㎞ 주행마다 두루마리 휴지 한 뭉치 정도의 쓰레기를 차창 밖으로 버린다고 생각해 보면 단박에 알 수 있다. 눈에 보이거나 만질 수 있는 거라면 적어도 양심의 가책은 느낄 것이다. 이산화탄소에는 그런 게 없다.

기후변화는 사람 감각 주기로는 포착하기 힘들게 아주 느린 속도로 진행된다. 위협으로 느끼기가 힘들다. 기후변화의 결정적 영향은 수십 년, 또는 그보다 더 뒤에나 나타날지 모른다. 현 세대는 앞 세대들이 100년, 200년간 뿜어 온 온실가스 때문에 생긴 부담을 짊어져야 하는 위치다. 그런데 우리가 솔선해 어떤 불편이나 규제를 감수하면서 온실가스를 줄일 때, 그건 우리 자신을 위한 것이 아닐지 모른다.

기후변화는 수억, 수십억 세계인이 공동으로 책임져야 하는 문제다. 기후 윤리학자 중에 이렇게 표현한 사람이 있다. "나를 포함한 무수한 사람들이 각자 극미한 양을 더한 후 그걸 믹서기에 섞어 갈아 버린 다음, 각자가 그중 극히 일부분을 떼어먹을 때 그 주스의 맛을 내가 책임져야 하는가?" 더구나 온실가스를 줄이는 고통은 우리 국민이 온전히 감수해야 하는 반면, 그에 따른 기후변화 억제의 이익은 전 세계로 분산된다.

혜택을 주로 받는 집단은 어디 먼 대륙의 이름도 모르는 나라 사람일 수 있다. 이웃 도시끼리 매립지, 소각로 갈등 하나 해결하기 어렵다. 이런 상황에서 200개 나라가 얽힌 세계가 각국 경제의 성패를 좌우할 수 있는 문제에서 원만한 협조가 가능하겠느냐는 것이다. 다른 나라가 온실가스 감축에 동참하는 것이 보장돼야 나도 하겠다는 생각이 들 수밖에 없다. 죄수의 딜레마다.

기후변화의 인과 흐름은 직관적으로 이해되지도 않는다. 많은 변수가 꼬리 물기 식으로 상호 엇물려 있다. 비행기 탈 때 배출하는 이산화탄소와 수십 년 뒤 해수면 상승을 연관 짓기란 쉽지 않다. 게다가 과학 설명은 전문용어, 숫자, 그래프로 혼란스럽다. 정황 증거는 많지만 직접 증거는 드문 가설적 이론이 많다. 기후 얘기는 하도 비슷한 것을 많이 들어 이젠 진부해졌다는 '기후 피로증'도 있다.

사람들은 뾰족한 해결책이 없는 막막한 문제에 부딪혔을 때 아예 머리를 돌려 회피해 버린다. 그것 말고도 골치 아픈 문제가 많은데 당장 닥칠 것도 아니라면 뒤로 미룰 수 있는 만큼 최대한 미뤄 두자는 것이다. 욕망 절제가 필요하다고들 하지만 그건 사람 본성을 거스르는 일이다. 과연 가능한 대안인지 의문이다. 휴가 때 비행기 타고 해외여행 가는 화제로 들떠 있는데 어느 누군가 비행기 여행은 온실가스를 많이 배출하니 절제해야 한다고 말을 꺼내면 분위기는 썰렁해질 것이다.

4. 문명, 물에 잠기다

미국의 유명한 휴양지인 마이애미의 '발 하버' 지역의 평균집값은 40억을 훌쩍 넘고 있다. 그런데 최근 알 수 없는 이유로 집값이 떨어지고 있다고 한다. 세상의 부자들은 돈에 민감하다고 하는데 그 부자들이 세계적인 휴양지의 집을 팔고 있다는 사실은 본능적으로 느끼고 있는 무엇이 있기 때문일 것이다.

환경과학자들의 예측에 따르면 2030년쯤에는 인천공항을 비롯한 세계 해안대도시가 침수위험에 처하게 될 것이고 2050년에는 해안도시의 50%가 수몰될 것이며 2100년에는 지구기온이 3.5도를 넘어서면서 지구상 생물계의 70%가 멸종하게 되면서 인류에게도 생존에 치명적인 변화를 초래할 것이라는 섬뜩한 경고를 하고 있다.

그러나 현대를 살아가고 있는 인류는 눈에 보이는 미세먼지나 황사를 걱정하면서도 다가오는 지구 온난화에 대한 위험은 피부로 느끼지 못하기 때문에 특별한 관심을 보이지 않고 있다. 미세먼지는 하루나 이틀 정도, 길어야 일주일이면 다 없어지지만 대기 중에 쌓이는 이산화탄소는 100년이 넘어도 없어지지 않고 그대로 남아 있어 지구를 데

우고 있다는 사실을 인식하지 못하기 때문이다.

해수면이 상승하는 이유는 크게 두 가지다. 지구온도가 상승하면서 바닷물의 부피가 팽창하면서 해수면이 올라가지만 더 큰 이유는 남극 빙하와 그린란드빙하 등 육지빙하가 녹으면서 해수면이 빠르게 올라가 게 되는 것이 주원인이다. 현재 예측으로는 그린란드빙하가 다 녹으면 해수면이 6m 상승하고 남극빙하까지 다 녹으면 70m까지 높아진다고 하니 인류가 이루어 놓은 문명이 단숨에 멸망하는 마지막 때의 모습이 연상된다.

해수면이 상승하는 속도는 과거 1세기 전까지만 해도 연간 1㎜ 내외 였는데 산업혁명 이후부터 최근까지 연간 4㎜로 거의 4배까지 오르고 있다는 것은 예사롭지 않다. 더욱이 빠르게 녹고 있는 빙하의 상태를 보면 2050년에는 세계의 주요 대도시는 대부분 침수피해를 당하게 될 것이며 2100년에 이르면 7억 명 이상의 침수피해 이재민이 발생할 것 이라고 한다.

물에 의한 피해 이외에도 불에 의한 피해도 간과할 수 없는 지구 환 경재앙이다. 최근 지구의 허파라고 불리는 아마존 밀림이 산불로 약 4 만 ㎢가 불에 타 없어졌고 2022년 9월에 시작된 호주의 산불은 6개월 여 동안 한반도의 약 85% 면적에 해당하는 18만 6천 ㎢의 넓이를 잿 더미로 만들었다.

산불이 발생하는 이유는 다양하다. 주로 자연적인 요인, 인간 활동, 또는 그 둘의 조합으로 인해 발생하는데 그중 가장 큰 이유는 건조한 날씨와 높은 기온 그리고 번개 등을 들 수 있는데 건조해진 수림에 가 해지는 번개는 쉽게 발화의 원인이 된다. 여기에 강풍이 가해지면 그 피해면적은 급하게 확대되는 자연재해가 될 수밖에 없다.

산불은 시베리아, 캘리포니아, 브리티시 콜롬비아 및 호주를 포함한 광대한 지역에서 가장 흔한 형태의 자연 재해 중 하나이다. 이런 대형재해는 가뭄과 더위가 반복되는 변칙적인 기후순환이 심각한 산불의 원인이 된다. 최근 전 세계적으로 기후의 변화에 따른 산불의 발생 빈도가 급격히 증가하였으며 인간의 관행으로 인한 산불의 발생빈도도 증가하면서 그 피해는 급격히 상승하고 있다.

물과 불은 인간이 생존하는 데 가장 필요한 기본물질이지만 그 쓰임새에 따라 문명발전에 파괴자도 된다는 사실을 알아야 할 것이다. "땅에서는 민족들이 바다와 파도의 성난 소리로 인하여 혼란한 중에 곤고하리라〈눅 21:25〉".

5. 기후재앙 - 바닷물 색깔이 변했다

"사막에 웬 난파선? 아마존강, 121년 만 최저수위로 강바닥 드러냈다." 2023년 10월 17일 자 조선일보 기사다. 문득 15년 전 브라질 마나우스를 통해 아마존 지역에 들어간 기억이 생각났다. 마침 8월 우기였기 때문에 정글은 온통 물 천지여서 걸어서 들어가지 못하고 모터보트를 타고 가면서 둘러본 적이 있었다. 정글도를 잡은 원주민 뒤를 따라가면서 그 울창한 밀림과 갖가지 새들과 동물을 기대했던 우리 일행은 안내자가 건네준 낚싯대로 식인물고기인 피라냐를 몇 마리씩 잡았던 기억이 새롭게 다가왔다.

브라질 '열대우림' 아마존이 기록적인 가뭄으로 121년 만에 강 수위가 최저 수준으로 떨어졌다고 한다. 사막 같은 강바닥이 드러나면서 보트가 발이 묶여 고립된 마을에는 식량과 물 공급이 중단됐으며, 높은 수온으로 인해 멸종 위기에 처한 강돌고래 100마리 이상이 사망한 것으로 추정된다. 연 평균 강우량이 3,000㎜ 이상인 이 지역이 비가 적게 와서 강바닥이 드러난 일은 아마 역사 이래로 처음 있는 일인 듯하다.

비가 오지 않아 생기는 한발과 산불 그리고 기온상승으로 인한 폭우와 홍수, 강도 높은 태풍, 녹는 빙하로 생기는 해수면 상승 등 기후변화로 오는 지구생태계의 이상현상은 이제 그 강도를 더해 가고 있다. 영국 국가해양학센터(NOC)와 미국 매사추세츠공대(MIT) 연구진은 지난 20년 동안 전 세계 바다의 56%에 온실가스가 현재 수준으로 대기에 추가될 경우 지구 바다의 약 50%에서 색깔이 변할 것으로 나타났는데, 실제로 관측된 바다색 변화 정도와 거의 일치했다는 연구결과를 발표했다.

연구진들은 바다색 변화가 바다 표면 미생물 생태계에 이미 기후변화 영향이 미치고 있음을 암시한다고 설명하면서 색이 변했다는 내용의 연구 결과를 '네이처'지에 게재했다. 기후변화는 바다를 뜨겁게 만들고 바다의 색깔마저 바꾸고 있다. 세계 곳곳에서 여름은 계속 더워져 기온이 섭씨 45도까지 올라간 곳도 있고 점점 더 건조해지면서 호주, 캐나다 등 많은 나라에서 산불이 발생하고 있다. 여기에다가 지구 온난화로 뜨거워진 대기는 더 많은 수분을 머금어 태풍을 유발하여 치명적인 폭우를 쏟아 낸다.

이런 기후재앙으로 2050년경에 이르면 세계 최대 산호초인 호주 대산호초는 없어져 바다생태계가 파괴될 것이고 북극빙하는 소멸될 것이며 남극 및 그린란드빙하가 녹아 인천공항 등 세계 해안 저지대 도시들의 침수가 예상되며 각 대륙마다 전례를 찾기 어려울 정도의 혹독한 날씨를 경험하게 될 것이다. 뿐만 아니라 시베리아 동토층이 녹아 그 속에 들어 있던 과거의 좀비들(세균, 바이러스 등)이 활동을 시작할 것이며 한반도 남쪽 바다는 열대수역으로 변해 해녀들의 일터가 없어질 것이고 한라산록의 구상나무는 그 모습을 찾아볼 수 없게 될 것이다.

환경론자들은 2030년까지 현재기온보다 1.5도 상승을 억제해야 한다고 주장하지만 달성할 수 없는 수치로 예상하고 있다. 그러나 인류는 미래의 재앙을 최소화하기 위해 최선을 다해야 한다고 몇 가지 실천계획을 제시하고 있다. 우선 화석연료 사용을 억제하여 대기 중 메탄가스 배출량을 줄이고 재생에너지확대, 삼림파괴 중지를 들고 있지만 무엇보다도 국가 의사결정에 기후위기 문제를 최우선으로 두는 의식이 정착되어야 한다고 주장하고 있다.

기후변화로 인한 어떤 재앙이 언제, 어떻게 닥칠지 몰라 전 세계 어느 곳도 안심할 수 없는 상황이 됐다. 이제 기후재앙은 더 이상 이변이 아니라 일상화되는 위험수위를 넘어섰다는 것이 기상전문가들의 지적이다. 인간의 환경파괴가 기후재앙이라는 부메랑이 되어 돌아온 것이다.

2장
환경재앙-2

1. 투발루의 눈물

2021년 제26차 유엔기후변화협약 당사국총회(COP26) 당시 '사이먼 코페' 투발루공화국 외무장관이 해수면이 높아진 투발루 앞바다에서 다리를 바닷물에 담근 채 연설을 하는 모습을 뉴스를 통해 전해지면서 세상에 그런 나라도 있을까 하는 신기한 모습에 많은 사람들이 놀란 적이 있다.

최근 기후위기로 '국가소멸'에 직면한 태평양 섬나라들이 온실가스 다배출국가들을 상대로 기후소송을 제기하겠다고 나섰다. 바하마, 투발루, 바누아투, 앤티가바부다 등이 속한 기후변화와 국제법에 관한 소도서국위원회(COSIS) 국가들은 해양환경에 흡수된 온실가스 배출을 오염으로 간주해야 하는지 여부를 국제해양법 재판소(ITLOS)에 요청할 예정이라고 했다.

이들 국가가 소송을 제기한 이유는 바다가 지구 기후에 큰 영향을 미치기 때문이다. 바다는 이산화탄소(CO_2) 배출량의 25%를 흡수하고 CO_2 배출로 인한 열의 90%를 포집하며 전 세계 산소의 절반을 생산하기 때문에 유엔해양법 협약에 따라 해양오염을 예방, 감소 및 통제하기 위한 조치를 취할 의무가 있다.

태평양 섬나라들에 대한 지구온난화현상으로 인한 영향은 다양하게 나타나고 있다. 빙하가 녹아 해수면이 상승하면서 낮은 해안선을 가진 섬나라들에 연안 지역의 토지 손실과 침식이 가속화되고 있고 열대 폭풍 및 태풍의 빈도와 강도를 증가시키는 경향이 있다. 이로 인해 태평양 섬나라들은 국가 경제에 막대한 피해를 입고 있다.

9개의 작은 섬으로 이뤄진 태평양의 투발루는 총면적이 26㎢로, 서울 종로구보다 약간 크다. 인구도 1만 1,200명 정도밖에 안 된다. 면적은 세계에서 네 번째로 작고, 인구는 세 번째로 적지만 2000년에 189번째로 유엔에 가입한 독립국이다. 호주와 하와이 중간에 위치한 투발루의 전 국토가 언제쯤 완전히 바다에 잠길지는 알 수 없다. 분명한 것은 40년 뒤에는 바닷물이 토양에 침투하면서 식수가 사라지고 농작물도 자랄 수 없어 인간이 살 수 없게 된다는 것이다.

섬 대부분이 코코야자로 덮인 이 나라의 최대 고민은 지구온난화로 인해 해수면이 계속 상승해 수십 년 뒤에는 국가가 물리적으로 존재할 수 없게 된다는 것이다. 투발루에서 가장 높은 곳도 해발 4.5m에 불과한데, 이미 30년 전에 비해 해수면은 15㎝ 높아졌다. 미 항공우주국(NASA)에 따르면, 현재 매년 5㎜씩 오르는 투발루의 해수면 상승 속도는 2100년까지 배(倍)가 된다고 예측했다.

2023년 10월, 호주와 투발루 정부는 매년 280명씩 투발루 국민에게 호주에서 일하고 공부하고 살 수 있도록 호주가 영주권을 제공한다는 조약을 체결했다. 이 조약에 따라 40년 뒤면 투발루의 모든 국민이 호주로 '기후 이주'할 수 있게 되었다. 조약에 따르면, 호주는 자연재해, 전염병 확산, 외국 공격과 같은 비상사태 시 투발루를 돕고, 1,100만 달러를 투입해 투발루의 해안선 복원에 나서기로 했다.

해수면 상승으로 인간이 극복할 수 있는 범위는 한계가 있다. 구조물을 설치해 주민이 거주할 수 있는 공간은 확보할 수 있을 지라도 생명을 유지할 수 있는 신선한 물과 먹거리를 생산할 수 있는 경작지가 사라진다는 사실이 치명적이다. 14개 섬나라 다 합쳐서 전 세계 배출량의 0.03%도 안 되는데, 지구온난화의 직격탄을 가장 먼저 맞는 상황이다.

세계에서 가장 적은 탄소를 배출하고 있는 이 나라가 선진국이 배출한 탄소로 인하여 발생하는 피해를 온통 뒤집어쓰고 있는 투발루가 눈물을 삼키고 있다. 투발루 보호국으로 자임하고 나선 이웃나라 호주는 온실가스 배출의 원흉인 석탄의 세계 최대 수출국이라는 점이 아이러니다.

2. 뜨거운 지구, 1.5도 마지노선을 넘는가

최근 산업화 이전과 비교한 지구 평균기온 상승 폭이 1.5도를 넘을 것이란 예측이 나왔다. '1.5도 상한선'은 지구온난화로 환경 재앙이 닥치는 것을 피할 수 있는 '마지노선'으로 인식된다. 유럽연합(EU)의 기후변화 감시 기구인 코페르니쿠스 연구소(C3S)는 2023년 지구 평균기온이 산업화 이전(1850-1900) 평균기온보다 1.48도 높아 사상 최고치를 기록했다고 밝혔다.

작년, 지구는 관측 역사상 가장 더웠다. 지난 2015년 파리기후변화협약 당시 세계 195개국은 산업화 이전 대비 지구 온도 상승 폭을 1.5도로 막자고 했다. 지구 온도가 1.5도 이상 올라가면 그때까지 누적된 이산화탄소 때문에 2도는 단기간 상승하고 이후엔 4도까지 치닫게 된다는 것이다. 4도 상승이면 빙하가 급격하게 녹아 전 지구적 환경 재앙으로 이어진다.

최근 남극 빙하 면적은 사상 최소를 기록했다. 코페르니쿠스 담당자는 "기온 상승은 온실가스 배출량이 증가했기 때문"이라며 "태평양 감시 구역 수온이 올라가는 '엘니뇨' 현상과 2022년 남태평양 해저 화산 폭발로 인한 대규모 수증기 방출 등도 원인으로 꼽힌다"고 했다. 이어 "올 1월부터 따뜻할 것으로 예상돼 향후 1년간 기온이 사상 처음으로 국제사회가 정한 (상승 제한 폭인) 1.5도 기준이 깨질 수 있다"고 말했다.

올해 '1.5도 마지노선 붕괴' 우려는 계속 나오고 있다. 영국 기상청도 지난달 발표한 지구 기온 전망에서 "올해 지구 평균 기온이 일시적으로 산업화 이전보다 1.5도 이상으로 오를 수 있다"고 했다. 유명 기후학자인 제임스 핸슨 미국 콜롬비아대 교수는 지난 4일 "5월 기준 '연평균 지구 기온'이 산업화 이전 대비 1.5도를 넘어 1.7도에 이를 수 있다"고 경고했다.

지금보다 지구 온도가 1.5도만 올라가면 일부 지역에서 인간이 견딜 수 있는 한계를 넘는 열과 습도로 대규모 사상자가 나올 것이라고 예상하고 있다. 인간이 공장에서 화석 연료를 태우기 시작한 산업 혁명 이후 전 세계 온도는 약 1도 상승했다. 이로 인해 2015년 196개국이 파리협정을 통해 전 세계 기온 상승을 산업화 이전 수준보다 1.5도 높은 수준으로 제한하도록 했던 것이다.

과거 연구를 통해 젊고 건강한 사람들이 견딜 수 있는 한계가 약 31도인 것으로 밝혀졌다. 해당 온도는 100% 습도 환경에서 87.8도와 같은 수준이다. 지금까지 인간 한계를 넘는 온도와 습도는 중동과 동남아시아 일부에서 발생한 바 있다.

지구 온도가 3도 이상 올라간다면 이러한 현상은 미국 플로리다에서 뉴욕까지 미 동부 해안지대와 중부 지역에 영향을 미칠 것으로 보인다. 4도 이상 온도가 올라가면 예멘의 경우 매년 300일 이상 인간 한계를 넘어서는 더위가 이어지는 등 사람이 살 수 없을 정도의 큰 영향을 받을 것으로 예측됐다. 연구팀은 "지난 2021년 700명 이상의 사망자를 낸 미 오리건주의 폭염도 인간 허용 한계치 미만이었다"면서 "기온이 상승할수록 농작물 수확량이 감소하며 대규모 이주가 일어날 것"이라고 했다.

3. 가뭄과 홍수의 역설

2023년이 막 시작할 즈음 미국 서부해안도시 샌디에고에 홍수가 들이닥쳤다. 1월의 3주간에 걸쳐 하루 평균 230㎜의 비가 쏟아졌다. 천년 만에 처음 겪는 극심한 가뭄 끝에 1년에 걸쳐 올 비가 한꺼번에 내렸던 것이다. 인명피해도 20여 명이나 있었고 피해액만도 10억 달러에 이르렀다. 미국 서부 7개 주를 관통하고 있는 콜로라도강이 홍수로 범람한 마지막 때가 1862년이었으니 160여 년간의 가뭄 끝에 겪는 대홍수였다.

파키스탄 홍수는 상상을 초월하는 규모였다. 2022년 6월 몬순 우기에 접어들면서 북부 신드주와 발루치스탄주를 중심으로 내리기 시작한 비는 평년 강우량의 5배에 이르는 강우량이 집중적으로 쏟아져 전 국토의 3분의 1이 침수되었다. 이에 더하여 북부 산악 지역에 있는 빙하호수가 붕괴되면서 그 피해규모는 더 커졌다. 이 홍수로 1,700명의 인명피해와 300억 달러의 피해액을 냈다.

지난 50년간 발생한 기후재난에 의한 사망자가 184만 명에 이르고 그 피해액도 4,743조 원에 육박하고 있다. 기후재난 발생 건수로 보면 홍수가 4,872건(44%), 태풍 3,875건(35%), 가뭄 664건(6%), 기타 1,661건(15%)이며, 태풍으로 81만 명, 가뭄으로 70만 명, 홍수로 33만 명이나 사망했다.

텍사스대학교 지구과학부 교수인 종량 양(Z. Yang)은 "이러한 재난들은 최근 들어 예후 없이 급격히 일어나고 있다. 그리고 이런 일이 다양한 지역에서 무차별적으로 일어나고 있다."라고 말하고 있다.

가뭄과 홍수는 서로 밀접히 연관되어 있다. 한쪽으로 편향된 기후조건이 복원력으로 원상태로 되돌리려 할 때 발생하는 자연조건으로 19세기 산업혁명 이후 기온 상승과 온실가스 증가의 영향으로 최근에는 더욱 발생빈도가 커져 가고 있는 추세이다. 이에 더하여 지리적 조건이 발생빈도를 증가시키는 경향이 있다. 고온다습한 동남아 지역의 홍수와 습윤건조한 아프리카 지역의 가뭄이 대표적이다.

그렇기 때문에 특정 지역에서 기후 패턴이 변화하면 가뭄이나 홍수의 위험이 증가할 수 있으며 기후 변화로 인해 강수량이 불규칙하게 분포되면 가뭄과 홍수가 번갈아 발생할 수 있고 인간의 활동영역이 증가하면서 배출되는 각종 폐기물로 인해 변칙적인 기후조건이 발생하면서 예측할 수 없는 가뭄과 홍수가 발생하고 있고 특별히 히말라야 인근의 빙하가 녹으면서 빙하호수의 범람이 홍수로 이어지는 경우도 있다.

처음 세상이 만들어졌을 때 그곳에는 공기와 물 그리고 땅이 함께 있었다. 이들은 모두 청정했다. 그때 그곳에서는 자연의 질서가 완벽했으므로 서로 조화를 이루고 있었기 때문에 자연재해는 결코 일어날 수 없었던 이상향이었다. 그러나 그곳에 살던 인간들이 패악하여져서 하나님을 대적할 때 하나님은 그들을 물로 심판할 작정을 하셨던 사건이 홍수 사건이었다.

40주야 동안 내란 빗줄기는 인류가 겪어 보지 못했던 엄청난 홍수를 이루었다. 땅속이 갈라져 지하수가 솟구치고 하늘의 창이 열려 쏟아져 내린 비는 해발 5천 m가 넘는 산꼭대기까지 물로 찼으니 홍수도 이런 홍수는 전에도 없었고 후에도 없을 것이다. 가뭄과 홍수라는 자연재해는 그래서 인간이 자초한 일이라는 사실을 명심하여야 할 것이다.

4. 태풍, 왜 생기는가

2023년이 막 저물어 가던 12월 18일, 호주 북부 퀸스랜드주 케언즈(Cairns)에 사이클론 재스퍼(Jasper)가 강타하면서 5일 동안 거의 900㎜의 비가 내렸다. 12월 이곳 평균 강우량이 180㎜임에 비하여

4배 가까운 비가 내려 근 50년 만의 강우기록이다. 특이한 일은 기상청에서 태풍경보와 함께 악어경보도 함께 내렸다는 것이다. 악어가 홍수로 범람한 강에 방목되었다는 경고였다.

태풍은 열대 지역에서 주로 발생하며, 열대성 폭풍의 한 형태로 강력한 기류와 따뜻하고 수증기가 많은 해양의 열로 인해 발생한다. 일반적으로 서태평양과 동태평양 지역에서 발생하며, 특히 태평양 서쪽 해역에서 많이 발생하는 경향이 있다. 적도 지역은 태양에서 가장 가깝게 열이 닿기 때문에 지구상에서 가장 높은 온도를 나타낸다. 따라서 열대성 폭풍이 발생하기에 적합한 조건을 갖추고 있다. 태풍이 발생하려면 따뜻하고 수증기가 많은 해수가 필요하기 때문이다.

태풍이 발생하면 바람의 속도가 급격히 증가하고 대량의 비가 내리며, 종종 폭풍과 해일을 일으킨다. 태풍은 운동력이 강하고 파괴적인 영향을 미칠 수 있어 보퍼트 풍력 계급 12등급에 속하는 맹렬한 바람을 뜻하며 보퍼트 풍력 계급 8등급(17.2㎧)부터 태풍급 바람이라고 칭한다.

태풍은 저위도에서 고위도로 물과 에너지들을 옮기는 역할을 한다. 여름철에 뜨거운 열을 받은 해양 표면의 물이 증발하고 대류에 의해 상승하다가 응결하는데, 방출하는 잠열에 의해 다시 주변 수증기들을 가열하면서 대류권 계면까지 상승시킨다. 이때 강한 상승기류로 인해 강력한 저기압이 발생한다.

태풍은 발생하는 지역에 따라 각각 다른 이름으로 부르고 있다. 태풍(Typhoon)은 태평양 지역에서 발생하는 열대 폭풍을 가리키는 명칭이며 주로 동아시아 지역에서 사용된다. 허리케인(Hurricane)은 대서양과 북태평양 지역에서 발생하는 열대 폭풍을 나타내는 명칭이며 사이클론(Cyclone)은 인도양과 남태평양 지역에서 발생하는 열대 폭풍을 지칭하는 용어로 호주와 인도 등에서 사용된다. 이외 풍압이 매우 낮은 상태를 나타내는 뷰빌(Bu-Ville)이라는 명칭이 있는데 태평양의 일부 국가에서 사용되고 있다.

한국에 가장 큰 피해를 입힌 태풍 사라(Sarah)호는 1959년 9월 약 1주일간 한반도 남부를 휩쓸고 간 슈퍼태풍으로 최대풍속이 260㎞/h의 5등급으로 분류된 초대형 태풍이었다. 이 태풍으로 800명의 인명피해와 5조 2천억 원의 재산피해가 있었는데 홍수대비가 전혀 되지 않았던 전쟁 후 국내사정 때문에 피해가 더욱 컸던 것으로 추정된다.

성경 욥기에 태풍이 발생하는 진원지인 바다에 대한 언급이 있다. "바다가 모태에서 터져 나올 때에 문으로 그것을 가둔 자가 누구냐… 이르기를 네가 여기까지 오고 더 넘어가지 못하리니 네 높은 파도가 여기서 그칠지니라 하셨노라〈욥 38:8-11〉".

바다의 생성과 운행은 모든 것이 하나님의 의지에 따라 이루어지고 한계를 규제하시는 하나님의 경륜을 따라 운행된다는 사실을 알려 주고 있다. 이러한 정해진 범위를 벗어난 인간의 일탈행위로 생겨나는 자연현상이 태풍으로 나타나고 있다는 점을 유의하여야 할 것이다.

3장
녹고 있는 빙하들-1

1. 빙하가 녹고 있다

육지의 빙하가 빠르게 녹고 있다. 빙하가 녹으면 해수면이 상승하여 대도시가 소멸될 수 있기 때문에 예사롭지 않는 현상이다. 현재 진행되고 있는 지구온난화현상으로 비추어 보면 2050년에는 해수면이 2m 상승하여 전 세계 대도시의 40%가 피해를 볼 것이 예상되며 금세기 말에는 인류 문명의 꽃이라고 할 수 있는 세계 해변대도시 모두가 없어질 것이라고 예측하고 있다.

규모에서 가장 큰 빙하는 남극빙하로 넓이가 1,300만 ㎢이고 그다음으로 큰 빙하가 170만 ㎢의 그린란드빙하다. 1952년 처음으로 남극빙하의 두께를 2,300m까지 확인하였으나 더 밑은 아직 모르고 있다. 이 빙하들이 다 녹으면 해수면은 현재보다 대략 수십 m 상승할 것으로 추정하고 있다.

2021년 관측한 자료에 따르면 남극빙하의 두께가 1년 만에 1.3m가 낮아졌으며 그린란드빙하는 1년에 3천억 톤씩 녹아 없어진다고 한다.

특히 남극빙하 중 가장 큰 빙하인 스웨이츠빙하(Thwaites Glacier)

는 면적이 20만 ㎢로 한반도만 한 크기이며 두께가 1,000m를 넘는 큰 빙하이지만 녹는 속도가 가장 빨라 전 세계 해수면 상승에 가장 큰 영향을 주고 있는 빙하라서 종말의 빙하(Doomsday Glacier)라는 별명을 가지고 있다. 녹는다는 현상은 빙하 표면이 녹는다는 의미보다 덩어리째 깨어져 떨어져 나가는 현상 때문에 '녹는다'라는 표현보다 '부서져 없어진다'는 표현이 더 적합한 표현이라고 할 수 있다.

육지의 높은 고도의 산 정상에는 만년설이라는 빙하가 있다. 이 만년설이 지구 온난화의 영향으로 빙점고도가 높아지면서 유럽의 알프스산 정상에 있던 만년설이 없어질 수 있다고 한다. 이곳의 빙점고도는 평상시 4천 m였으나 2022년에는 5천 m까지 높아짐으로써 4,809m의 몽블랑, 4,478m의 마테호른 정상의 만년설은 미구에 사라질 위험에 처하게 되었다.

지구의 최정상인 히말라야산을 덮고 있는 빙하 역시 최근 급격히 녹고 있다. 힌두쿠시 히말라야빙하는 2011년부터 10년간 전체의 65%의 빙하가 녹아 없어졌으며 1994년부터 20년간 28조 톤의 빙하가 소실되어 그 녹는 속도는 30년 전보다 거의 60% 정도 더 빨라지고 있다. 2100년에는 전체 히말라야빙하의 80%가 사라질 것으로 예측하고 있다.

이렇게 빠르게 녹는 빙하가 녹으면서 만들어 내는 지형의 변화는 매우 다양하다. 빙하가 미끄러지며 움푹 팬 호수를 원곡(Cirque)이라 하며 사방으로 깎여 봉우리가 뾰족하게 되는 뾰족봉(Horn), 양쪽이 미끄러져 날카로운 봉우리를 만든 칼봉우리(Arete), 대규모 빙하의 흐름으로 생긴 U 자형 계곡(U-Valley), 그리고 잘려 나간 급경사계곡 사이로 바닷물이 들어온 지형인 피오르드(Fjord) 등이 있다.

녹는 빙하의 환경적 피해는 더욱 크다. 미국 워싱턴주의 미졸라호수(Lake Missola)에 갇혀 있던 빙하가 얼음 댐이 붕괴되면서 길이 1천km의 그랜드 콜리협곡(Gland Colly Canyon)을 만든 예는 유명하며 인도 북부 고산지대에서는 2021년 빙하가 녹아 부근 호수를 덮치는 바람에 빙하홍수가 나서 주민 200여 명이 사망하는 사고가 있었다.

지질학에서 빙하기는 네 차례 있었다고 설명하고 있다. 이는 어디까지나 학술적인 상상일 뿐이다. 홍수 후 약 100년부터 시작된 빙하는 약 500여 년간 극지방을 중심으로 전 지구의 30% 면적에 평균 1천 m 두께로 형성되면서 해수면은 현재보다 100m 이상 낮아져 인류의 이동이 전 세계로 펼쳐질 수 있었던 사실은 성경에 분명하게 기록하고 있다.

2. 북극빙하와 영구 동토층 이야기

지구의 냉장고 역할을 하고 있던 북극의 빙하가 빠르게 녹아 없어지고 있다. 북위 60도 이상의 고위도에 걸쳐 넓게 분포하고 있는 시베리아 지역의 영구 동토층이 녹으면서 다양한 지구 환경적 재앙을 불러오고 있다. 1980년 754만 ㎢이던 북극빙하의 규모는 2020년에는 382만 ㎢로 줄어들어 반세기 만에 거의 반으로 줄어들었고 시베리아 동토층도 빠르게 녹고 있다.

최근 들어 북극빙하가 녹는 속도는 과거에 비해 2-3배 빠르며 북극점으로 갈수록 그 속도는 거의 5배까지 빨라지고 있다는 관측결과를 내놓고 있다. 북극빙하는 태양광선을 반사시켜 내부에 열을 축적시키지 않도록 함으로써 지구의 냉장고 역할을 해 왔는데 빙하가 없어져 넓어진 검은색 바다로 투시된 태양열은 고스란히 지구 내부로 열을 축적되면서 지구 온난화를 가속시키는 한 축을 담당하는 역할을 하고 있다.

이로 인해 북극해 주변을 동서방향으로 감싸고 도는 Z기류(Zonal Currents)의 속도가 느려져 여러 가지 환경변화를 일으키고 있다. Z기류는 폭 500-2000㎞, 고도 10-20㎞를 유지하며 서쪽에서 동쪽으로 150-400km/h의 빠른 속도로 부는 바람을 말한다. 최근 미국 동부 지역의 혹한과 폭설, 인도, 파키스탄, 중국의 홍수 그리고 캐나다의 산불 등 자연재해 그리고 한국의 장마 장기화현상이 이 Z기류의 이동속도가 느려지면서 나타나는 현상으로 보고 있다.

뿐만 아니라 시베리아 북극 지역에 분포하는 동토층은 영구동토층(Permafrost)이라고도 불리며 시베리아 지역을 중심으로 북극 지역에 걸쳐서 발견된다. 이 동토층은 지표면 아래에 있는 지하층이 대부분 얼어 있는 상태로 지구 온난화로 인해 이 동토층이 녹아서 해동하는 현상이 발생하고 있다. 이 동토층이 녹으면서 그 안에 저장되어 있던 유기물이 녹아 메탄과 이산화탄소와 같은 강력한 온실가스가 방출될 수 있다.

특별히 이 동토층 안에는 이산화탄소(CO_2)가 1조 6천억 톤이 매장되어 있는 것으로 추정되어 대기 중의 이산화탄소량 8천억 톤의 2배에 해당하며 이 외 엄청난 양의 메탄가스(CH_4)가 포함되어 있어 이것이 대기 중으로 방출될 경우 미생물의 확산과 생태계의 교란을 야기하는 등 이산화탄소의 온실효과에 비해 10배 더 큰 영향을 미칠 것이라는 연구결과로 보아 환경적 재앙의 판도라의 상자로까지 간주되고 있다.

전 세계적으로 빠르게 진행되고 있는 지구온난화현상은 인간이 특단의 대책을 세우고 함께 노력하지 않으면 마지막의 막다른 골목으로 달려갈 수밖에 없다는 분명한 메시지를 보내고 있다. 빠르게 녹고 있는 북극빙하로 북극곰은 살아남아야 할 방법을 찾아야 하며 인간은 녹고 있는 동토층 안에서 세상 밖으로 나올 미지의 바이러스에 대한 대비책을 시급히 내놓아야 할 것이다.

세상을 창조하신 하나님은 처음부터 인간에게 허락하신 자연에 잘 적응하며 행복하게 살아가도록 설계하시고 이를 잘 관리하도록 인간에게 맡겨 주셨다. 자연에 내재되어 있는 하나님의 비밀코드를 알아채지 못하고 인간의 지능이 조금 나아졌다고 그 자연을 임의로 훼손한 결과가 지구온난화현상이다. 그래서 성경은 인간의 눈에 보이지 않는다고 그 속에 내재되어 있는 하나님의 뜻을 깨닫지 못하는 우를 범하고 있다고 분명히 경고하고 있다.

> 창세로부터 그의 보이지 아니하는 것들 곧 그의 영원하신
> 능력과 신성이 그가 만드신 만물에 분명히 보여 알려졌나니
> 그러므로 그들이 핑계하지 못할지니라(롬 1:20)

3. 녹아내린 빙하 - 실종 등반가

얼마 전, 스위스 테오둘(Theodul) 빙하에서 실종된 독일 등반가의

등산화가 발견되어 화제가 되고 있다. 기후 변화로 알프스 빙하가 급속도로 녹으며 과거 눈 속에 파묻힌 사고의 흔적들이 종종 드러나곤 한다. 최근 스위스 유명한 봉우리 마터호른 근처 빙하를 지나던 등반가들의 눈에 사람의 유해가 발견됐다. 37년 전 실종된 산악인의 시신이 모습을 드러난 것이다.

최근 영국 BBC 방송에 따르면 이 시신을 이달 초 스위스 체르마트 위 테오둘빙하를 지나던 등반가들이 발견했다. 이 사람의 것으로 보이는 등산화와 아이젠도 얼음 밖으로 드러나 있었다. DNA 분석 결과 시신은 37년 전 실종된 독일 등반가인 것으로 밝혀졌다. 당시 당국이 대대적인 수색·구조작업을 벌였으나 그의 흔적을 찾지 못했다. 경찰은 등반가의 이름은 공개하지 않았지만 실종 당시 38세였다고 밝혔다.

알프스 체르마트 남쪽에 있는 테오둘빙하는 알프스 전역의 다른 빙하와 마찬가지로 최근 몇 년 동안 지구 온난화의 영향으로 눈에 띄게 변하고 있다. 이 테오둘빙하는 유럽에서 가장 높이 있는 빙하로 연중 스키를 즐길 수 있는 곳으로 체르마트의 유명한 지역이다. 1980년대까지만 해도 테오둘빙하는 이웃한 고르너빙하와 연결돼 있었지만 지금은 따로 떨어져 있다.

매년 여름, 얼음이 녹으면서 예상치 못한 발견이 잇따르고 있다. 지난해에는 알레치(Aletsch)빙하에서 1968년에 추락했던 비행기의 잔해가 발견됐다. 2014년엔 1979년부터 실종 상태였던 영국인 산악인 조너선 콘빌의 시신이 발견됐는데, 마터호른 산악 대피소에 보급품을 배달하던 헬리콥터 조종사의 눈에 띄었다. 이듬해에는 마터호른빙하 가장자리에서 일본인 등반가 2명의 시신이 발견됐다. 이들은 1970년

눈보라 속에 실종됐다.

지구 온난화로 스위스와 이탈리아 사이의 국경 지대에도 변화가 일어났다. 국경선은 통상 빙하가 녹은 물(해빙수)이 한 나라 또는 다른 나라를 향해 흐르는 유역인 '분수계(하천의 유역을 나누는 경계)'로 정해지는데 빙하가 줄면서 이 위치도 바뀌는 것이다. 이 때문에 스위스와 이탈리아 정부는 국경선을 두고 미묘한 신경전을 주고받는 중이다.

빙하가 녹는 것은 국경을 둘러싼 갈등보다 환경에 더 커다란 문제를 일으킨다. 알프스에 쌓인 눈은 라인강과 다뉴브강과 같은 유럽의 여러 강에 물을 공급하고, 농사에 물을 대거나 원자력 발전소의 냉각수로 사용된다. 지난해와 올해 모두 라인강의 수위가 너무 낮아 네덜란드에서 독일을 거쳐 스위스로 화물을 운반하는 선박 운항에 애로를 겪었다.

스위스 빙하 전문가들은 과학자들이 예측했던 것보다 훨씬 빠른 속도로 빙하가 줄고 있다고 우려하고 있다. 지난해 여름 기준 1931년 이래로 빙하 전체 부피의 절반 정도가 사라졌는데, 이 속도라면 금세기 말에는 거의 모든 알프스 빙하가 사라질 것이라고 전문가들은 예상하고 있다.

4. 빙하가 깎아 내린 산봉우리

1980년대 캐나다 유콘주의 로키산맥 연봉의 4천 m 고도의 어느 산봉우리를 헬기로 답사한 적이 있다. 모든 지형이 뾰족한 바위로 되어 있었기 때문에 헬기가 착륙할 장소를 찾지 못해 그대로 공중에 떠 있는 상태에서 뛰어내려 광물을 탐사한 적이 있었다. 그때 온 산의 봉우리들이 한결같이 칼날이나 창모양의 뾰족한 모습을 하고 있는 것을 신기하게 본 경험이 있다.

지금부터 300여 년 전까지 산은 인간에게 용, 악마가 사는 위험한 곳이었다. 19세기 이후 지질학·고생물학의 발전으로 인류에게 산은 '영원한 시간'을 선물했다. 인간이 응시하고, 독해하고, 꿈꾸고, 갈망하는 산은 인간이 실제로 오르는 산뿐만이 아니다. "우리가 오르는 산은 견고하고 가파르고 날카로운 암석과 얼어붙은 눈, 극심한 추위와 범접할 수 없는 아름다움의 극치이다." 미국의 등산가 로버트 멕팔레인은 산을 이렇게 설명했다.

특별히 북미의 로키산맥이나 유럽의 알프스산 그리고 히말라야산맥의 산 정상의 모습들은 한결같이 깎아지른 절벽을 동반한 급경사의 봉우리 모양을 보이는 것이 특징적이다. 적도 부근의 열대지방 지형에서는 화학적 풍화작용이 우세하여 완만한 산봉우리의 모습을 보이는 반면 극지방이나 해발고도가 높아 눈 또는 빙하로 덮여 있는 곳은 기계적 풍화작용을 더 받기 때문에 급사면을 수반한 뾰족한 봉우리 모양을 보이고 있는 것이 보통이다.

이때 주된 기계적 풍화작용을 일으키는 것이 빙하(Glacier)다. 바위를 덮고 있던 빙하는 중력과 땅의 복사에너지의 영향으로 끊임없이 녹으며 움직이고 있다. 움직이면서 밑에 있는 바위를 다양한 모양으로 깎으면서 산의 모습을 바꾸고 있는 것이다. 평평하던 바위가 위에 덮여 있던 눈이 녹아 미끄러져 이동하면서 만든 여러 가지 빙하작용의 특징적 모습이 현재의 산봉우리의 모습인 것이다.

원곡(Cirque, 빙하가 미끄러져 움직이면서 움푹 팬 둥그런 호수), 뾰족봉우리(Horn, 사방으로 깎이어 뾰족하게 남아 있는 봉우리), 칼봉우리(Arete, 양쪽이 깎이어 날카로운 칼날 모양을 하고 있는 봉우리), U 자형 계곡(U-Valley, 큰 덩어리의 빙하가 흐르면서 만들어진 넓은 계곡) 그리고 피오르드(Fjord, 빙하로 형성된 계곡에 바닷물이 들어온 지형) 등의 모습은 모두 빙하가 녹으면서 만들어진 특징적인 지형들이다.

최근 지구 온난화의 영향으로 전 세계의 빙하들이 급격히 녹고 있다. 1994년부터 2,017년간 녹은 빙하의 무게는 대략 28조 톤으로 추정하고 있으며 이는 지난 30년 전보다 57%가 증가한 양이다. 이에 따른 자연재해가 많이 발생하는데 2021년 인도 북부 히말라야 서부 고산지대에서 발생한 빙하홍수(Glacial flood)가 그 대표적인 예로 꼽히고 있다. 빙하 인근의 호수에 녹은 빙하가 덮쳐 호수가 파괴되면서 대규모의 홍수를 일으켜 인근 주민 200여 명을 토사물로 생매장한 사건이 그것이다.

성경에서 산은 종종 하나님의 영광과 권능, 그리고 그의 존재와 함께하는 곳으로서의 신성함을 상징하는 곳으로 사용된다. "여호와의 보좌, 영광 있는 곳은 옛 산이라〈렘 17:12〉"라고 하여 신성시했고 "내가 산을 향하여 눈을 들리니 나의 도움은 어디서 오리요 나의 도움은 천지를 지으신 여호와께로서 오리로다〈시 121:1〉"라고 하여 산을 하나님과 그의 신성한 존재와 연관 지어 사용하고 하나님의 영광과 권능을 나타내는 상징적인 요소로 표현하고 있다.

4장
녹고 있는 빙하들-2

1. 시베리아 동토층이 녹고 있다

러시아 극동부 베르호얀스크에 있는 바타가이카 싱크홀은 현지주민들이 '지옥의 입'이라 부를 정도로 무시무시한 크기와 모습을 자랑한다. 전체길이는 약 1㎞, 깊이는 100m에 육박하는데 하늘에서 보면 주위를 삼키려 혓바닥을 내민 모습처럼 보일 정도이다. 이 때문에 바타가이카 싱크홀은 세계에서 가장 큰 영구 동토층 싱크홀이기도 하다. 이 싱크홀은 1960년대, 주변 숲 개간 중 토지가 가라앉으면서 형성됐으며 온난화로 눈이 녹고 홍수가 발생하면서 그 크기는 매년 커지고 있다.

문제는 이 지역이 영구 동토층이라는 점이다. 영구 동토층은 월 평균 기온이 0℃ 이하인 달이 반년 이상 지속돼 땅이 수 10m 깊이로 영구적으로 얼어붙어 있는 상태의 땅을 말한다. 러시아의 경우 영토의 약 65%가 영구 동토층으로 분류되는데 이 동토층이 녹아내리면서 생기는 특이한 현상은 세상을 놀라게 하고 있다.

과거 시베리아 영구 동토층에서 약 1만 4,000년 전에 멸종된 털코뿔소와 4만 년 된 늑대 머리 등이 발굴된 바 있다. 그러나 가장 큰 문제는 최근 급격히 높아진 기온 때문에 깊은 땅속에 묻힌 어마어마한 양의 메탄·탄소가스와 치명적인 병원균이 지표로 방출된다는 점이다. 특히 영구 동토층이 녹으면서 다량의 가스가 대기 중으로 방출돼 이산화탄소나 메탄 등이 온실가스로 변하는데 이는 다시 대기의 온도를 높여 지구온난화를 가중시킨다는 데 문제가 있다.

최근 프랑스 엑스마르세유 의과대학의 미첼 클라베리 교수는 "시베리아 영구 동토층에서 채취한 토양 샘플을 검사한 결과 그 안에서 바이러스 입자를 찾아냈다. 해당 바이러스 입자는 여전히 '감염성'을 내포하고 있었고 일명 '좀비 바이러스'라고 불리는 것을 발견하기도 했다"고 밝힌 바 있다. 실제로 지난 2016년 당시 시베리아에서 발생한 탄저병으로 순록 2,000마리 이상이 죽었는데 전문가들은 이상 고온으로 영구 동토층이 녹으면서 탄저균에 감염된 동물 사체가 그대로 노출돼 병원균이 퍼졌다고 분석했다.

동토층이 녹으면서 가장 치명적인 문제로 부상하는 것은 그 속에 갇혀 있던 메탄가스와 이산화탄소의 방출이다. 1조 8천억 톤 규모로 추정되는 이산화탄소와 메탄가스는 대규모 폭발을 일으킬 수 있는 화약고인 셈이다. 이 이산화탄소의 양은 현제 대기로 방출하고 있는 양의 2배 정도의 양이라고 하니 시급히 대책을 세울 필요가 있으며 특히 메탄가스는 이산화탄소의 20배 이상 온실효과를 유발하기 때문에 더욱 관심을 가져야 할 사안이다.

금세기 말까지 특단의 대책이 없이 현재 상태로 동토층이 녹는다면 수은 12만 톤을 포함하는 각종 방사성 물질과 탄저균과 같은 과거 바이러스 그리고 이산화탄소와 메탄가스의 방출이 급격히 증가하여 지구 환경에 막대한 피해를 줄 가능성이 있다. 뿐만 아니라 영구 동토층이 빠르게 녹으면서 이미 러시아 북부와 북동부 지역은 도로가 휘고, 집이 부서지며 파이프라인이 붕괴하는 등의 피해를 입고 있으며 여기에 최근 몇 년 동안에는 대형 산불이 더욱 기승을 부려 지역 내 온난화를 가속화하고 있다.

동토층이 녹지 않도록 하는 방법은 현재 상승하고 있는 평균기온을 낮추는 방법 이외에는 없다. IPCC(세계기상기구)가 2030년까지 상승기온을 1.5도 이내로 억제하려는 목표를 달성하도록 각국이 노력하여 최대한 지구온난화를 막도록 하여야 하며 이를 지키지 못할 경우 동토층의 해빙은 결코 막을 수 없는 인류의 재앙으로 귀결되고 말 것이 분명하다.

2. 북극곰의 눈물

'비스듬하게 깎여 나간 빙하 조각 위에 몸을 웅크린 채 겨우 잠든 북극곰.'

이 모습을 찍은 사진을 영국 런던자연사박물관이 '2023년 최고의 야생 사진'으로 선정했다. 작품 이름은 '얼음 침대(Ice Bed)'다. 북극곰이 과거엔 벌판 삼아 뛰어다니던 빙하가 기후변화로 녹아 작은 침대 크기 정도로 줄어들었다는 의미다. 사진을 찍은 작가 니마 사리카니는 "기후변화는 인류가 직면한 가장 큰 도전이지만, 이 사진이 희망을 불러오길 기대한다. 우리가 초래한 이 혼란을 바로잡을 시간이 아직 남아 있기를 바란다"고 말했다.

북극곰은 몹시 추운 북극 지역에 살고 있는데 북극에서는 힘이 가장 센 동물이다. 어른 수컷 북극곰은 무게 450kg의 거대한 몸집을 이끌고도 땅 위에서는 시속 40km로 달리고 바다에서는 시속 10km로 헤엄칠 정도로 빠르다. 피부 밑에 두께 11cm 지방층을 갖춰 영하 40℃ 추위와 시속 100km대에 달하는 강풍도 견디는 동물이다. 이렇게 무적일 것 같은 북극곰도 이제는 살길이 막연한 멸종 위기종이 된 것이다.

북극곰은 국제자연보전연맹(IUCN) 적색 목록에 올라 있다. 생물다양성센터는 2050년까지 북극곰의 3분의 2가 사라질 것으로 예상하고 있다. 북극곰이 멸종 위기에 빠진 가장 큰 원인은 기후변화로 빙하가 사라지기 때문이다. 북극곰은 바다 위에 떠 있는 빙하 위에서 먹고 자며, 새끼를 낳고 기르는데 문제는 기후변화로 해빙이 봄에는 더 일찍 녹고 가을에는 더 늦게 얼면서 빙하에서 바다표범, 고래 사체 먹이를 구할 수 있는 시간이 줄어든다는 것이다.

빙하가 일주일 더 일찍 녹을 때마다 북극곰은 약 10kg의 몸무게가 줄어든다고 한다. 어미 곰이 건강하지 않은 상태가 되면 번식률이 낮아지고 새끼 사망률이 높아지는데 새끼의 주요 사망 원인은 수유 중인 어미의 먹이 부족 또는 지방 부족이라고 한다. 빙하가 녹으면 북극곰은 굶어 죽는다. 죽지 않더라도 굶주린 북극곰이 육지로 넘어와 회색곰 서식지를 침범하기도 한다. 북극곰과 회색곰 사이에서는 잡종인 곰도 태어나고 있는데 과학자들은 기후변화와 함께 이런 잡종이 늘어나면 결국 북극곰은 멸종할 것이라고 우려하고 있다.

최근 북극해에서 석유 채굴이 늘어나고 있는데 해상 작업에서 유출된 기름을 먹으면 간과 신장 손상을 일으킬 수 있고 털에 묻은 아주 작은 기름으로도 중독되거나 곰 털의 단열 효과가 감소해 위험해진다. 이에 더하여 북극곰에게 위협을 가하는 것이 바다로 흘러 들어간 독성 오염 물질이다. 오염 물질을 섭취한 북극곰은 성장이나 번식, 질병과 싸우는 능력이 떨어지고 어미 곰의 젖에 의존하는 새끼 곰에게는 치명적일 수 있다.

이 외에도 인간과의 충돌이 점차 더 커지고 있는 점도 간과할 수 없는 문제로 대두되고 있다. 인간과의 접촉이나 충돌은 북극곰에게 위협이 될 수 있으며 주로 인구가 적은 북극 지역에서 이러한 충돌이 자주 발생할 수 있다. 국제적인 협약이나 규제가 이미 만들어져 있지만 이를 적절히 준수하지 않으면서 오는 폐해는 고스란히 인류에 전가된다는 사실을 상기할 필요가 있다.

하나님이 인간에게 특별히 명하신 일이 있다. "하나님이 이르시되… 우리가 사람을 만들고 그들로 바다의 물고기와 하늘의 새와 육지의 짐승과 온 땅과 땅에 기어 다니는 모든 것을 다스리게 하자〈창 1:26〉"라고 인간에게 동물들을 다스리라는 책임을 부여하고 있는 사명이 주어졌음을 상기할 필요가 있다.

3. 남극의 하얀 거인이 깨어나고 있다

최근 영국 BBC 방송에 따르면 남극을 둘러싼 해빙(海氷, 바다 얼음)이 관측 사상 역대 최소 면적으로 줄었다고 한다. 영국 국토 면적의

5배가 사라진 것과 비슷하다. 바다 얼음의 면적이 줄어들면 지구 온난화 등을 악화시키는 결과로 이어질 수 있다고 전문가들은 말한다.

앞서 언급했듯이 빙하가 녹는다는 것은 태양 광선을 반사해 주는 반사체가 없어져 지구를 냉각해 주지 못한다는 의미다. 빙하가 사라지면 바다는 더 많은 햇빛을 흡수할 수밖에 없고, 따뜻해진 바다는 더 많은 얼음을 녹이는 악순환이 벌어진다. BBC는 빙하의 소실을 남극이 지구의 '냉장고' 역할에서 '열 방출기'로 변하는 것과 같다고 지적했다.

지구 표면의 70% 이상은 물이다. 물의 98%는 바다에, 나머지 2%는 빙하, 강, 호수, 땅속(지하수)에 있다. 빙하(氷河, Glacier)는 천천히 움직이는 얼음의 강이다. 거대한 얼음덩어리는 단순히 물이 얼어서 만들어진 것이 아니다. 수백 년부터 수천 년에 걸쳐 쌓인 눈이 자체의 무게로 압력을 받아 얼음으로 변한 것이다. 얼음의 밀도는 바닷물보다 작아 바닷물 위에 떠다닌다. 빙하는 폭이 수백 m에 이르기도 하고 길이는 수만 ㎞까지 이어지기도 한다.

남극 대륙의 98%는 얼음으로 덮여 있다. 지구상에 존재하는 얼음의 약 90%가 이곳에 있다. 이 얼음은 약 3,000만 ㎢ 정도의 담수를 가지고 있다. 해안가에 도달해 육상의 빙하 끝부분에서 얼음이 바다로 떨어져 나가는데, 이를 빙산(氷山, Iceberg)이라고 한다. 빙산이 주로 만들어지는 곳은 북반구에서는 그린란드의 서쪽 해안, 남반구에서는 남극 대륙의 빙원(氷原, Icefield)이다. 빙하에서 떨어져 나올 때 빙산 속 얼음의 평균적인 나이는 약 5,000살이다.

그런데 이 빙산이 바다에만 있는 것은 아니다. 지구촌 내륙에도 빙산과 만년설이 존재한다. 빙하가 녹는 것은 기온이 상승하기 때문이다. 만년설이 만든 얼음산이 녹는다는 것을 의미한다. 빙하가 계속 녹기만 하는 것이 아니라 얼고 녹기를 반복하는데, 다시 어는 속도보다 녹는 속도가 빨라 녹아내리는 것이다. 최근 지구 온난화 때문에 빙하가 녹거나 만년설이 붕괴하는 현상이 가속화되고 있다.

북극과는 달리 남극은 대륙 위에 있는 얼음의 덩어리다. 따라서 얼음이 녹으면 전체적으로 바다의 수면이 올라간다. 1990년 이후 남극 해빙이 녹으며 전 세계 해수면이 7.2㎜ 정도 상승했다. 해수면 상승이 심화할수록 연안에 위치한 도시들은 침수에 노출될 가능성이 매우 크다.

빙하가 녹으면 바닷물이 넘치지 않을까? 그럴 리는 없다. 비가 많이 와서 홍수가 나면 제방의 물이 넘치고 강이 범람할 수는 있지만 그렇다고 바다가 넘쳤다는 말은 안 나온다. 왜 바닷물은 넘치지 않을까. 그 이유는 태양과 바람에 있다. 태양열과 바람은 끊임없이 바닷물을 증발시킨다. 하늘 높이 올라간 수증기는 구름이 되어 다시 비를 뿌린다. 그러면 또 태양열과 바람이 바닷물을 증발시킨다. 이러한 순환으로 인해 빙하가 녹아도 바닷물이 넘치지 않는다.

바다에 떠 있는 빙산이 다 녹아도 바닷물은 넘치지 않는다. 북극의 빙하는 바다에 떠 있는 얼음이므로 해수면의 영향이 거의 없다. 대부분 바다에 떠 있는 얼음이라 녹아도 물의 부피가 늘지 않는다. 그러나 남극의 빙하는 대륙 위의 얼음이라 녹으면 융빙수가 돼 바다로 흘러가 해수면 상승에 영향을 준다. 만약 지구의 빙하가 다 녹으면 해수면이 60-90m 정도 상승할 것으로 예측된다고 한다. 이럴 경우, 인류가 지금까지 겪어 보지 못한 대재앙을 맞는다는 것은 불문가지(不問可知)의 일이 될 것이다.

4. 윤초(閏秒)의 비밀 - 빙하가 녹아서 생긴 일

방하가 녹으면 윤초를 바꾸어야 한다. 윤달이나 윤년처럼 '인간의 시간'과 천문의 시간을 맞추기 위해 인위적으로 조정하는 초(秒) 단위 시간을 윤초라고 한다. 현재 인간은 세슘 원소의 진동 주기를 기준으로 한 '원자시계'를 사용한다. 그러나 지구의 자전 속도는 미세하게 조금씩 바뀌기 때문에 둘 사이에 오차가 발생하는데 이를 바로잡기 위해 필요에 따라 초를 더하거나 빼서 정확한 시간을 조정하는 것을 '윤초 조정' 작업이라고 하고 있다.

기후변화가 지구 자전 속도에 영향을 끼쳐 윤초(閏秒) 적용 시기를 더욱 예측하기 어렵게 만든다는 연구 결과가 나왔다. 미국 샌디에이고 캘리포니아대(UC샌디에고) 연구진은 국제 학술지 '네이처'에 지구온난화로 녹아내리는 극지방 빙하가 해수와 지구 질량 분포 등에 영향을 끼쳐 지구 자전 속도를 늦추고 있다는 연구 결과를 발표했다. 이에 따라 윤초 적용 시기도 당초 예상했던 2026년보다 3년쯤 늦어질 것으로 연구진은 내다봤다.

윤초는 1972년 도입돼 현재까지 총 27차례 1초를 더했다. 가장 최근의 윤초는 2016년 12월 31일 오후 11시 59분 59초, 11시 59분 60초, 다음 날 새벽 0시 00분 00초로 1초가 더해졌다. 윤초 적용 시기가 불규칙해지면서 정확한 시간을 요구하는 정보통신기술(ICT) 업계에서 윤초 적용 오류를 범하면 적지 않은 혼란이 발생할 수 있다는 우려가 제기될 수 있다.

실제로 2017년 새해 첫날 미국의 네트워크 기업 클라우드 플레어의 윤초 적용 과정에 서비스 장애가 발생했고, 앞서 2012년 미국의 온라인 커뮤니티 레딧은 윤초 적용 문제로 30분 이상 운영이 중단됐고, 호주에선 항공기 운항이 일시 중단되기도 했다.

과학기술계 일각에서는 기후변화로 지구 자전 속도가 더욱 불규칙해져 윤초 예측과 적용에 문제가 잦아질 경우, 통신망을 기반으로 한 금융과 교통 등 지구촌 곳곳에 혼란이 생길 수 있다고 경고하고 있다. 기후변화로 그린란드와 남극 대륙을 덮고 있던 수 km 두께의 빙하 등이 녹아내리면서 해수와 지구 질량 분포 등에 영향을 끼쳐 지구 자전 속도를 늦추는 것으로 분석됐다.

이처럼 지구 자전 속도가 느려지면서 윤초를 적용해야 할 시간도 3년쯤 늦어질 것이라고 연구진은 분석했다. 당초 지구 자전 속도가 빨라져 사상 처음으로 1초를 빼는 윤초를 2026년에 적용해야 할 것으로 전망했는데, 지구온난화가 자전 속도를 늦추는 작용을 해 윤초 적용 시기가 2029년으로 늦어질 것으로 본 것이다.

지구 자전 속도는 달의 인력, 지구 내부의 핵, 해수 영향 등을 받는데, 온난화 변수가 더해져 앞으로 윤초 적용 시기를 예측하기가 더욱 어려워질 것이라는 분석이 나온다. 이는 윤초 적용 문제로 이어질 수도 있어 산업계에 부담이 될 전망이다. 앞서 2012년 호주 공항에서는 윤초로 발권 시스템에 오류가 발생해 항공기 400여 편의 운항이 2시간 이상 지연됐다.

산업계 일각에서는 윤초 적용이 3년 지연될 것이라는 이번 연구의 예측을 희소식으로 받아들이고 있다. 사상 처음으로 1초를 빼게 되는 윤초 적용이 어떤 문제를 낳을지 몰라 우려했는데, 그 시점이 뒤로 늦

췄져 시간을 벌게 됐다는 것이다.

　이번 연구를 계기로 윤초 폐지시기를 더 앞당기자는 목소리도 나올 전망이다. 앞서 2022년 국제도량형총회(CGPM)에서 윤초를 2035년까지 폐지하기로 결정했고, 유엔 산하 전문 기구인 국제전기통신연합(ITU)도 윤초 폐지 결의안을 지난해 채택한 바 있다.

6부

땅의 마지막 때

하나님을 바라보면서

중동은 오랫동안 전쟁의 장소로서 세계적인 관심을 끌어 왔다. 이 지역은 다양한 종교와 문화가 공존하는 복잡한 지정학적 상황을 가지고 있어서 전쟁의 배경과 동향을 이해하는 것은 매우 중요하다. 중동의 지정학적 상황은 다양한 이유로 인해 복잡해지고 있다. 종교적 갈등, 지리적 요인, 민족주의, 자원 분쟁 등이 그 중요한 요소로 작용하고 있다. 한편, 외부 세력의 개입 또한 중동 지정학을 혼란스럽게 만들고 있다.

미국, 러시아, 유럽 국가들과 같은 국제 대국들이 중동 지역의 전쟁에 개입하면서 지정학적 상황은 더욱 복잡해지고 있다. 중동의 전쟁은 다양한 배경이 있지만, 그중 주요한 이유 중 하나는 종교적 갈등이다. 이슬람교, 기독교, 유대교 등 다양한 종교가 중동 지역에서 공존하고 있지만 종교 간 갈등이 종종 전쟁의 불씨를 키우는 요인이 된다.

세계의 화약고로 불리는 중동 지역은 이렇게 많은 분쟁의 중심에 있는 지역이지만 하나님이 처음부터 선택한 에덴동산이 있었던 지역이며 인류의 문명을 처음으로 일으킨 지역이기 때문에 하나님을 끝까지 바라보며 살아가야 할 인류의 고향이며 신앙의 중심지일 수밖에 없다.

사람들은 자신이 영원히 살 수 있는 것처럼 생각하며 살고 있다. 병이 나서 병원에 가는 일이나 자동차사고로 부상을 당하는 일에 대해서는 신경을 곤두세우면서도 언젠가 닥쳐올 죽음에 대해서는 조금도 걱정을 하지 않는다. 그렇지만 결국 죽음 앞에서는 아무도 자유로울 수 없다. 그 앞에서는 엄숙한 현실만이 있게 마련이다. 살아 있을 동안에 하나님의 뜻에 맞추어 산 사람과 그렇지 않은 사람으로 나누어지며 이때 그다음의 길이 정해지는 것이다.

　하나님과 영원히 함께 사는 천국으로 가는 삶은 더 이상의 사망과 고통이 없지만 어둡고 아픔만이 끝없이 이어지는 지옥으로 가는 사람은 사랑했던 사람이 천국에서 노니는 모습을 보고 더욱 고통스러워하게 될 것이다. 성경은 인간의 원죄의식을 인정하고 이를 용서하시는 하나님의 사랑을 받아들이라고 하고 있다. 이 두 가지를 인정하는 것 그것이 신앙이다. 그렇지 않은 것을 죄라고 하며 이 죄를 다루는 방법에는 두 가지가 있다. 심판과 용서가 그것이다.

　법과 질서라는 공의를 세우기 위하여 심판이 필요하다. 그러나 이 심판은 사람을 변화시키지 못하나 죄를 용서하면 사람이 변한다. 그렇기 때문에 그리스도의 십자가는 끝없는 용서의 상징이며 승리의 표상이 되는 것이다. 죄로 얼룩진 이 세상에서 하나님을 바라보면서 살지 않고 무작정 좀 더 살려고 애쓰는 일은 이 세상의 고통일 뿐만 아니라 저 세상에서는 더 큰 고통이 된다.

1장
징조들

1. 마지막 때의 징조들

창세 이후 6천 년 동안의 역사 속에서 인류는 크고 작은 사건을 겪었지만 지금부터 4,400년 전에 있었던 물로 세상을 심판한 '홍수 사건'보다 더 큰 사건을 겪어 보지 못했다. 세상에 사람이 편만했던 당시에 하나님께 은혜를 입었던 의인 노아 가족만을 살리고 다시 세상을 여신 홍수 사건〈창 6-8〉 때에도 미리 물로 심판하실 것이라는 사실을 알렸음에도 세상 사람들은 전혀 알아듣지 못했던 사실을 우리는 기억하고 있다.

예수가 가르쳐 주신 시대적인 징조를 눈여겨보면 주님이 다시 오실 날은 매우 가깝다는 것을 알 수 있다. 재림의 때에 나타날 징조에 대한 주님의 예언은 마태복음과 누가복음에 예시되어 있다. 세상의 끝 날에 대하여 사람들은 늘 궁금했으므로 예수님께 물을 수밖에 없었다. 그때에는 "많은 사람들이 내 이름으로 와서 나는 그리스도라 하여 많은 사람을 미혹하리라〈마 24:5〉"라고 하시면서 "민족이 민족을, 나라가 나라를 대적하여 일어나겠고 곳곳에 기근과 지진이 있으리니〈마 24:7〉"

라는 예언을 주셨으나 이것이 재난의 시작이라고 하셨다.

'재난(슬픔)'이라는 단어는 그리스어 오딘(odin)에서 왔는데 그것은 아기를 출산하는 '산통'을 의미한다. 즉 예수님은 출산을 빗대어 재림의 징조를 묘사하신 것이다. 산모가 출산할 때가 가까워짐에 따라 산통의 빈도와 강도가 증가하는 것처럼 세상 끝이 가까워질수록 재림의 징조도 더욱 강하고 빈번하게 발생할 것이라는 의미이다.

민족이 민족을, 나라가 나라를 대적한다는 의미는 전쟁을 뜻한다. 하버드대학의 'B. A. 소로킨' 교수의 집계에 의하면 20세기 이전 3,500년간 지구상에서 약 2,500여 회의 전쟁과 내란이 있었는데 20세기 이후에는 이보다 8배가 증가했다고 했다. 근세에 있었던 큰 전쟁이었던 1, 2차 세계대전 그리고 한국전쟁과 월남전쟁으로 1억 명 정도가 희생되었으며 최근에 일고 있는 중동사태는 그 결과를 예측할 수 없을 정도로 긴박하게 진행되고 있다.

자연적인 징조에도 재해가 많아진다. "곳곳에 큰 지진과, 기근과, 전염병이 있겠고, 또 무서운 일과 하늘로부터 큰 징조들이 있으리라〈눅 21:11〉"라고 명시하고 있다. 지진과 기근 그리고 전염병은 늘 있어 왔지만, 종말이 가까울수록 그 빈도가 잦아지고 강도가 더 세지는 것이 특징이다. 20세기의 지진의 횟수는 지난 세기보다 무려 10배나 증가했고 지구 온난화에 따른 기근도 심각해져 아프리카와 같은 저개발국가를 중심으로 세계 인구의 반가량은 마음껏 먹지 못해 배고픔을 느끼며 잠자리에 드는 것이 현실이다.

전염병이 극심해지는 현상도 간과할 수 없는 요인이다. 소나 돼지, 닭 등 가축을 대량 생산방법으로 사육하기 때문에 동물들의 면역력이 약해져 쉽게 질병에 걸리며 인간 전염병의 70%가량이 동물에게서 전해진 것으로 알려져 있다. 중국 우한에서 시작된 코로나바이러스는 삽시간에 전 세계로 퍼져 7천만 명이 걸리고 이 중 3백만 명이 사망하였으며 특히 다민족사회에서는 황색인종에 대한 반감이 증가하는 인종차별이 고개를 들고 있으므로 동양인들은 각별한 주의가 요구된다.

예수님은 재림 직전 세상은 종말적인 상태가 노아의 홍수 전 세상의 상태와 같을 것이라고 말씀하셨다. 그런데 지금의 사회는 성적 부도덕과 폭력이 통제 불능의 상태가 되어 가고 있다. 이것으로 보아 우리가 마지막 시대에 살고 있음을 알 수 있다. "그러나 그날과 그때는 아무도 모르나니 하늘의 천사들도, 아들도 모르고 오직 아버지만 아시느니라〈마 24:36〉"라고 하셨으니 사람들은 아직도 미몽에서 깨어나지 못하고 있다는 사실이 안타깝다.

2. 제3성전은 어디에

2017년 5월, 당시 트럼프 미국 대통령은 이스라엘의 예루살렘을 방문하여 통곡의 벽 앞에 섰다. 그다음 해 5월 주 이스라엘 미국대사관은 텔아비브에서 예루살렘으로 전격적으로 이전했는데 세계 각국이 이 소식을 듣고 놀랐으나 특별히 주변 아랍 국가들은 경악했다. 아무도 생각조차 하지 않았던 거사를 갑자기 해 버린 트럼프의 뱃심에 놀랐던 것이다.

이스라엘은 민족의 숙원사업인 제3성전을 건립하기 위하여 온각 노력을 다하고 있으나 성전 자리에는 이미 이슬람의 성지가 되어 있는 황금돔 사원이 버티고 있기 때문에 감히 시도를 못 하고 있는 것이다. 무력을 사용하여 이를 추진할 경우 중동의 국지전쟁이 아니라 종교 간의 세계전쟁이 될 제3차 세계대전으로 이어질 것이 명약관화하기 때문에 그러지 못하고 있는 것이다.

유대교에서는 두 가지 신앙적 원칙이 있다. 모세 5경으로 구성된 토라(Tora)의 준수와 출애굽 때부터 시작된 하나님께 예배할 성전 건축을 신앙의 두 축으로 여기고 있다. 이에 따라 다윗왕 치세에 성전 건축을 시도하였으나 하나님은 그 아들 솔로몬에게 이 일을 하게 하셨다. 솔로몬왕은 7년간(BC 951) 당대 최고의 성전을 건축하여〈왕상 6:38〉 하나님께 봉헌하였다.

이 제1성전은 남유다 시드기아왕 때 바빌론이 침공하여 파괴된 후(BC 596) 페르시아 고레스왕 때 선지자 스룹바벨의 주도로 성전이 다시 건축되었는데(BC 538) 이를 제2성전으로 부르게 되었다. 그러나 이 성전은 솔로몬성전에 비해 규모도 작고 화려하지도 않았는데 로마 치하 헤롯왕 때에 중건하여 면모를 일신하였으나 유대민족의 반란사건 때(AD 66) 로마의 티투스 장군에 의해 돌 위에 돌 하나도 남지 않을〈마 24:2〉 정도로 파괴되고 말았다.

이후 이스라엘 백성들은 2천 6백여 년간 하나님께 예배할 성전이 없는 민족으로 세계를 떠돌다가 2차 대전 때 6백만 명이 희생된 후에야 1948년 고토 가나안 땅으로 돌아와 나라를 세우면서 제일 먼저 해야 할 일로 성전을 지으려는 열망에 차 있었다. 그러나 그 자리는 이미 이슬람이 차지하고 있어 가슴을 치고 있었던 것이다.

최근 이슬람이 차지하고 있는 지금의 황금돔 사원이 제3성전 터가 아니고 그 남쪽이 성전을 지을 터라는 사실이 알려지면서 이스라엘 사람들은 흥분하고 있다. 성경기록에 의하면 다윗왕이 군대장관 요압을 시켜 인구조사한 일로 하나님으로부터 노여움을 사 전염병으로 7만 명이 희생된 일이 있었다. 그 후 여호와를 위한 제단을 쌓으라는 명을 받았던 다윗왕은 여부스 사람 오르난의 타작마당을 구입하였다는〈역상 21:18〉기록으로 보아 그곳이 제3성전 터가 되어야 한다는 것이다.

이를 뒷받침하는 증거들은 많다. 예수께서 "돌 하나도 돌 위에 남지 않고"라고 했던 성전 터라면 지금의 황금돔 사원 옆에 있는 '통곡의 벽'이 남아 있지 않아야 한다는 점을 위시하여 성전에는 우물이 있었다는 기록으로 보아 성전 터는 남쪽 기혼 샘 부근일 것이라는 사실 그리고 지금의 황금돔 사원이 차지하고 있는 면적 150,000㎡(약 4만 5천 평)은 로마로부터 온 로마 정벌군 6천 명의 군인과 군마가 주둔할 수 있는 적당한 면적이 된다는 것이다.

그간 이스라엘 국민들은 이 제3성전을 위하여 제사장들에 대한 교육도 마쳤고 필요한 건축자재도 준비를 해 놓은 상태로 미루어 미구에 성전 건축에 착수할 전망이다. 그러나 마지막 때에 루시퍼를 수장으로 하는 사탄의 집단이 이 성전을 넘보며 "그 위에 자기를 높이고 하나님의 성전에 앉아 자기를 하나님이라고 내세우느니라〈살후 2:4〉"라는 말씀에 유념하여야 할 것이다. 현재 가톨릭이 주도하고 있는 세계종교일치운동(WCC)을 유의해서 보아야 하는 이유이다.

3. 휴거는 언제, 어떻게 일어나는가

"그리스도 안에서 죽은 자들이 먼저 일어나고 그 뒤에 살아서 남아 있는 우리가 그들과 함께 구름 속으로 끌어올려…〈살전 4:16-17〉"는 예수님의 재림 때에 휴거상태를 설명한 구절이다. 성경에서 휴거(Rapture)라는 단어는 나오지 않지만 기록된 사실로 보아 사람이 가장 복된 소망이며 황홀한 순간을 의미한다. 이러한 휴거의 예는 성경에 여러 번 나온다.

우리가 기억해야 할 세 가지는 첫째, 예수님께서 언제 오시는지는 아무도 모른다는 사실을 기억해야 하고, 둘째로는 지금 나타나고 있는 모든 징조는 예수님이 곧 오신다는 것을 증언하고 있으며, 셋째는 우리는 예수님께서 우리 삶 속에 들어오시도록 초청함으로 그분을 만날 준비를 해야 한다는 사실을 반드시 기억하고 있어야 한다는 것이다.

제자들은 예수님의 재림과 이 세상의 끝을 사실상 동일하게 생각했다. 제자들이 세상의 종말이 가까웠다는 것을 가리키는 어떠한 징조나 표적이 있을지 예수님께 물었을 때 무화과나무의 비유를 배우라고 하시면서 "이와 같이 너희도 이 모든 일을 보거든 인자가 가까이 곧 문 앞에 이른 줄 알라"고 하셨다〈마 24:32-33〉.

구약시대 BC 536년경 다니엘도 "많은 사람이 빨리 왕래하며 지식이 더하리라〈단 12:4〉"라고 끝 날의 징조를 말하고 있다. 인터넷이 없었던 당시에 '빨리 왕래하고 지식이 더하는' 일은 상상하기 힘들었던 일이었다. 아울러 도덕적 기준의 붕괴현상도 있을 것이다. "노아의 때와 같이 인자의 임함도 그러하리라〈마 24:37〉", "불법이 성하므로 많은 사람의 사랑이 식어지리라〈마 24:12〉" 하여 지금의 상황이 그대로 묘사하고 있는 모습들이다.

예수님께서 다시 오심을 분명히 약속하셨지만〈요 14:1-3〉 많은 사람들이 예수님의 재림을 심각하게 받아들이지 않았던 것이 사실이었다. 특히 무신론자들과 진화론자들같이 기독교 신앙을 반대하는 사람들의 수가 늘어 가는 것은 마지막 때의 대표적 징조들이다. 심지어 "먼저 이것을 알지니 말세에 조롱하는 자들이 와서 자기의 정욕을 따라 행하며 조롱하여 이르되 주께서 강림하신다는 약속이 어디 있느냐〈벤후 3:3-4〉"라며 조롱까지 하는 지경에까지 이르고 있다.

이에 더하여 거짓 기적과 거짓 선지자들 그리고 기만이 세상을 횡행하는 데 대하여 예수님은 거짓 종교에 대하여 4차례나 경고하셨고〈마 24:24〉, 사도 요한 또한 거짓 종교에 대하여 "사랑하는 자들아 영을 다 믿지 말고 오직 영들이 하나님께 속하였나 분별하라 많은 거짓 선지자가 세상에 나왔음이라〈요일 4:1〉"라고 경고하고 있다.

시대의 징조들을 보고 예수님의 재림이 가까웠다는 것은 알더라도 재림을 맞이할 개인적인 준비 없이는 그 모든 것이 아무 의미가 없다. 예수님께서는 우리가 '깨어서〈막 13:33〉' '기도'함으로 그분과 늘 소통하며 그분께 우리의 마음을 열어 두기를 바라고 있다. 하나님을 높이며 그분과 함께 영원히 살고자 하는 사람들에게는 매일 기도하고 말씀을 읽는 것 그리고 다른 사람들과 그 은혜를 나누는 것이 반드시 필요하다.

휴거는 예수님이 자기 신부를 하늘로 데려가 혼인하기 위해 하늘로 들어 올리는 행위를 의미한다. 평소의 몸가짐을 조심하면서 경건하게 예수님을 섬기며 살아가는 신실한 사람들에게 해당되는 일이지, 특별한 행동을 하거나 이상한 준비를 하는 사람들에게 그 은혜가 돌아가는 일이 아니다. 그래서 휴거라는 과정에 동참하기 위하여 별난 행동을 하는 사람들을 우리는 특별히 경계하여야 한다.

4. 예수 재림의 때와 징조들

"너희는 마음에 근심하지 말라… 내가 너희를 위하여 처소를 예비하러 가노니 가서 너희를 위하여 처소를 예비하면 내가 다시 와서 너희를 내게로 영접하여 나 있는 곳에 너희도 있게 하리라〈요 14:1-3〉"라고 예수께서 제자들에게 자신이 다시 올 것이라는 약속을 분명히 하셨다. 주님의 재림은 이 세상이 아닌 하나님이 거하시는 천국에서의 영원한 삶을 의미하는 것이다.

따라서 성경에서 가르치는 재림의 징조에는 몇 가지가 있다. 제일 먼저 들 수 있는 일은 나라와의 전쟁이 일어난다. "나라가 나라를 대적하여 일어나겠고…〈마 24:7〉". 20세기 전에는 전쟁이 국가 간의 지역적인 전쟁이었으나 20세기에 들어와서는 세계적인 전쟁으로 규모가 확대되고 있다. 제1차, 제2차 세계대전으로 인한 엄청난 희생을 치렀고 최근에는 중동에서 시작된 민족 간의 전쟁이 지속적인 난리와 난리들이 일어나고 있다.

또 "…처처에 기근과 지진이 있으리니〈마 24:7-8)〉". 기근과 지진 같은 자연재해가 많아지게 된다는 사실이다. 현제 세계인구의 30%에 해당하는 사람이 하루에 단 $2로 연명하고 있는 실정이며 홍수로 중국과 인도, 동남아국가가 국가적 재난을 맞고 있고 미국은 허리케인과 토네이도로 그 피해를 가름하지 못할 정도로 커지고 있다, 지진 역시 그 규모와 빈도가 커지고 있다. 18세기 이전까지는 세계적인 큰 지진이 여섯 번에 지나지 않았으나 금세기에 들어와서는 100번 넘게 일어나고 있는 추세이다.

그리고 거짓 그리스도와 선지자의 미혹이 많아지는 현상을 들 수 있다. "너희가 사람의 미혹을 받지 않도록 주의하라 많은 사람이 내 이름으로 와서 이르되 나는 그리스도라 하여 많은 사람을 미혹케 하리라〈마 24:4-5〉"라고 하여 그리스도를 참칭하는 자(적그리스도)가 나타나 사람들을 미혹할 것이라고 했다. 최근의 신천지와 통일교가 그 대표적 예가 될 것이다.

그다음 단계로는 크리스천의 핍박이 심해진다. "그 때에 사람들이 너희를 환난에 넘겨주겠으며 너희를 죽이리니 너희가 내 이름을 위하여 모든 민족에게 미움을 받으리라 그 때에 많은 사람이 시험에 빠져 서로 잡아 주고 서로 미워하겠으며〈마 24:9-10〉". 예수님 부활 이후에 교회는 세상으로부터 여러 모양으로 핍박의 대상이 되고 있다.

처음에는 로마 황제 숭배를 거절했다는 이유로 로마 제국으로부터 조직적인 핍박의 대상이었고, 그 후에 가톨릭이 시작된 이후로는 로마 가톨릭의 변질된 교리에 순응하지 않는다는 이유로 종교 재판에서 수백만 명이 희생되었다. 그러한 역사는 지금도 지속되고 있다.

그리고 성과 도덕의 타락현상이 두드러진다. "불법이 성하므로 많은 사람의 사랑이 식어지리라〈마 24:12〉"라고 하여 마지막 시대의 특징적 모습으로 성적 도덕의 타락현상이 두드러지게 된다. 하나님이 정해 주신 남성과 여성의 역할이 혼합되고 동성연애와 낙태가 합법화되는 가증한 시대가 된 것이다. 생육하고 번성하라는 하나님의 말씀에 정면으로 거역하는 혼탁한 세상이 된다.

마지막으로 이 천국 복음이 "모든 민족에게 증거되기 위하여 온 세상에 전파되리니 그제야 끝이 오리라〈마 24:14〉"라고 하여 모든 세상에 복음이 전파되면 끝이 되는 때가 된다고 하고 있다. 지금은 인터넷이 발달하여 한 편의 복음이 세상에 전파되는 양상이 과거와 확연히 다르다.

순식간에 전 세계로 전해지는 복음의 전파양상으로 미루어 세상 끝에까지 복음이 전파되는 때가 이때일 것이다. 이때야말로 예수님의 재림의 때가 왔음을 알고 믿는 자들은 근신하며 기다려야 할 것이다.

5. 므깃도 대회전 – 아마겟돈 전쟁

므깃도(Megiddo)는 이스라엘 북쪽 항구도시 하이파이 동남쪽 35㎞ 거리이며 나사렛 서남쪽 18㎞ 지점에 있는 고대도시로, 초기 청동기 시대에는 가나안의 주요 성읍이었다. 이집트와 메소포타미아, 소아시아로 가기 위해서는 반드시 므깃도를 거쳐야 했기 때문에(Via Maris) 교통의 요지이며 이스라엘 유일한 곡창지대 이스르엘 평야의 비옥한 토양과 풍부한 수원(水源)을 보유하고 있어서 고대부터 많은 왕이 호시탐탐 노렸던 곳이다.

그렇다 보니 당시에는 세계에서 가장 많은 전투가 이곳 므깃도에서 벌어졌다. 기록으로 남아 있는 첫 전쟁은 이집트 파라오 투트모세 3세의 가나안 원정이었다. 이집트 룩소르 카르나크 신전에 있는 당시 전쟁을 묘사한 비문에 따르면 므깃도는 당시 가장 큰 전투가 벌어진 격전지였다.

이 지명에 늘 따라다니는 별명이 아마겟돈(Amageddon)이다. 히브리어로 '하르 마게돈'으로 '므깃도의 산'이라는 뜻이다. 므깃도는 구약성경에 12번 언급되어 있는데 대부분 전쟁 관련 기록이다. 므깃도는 출애굽 가나안 정복 당시 이스라엘이 점령하지 못한 성읍 중 한 곳〈삿 1:27〉이었다.

이스라엘은 므깃도에 요새를 구축했다. 솔로몬은 하나님의 말씀〈신 17:16〉을 거역하고 전차부대가 주둔할 수 있도록 병거성을 쌓았다〈왕상 9:15, 대하 1:14, 9:25〉. 이후 므깃도는 이집트 파라오 쇼생크 1세(시삭)에 의해 파괴됐다가 아합왕 때에 이르러 더욱 견고한 요새가 됐다. 특히 아합은 수로를 건설했는데, 전시에서 성을 방어할 수 있도록 성 밖의 물을 성안으로 끌어들이는 인공터널을 만들었다.

하지만 전쟁은 끊이지 않았다. 왕들은 므깃도에서 죽임을 당했다. 아합의 아들이자 북이스라엘 왕 요람이 나봇의 포도밭에서 예후에게 살해당할 때, 함께 있었던 남유다 왕 아하시야는 도망치다 부상을 입고 므깃도에서 죽었다〈왕하 9:21-27〉. 남유다 왕 요시야는 이집트 파라오 네코 2세(느고)의 군대와 싸우다 므깃도에서 전사했다.

남유다가 바벨론에 멸망한 이후 므깃도는 쇠락의 길을 걸었다. 기원전 3세기에는 더 이상 사람이 살지 않는 도시가 됐다. 그러나 포성은 다시 들려왔다. 제1차 세계대전 중 이스르엘 평야의 통치권을 두고 영국군과 오스만 군대의 결정적인 전투가 므깃도에서 벌어졌다. 영국군이 승리를 거두면서 사령관인 에드먼드 알렌비 장군에게는 '아마겟돈의 군주'라는 칭호가 붙었다.

므깃도, 즉 아마겟돈은 인류의 마지막을 상징하는 키워드가 됐다. 최근 이스라엘과 하마스 전쟁 등 국제정세가 요동치면서 일각에서는 요한계시록을 근거로 왜곡된 종말론을 제기하고 있다. 요한계시록이 아마겟돈의 역사와 예언을 통해 전하는 메시지가 때와 장소, 나라 등에 치우쳐서는 안 된다. 핵심은 교회와 성도가 마지막 때 치러야 할 치열한 영적 전쟁이다. 즉 마지막 날 이 땅에 다시 오실 만왕의 왕 예수 그리스도, 그날을 기다리며 준비하는 교회와 성도의 자세다.

요한계시록에는 마지막 때 세 영이 아마겟돈으로 왕들을 집결시키고 성전 보좌에 앉은 이가 그들을 심판한다〈계 16-17〉고 기록되어 있다. 요한계시록에서 아마겟돈을 인류 마지막 때의 장소로 언급한 것은 왕들의 전쟁이 끊이지 않았던 므깃도의 역사와 관련 있을 것이다.

교회와 성도가 계속 깨어서 진정한 왕을 맞을 준비를 하려면 다른 왕이 나타나 다스리지 못하도록 마음을 지키고 예수 그리스도에게 모든 통치권을 내어 드려야 한다. 그럴 때 인본적 병거성이 아니라 믿음의 병거성을 쌓아 영적 전쟁에서 승리함으로써 만왕의 왕을 맞이할 수 있는 영원한 축복을 누릴 수 있게 된다.

2장

중동 분쟁의 역사

1. 젖과 꿀이 흐르는 땅의 저주

2023년 10월 추석 명절이 막 끝나갈 즈음 중동의 불씨로 알려진 이스라엘에서 큰일이 터졌다. 힘없고 맥도 없는 하마스(Hamas)라는 팔레스타인 정착촌인 가자 지역(Gaza Strip)의 극렬분자들이 구식 로켓과 행글라이더와 불도저를 앞세워 이스라엘 부락(키부츠)을 습격하여 천여 명을 살육하는 일이 벌어졌다. 이스라엘 정부는 즉각적으로 전쟁을 선포하며 복수를 외치고 응징에 나섰다.

가자 지역을 통제하고 있는 하마스가 군사력으로는 상대도 되지 않는 이스라엘에게 '맨주먹 붉은 피'로 대항하는 이유는 자신들의 존립에 생명을 걸었기 때문이다. 국가 간, 민족 간의 역학관계에서 소외되는 자신들의 존재를 부각시키기 위한 마지막 행동이라고 하지만 승산 없는 무장봉기로 애꿎은 민간인만 최대의 피해자가 되고 있다.

팔레스타인 자치 구역 '가자'에서 벌어지는 피의 분쟁 역사는 3,500년 전으로 거슬러 올라간다. 성경에서 '젖과 꿀이 흐르는 땅'이라고 했던 가나안의 주인 자리를 놓고 이집트를 탈출한 히브리인과 에게해를 통해 들어온 해양 민족 블레셋인이 맞붙었다. 가자는 블레셋인들이 가나안에 세운 도시였다. 구약의 유대인 판관 삼손을 죽음으로 내몬 델릴라는 가자에 살던 블레셋 사람이다. 사울왕은 블레셋과 싸우다 전사했고 다윗은 블레셋 장군 골리앗을 무릎 꿇린 전쟁 영웅이었다.

'팔레스타인 사람들이 이스라엘 때문에 2,000년간 살던 땅에서 쫓겨났다'는 주장은 역사적 사실과 맞지 않는다. 용맹한 블레셋인은 기원전 4세기 동방 원정에 나선 알렉산더에게 저항하다가 패퇴한 뒤 역사에서 사라졌다. 지금의 팔레스타인 민족은 블레셋의 후예가 아니란 뜻이다. 그 땅에 팔레스타인이란 이름을 붙인 이는 2세기 로마 황제 하드리아누스였다. 유대인 반란을 평정한 뒤 징벌로 그들을 고향에서 내쫓고 팔레스타인(블레셋의 땅이란 뜻)이라 부르게 한 게 시초다.

가자 분쟁의 불씨는 1948년 신생국 이스라엘과 아랍연합의 1차 중동전쟁에서 다시 타올랐다. 이 전쟁으로 서안 지구(West Bank)는 요르단 차지가 됐고 가자는 이집트 수중에 떨어졌다. 이스라엘이 1967년 3차 중동전쟁(6일 전쟁)에서 승리한 뒤 이 두 곳을 전리품으로 챙기고 여기에 이스라엘 정착촌을 만들기 시작하면서 팔레스타인 독립운동인 인티파다(봉기)가 시작되었다.

하지만 가자와 서안 지구는 그 후 다른 길을 갔다. 인티파다로 자치권을 갖게 된 팔레스타인은 파타와 하마스로 분열했다. 2006년 팔레스타인 총선에서 무장 정파 하마스가 승리하고 파타가 불복하면서 가자는 하마스가 지배하고 서안 지구는 파타가 통치하는 이중 권력 상태에 들어갔다. 이스라엘도 하마스 수중에 떨어진 가자에서 정착촌을 철수하고 물과 전기를 제외한 모든 물품 공급을 중단하는 봉쇄를 시작했다. 가로 12㎞, 세로 45㎞인 거제도 크기의 도시가 '세계에서 가장 큰 감옥'이란 별명을 갖게 됐다.

팔레스타인은 자기 나라를 가진 적이 한 번도 없다. 맘루크 왕조, 오스만 제국 등 이민족의 지배를 운명으로 받아들였다. 유대인이 새 운명을 개척하겠다며 팔레스타인에 처음 돌아온 해가 1882년이다. 이후 유대인이 텔아비브처럼 현대적 도시를 세우는 동안 팔레스타인 사람들은 구경만 했다. 일부는 유대인들이 땅을 팔라고 하면 비싼 값 받을 궁리만 했다.

이스라엘 민족은 40년의 광야 생활을 하면서 오로지 '젖과 꿀이 흐르는' 가나안 땅을 목표로 했다. 당시의 주된 생업은 가축을 기르는 목축업과 농작물을 키우는 농업을 대표해서 '젖과 꿀'로 표시한 것인데 실제 이스라엘 민족은 가나안 정복 때부터 갖은 고생을 감수하면서 일구어 낸 땅을 축복으로 바꾸어 차지했던 곳이 가나안 땅이었다.

2. 이스라엘과 팔레스타인의 100년 전쟁

이스라엘과 팔레스타인이라는 단어는 우리에게 익숙하면서도 낯선 이름이다. 검은 연기나 파괴된 도시의 이미지와 함께 숱하게 뉴스에 오르내리지만 분쟁의 배경을 제대로 아는 사람은 많지 않다.

나치의 강제 수용소에서 생존한 유대인들이 1945년 7월 수송선을 타고 영국령 팔레스타인에 입항했을 때 일부는 수용소의 줄무늬 옷을 그대로 입고 있었다. 이들이 든 깃발과 옷 문양이 이스라엘의 국기로 채택됐다. 20세기 들어 본격화된 유대인들의 팔레스타인 정착 과정뿐 아니라 시오니즘(Zionism, 국가 건설을 위한 유대 민족주의) 자체가 식민주의였다는 시각도 있다. 그러나 유대인들은 자신들의 국가를 세우기 위해 서구 열강을 등에 업고 팔레스타인인들을 몰아낼 수밖에 없었다.

이미 그곳에 살고 있던 팔레스타인들의 거부운동에 "우리 유태인이 우리의 안녕과 부를 위해 노력하면 당신들 팔레스타인인의 안녕과 재산도 늘어날 것입니다."라는 주장으로 팔레스타인들의 반발을 무마했다. 영국은 1917년 밸푸어선언을 통해 유대 국가 건설을 지지했고 1936년 이방인으로 전락한 팔레스타인인들이 벌인 봉기와 파업을 무력으로 진압했다. 1948년 이스라엘 건국, 중동 전쟁의 전개, 인티파다로 이어지는 분석을 따라가다 보면 팔레스타인과 이스라엘 분쟁사의 큰 줄기가 그려진다.

당시 유럽에선 반유대주의가 부상하고 있었다. 유대인은 위협받는 처지였다. "시오니즘의 본질은 유대 민족의 구원이었다. 유럽의 악과 맞서는 대유럽의 부와 과학, 제국주의를 이용하자는 사상이었다." 알리야(aliyah, 흩어진 유대인이 이스라엘 땅으로 돌아감)라는 표현에서 유대인의 팔레스타인 이주를 침입이 아니라 역사적 차원의 귀향으로 보는 시각으로 변했던 것이다.

1930년대 중반까지 시오니즘은 순수한 민족운동에 가까웠다. '유대인 공동체에는 아랍 인구를 이전할 영향력이 없다'는 시각이었다. 그러나 1936년 팔레스타인 봉기 때 파견된 영국 조사단이 아랍인의 이주를 해법으로 제시하면서 문제는 복잡해지기 시작했다. 제4차 중동전쟁(1973) 이후 안정 상태가 계속되면서 이스라엘은 분열했고 '자신들만의 공상과 우매'에 빠졌다. 제2차 레바논 전쟁(2006)에서 레바논 무장 세력 헤즈볼라의 게릴라전에 고전했다.

이번 사태를 일으킨 하마스의 근거지 가자지구는 이스라엘이 제3차 중동전쟁(1967)에서 승리하여 이집트로부터 얻어 낸 곳이다. 이스라엘은 아랍의 땅을 점령했다. 한편 하마스가 이스라엘 민간인을 납치·살해하고 영상을 유포한 사실은 이스라엘이 '서구에서 실존을 위협하는 유일한 국가'임을 보여 주었다. '약속의 땅'은 점령과 실존이라는 이중적 현실을 있는 그대로 이야기해야 한다고 강조한다. 한쪽만 봐서는 분쟁의 전모를 온전히 파악할 수 없다는 시각이다.

그래서 이스라엘과 팔레스타인과의 관계는 서로 격멸해야 하는 존재로 인식하는 문명사적 사건이 전개되고 있는 것이다. 유대인은 이슬람이 세워 놓은 황금돔 사원 자리에 제3의 하나님성전을 다시 세워야 하는 민족의 염원이 충만한 민족이며, 팔레스타인은 마호메드가 승천한 황금돔 사원을 사수해야 하는 집념으로 뭉친 민족이라는 점에서 서로 한 치도 양보할 수 없는 불구대천의 상대로 인식하고 있는 한 지금의 중동사태는 이론적으로는 결코 해결할 수 없다. 결국은 인간의 논리로는 해결의 접점이 없는 신의 영역에 맡길 수밖에 없을 것이다.

3. 중동 전쟁사 알아보기

AD 70년, 이스라엘 민족은 전 세계 사방으로 흩어졌다. 성전이 무너지고 살던 땅에서 쫓겨난 이스라엘 민족은 나라 없는 설움으로 2천 년을 버티면서 민족의 소멸까지 갈 뻔했었다. 그러나 헝가리 출신 유대인인 헤르츨(D. Herzl, 1860-1904)이 주장한 시온이즘(Zionism)의 영향으로 2차 세계대전이 끝나고 유대인들이 팔레스타인 지역으로 모여들면서 1948년 5월 이스라엘이라는 국가를 선포하게 되었다.

그러나 그들의 염원이었던 독립국가 수립의 선언문 잉크가 미처 마르기도 전인 그다음 날 5월 14일, 이집트, 레바논, 시리아, 이라크를 비롯한 인접 아랍 국가들이 일방적으로 이스라엘을 침공해 왔다. 제1차 중동전쟁은 이렇게 시작되었다. 내 땅에 유대민족의 나라를 세우는 꼴을 보지 못하겠다는 아랍 국가들의 도전으로 시작된 이 전쟁으로 이스라엘은 처음부터 밀리기 시작했다.

아랍 국가들은 자신만만했고 당연히 자신들이 승리할 것이라고 생각했지만 세계에 널리 퍼져 있던 유대민족의 무서운 단합으로 서구열강의 도움을 받아 이스라엘은 마지막에 전세를 역전시킬 수 있었다. 결국 1949년 1월 7일, 이스라엘의 일방적인 승리로 전쟁이 끝났고 이스라엘은 서부 팔레스타인 지역의 80%를 차지하는 등 영토까지 확장하게 되었다.

1956년 7월 26일, 이집트가 수에즈 운하를 국유화한다고 선언하면서 영국·프랑스와 이집트 간의 국제분쟁이 발발함에 따라 그 불똥은 이스라엘로 튀었다. 이집트가 이스라엘이 홍해로 진출하는 통로인 시나이반도 옆 티란 해협을 봉쇄했던 것이다. 이에 이스라엘은 영국·프랑스와 함께 동맹을 맺고 시나이 반도 요충지를 점령하고 수에즈운하를 확보한 전쟁이 제2차 중동전쟁이었다.

그 후 이스라엘은 협상을 통해 문제를 해결하려는 태도를 계속 보였으나 아랍 국가들은 이스라엘의 존재 자체를 인정하지 않게 되면서 6일 전쟁으로도 불리는 제3차 중동전쟁이 일어나게 되었다. 1967년 6월 5일에 시작하여 6월 10일에 끝난 이 전쟁의 발단 역시 2차 때와 유사했다. 이집트가 또 티란해협을 봉쇄해서 이스라엘의 길목을 막았고 동시에 시나이반도에서 국제연합 평화유지군을 축출해 버린 데서 전쟁이 발발했던 것이다.

또 한편으로는 당시 시리아와 국지전을 치르던 이스라엘이 비무장지대였던 골란고원에 군을 주둔시키면서 상황이 급격하게 심각해졌고, 이를 계기로 설립된 아랍연합군과 이스라엘 간에 전쟁이 벌어졌다. 6일 만에 끝난 전쟁이었지만 이스라엘은 어느 때보다도 많은 영토인 가자지구, 요르단강 서안 지역, 골란고원, 그리고 시나이 반도의 대부분을 점령하게 되었다. 이때의 점령지가 아직까지 분쟁의 씨앗이 되어 있다.

세 차례의 전쟁에서 패퇴한 아랍 국가들은 "이스라엘과 협상하지 않고, 승인하지 않고, 평화를 구하지 않는다."라고 하는 결의를 다지게 되지만 맹주였던 이집트는 자존심을 크게 상하게 되었다. 대통령이 바뀐 이집트가 체면 회복을 위해 1973년 10월, 이스라엘을 기습 공격하면서 시작된 전쟁이 제4차 중동전쟁 또는 욤 키푸르 전쟁이라고도 한다.

4차 중동전쟁은 이스라엘 존재 자체를 부정하는 것이 아닌 영토를 부분적으로나마 회복하고 떨어진 권위를 회복하고자 하는 의도에서 비롯되었다는 데서 지금까지의 전쟁과 다른 점이다. 이로써 아랍 국가들은 4전 4패를 당하게 되었다. 아랍권이 패배하자 OPEC은 그에 대한 보복으로 석유 가격을 올리고 수출을 전면적으로 금지해 그 유명한 제1차 석유파동을 초래하게 되었다. 이 결과 아랍 국가들과 유대국가 간의 '피의 전쟁'은 지금까지 계속되면서 세계의 화약고가 되고 말았다.

4. 5차 중동전쟁은 일어날 것인가

2023년 10월 9일, 영국 런던에서 '이스라엘을 위한 유대인 공동체'가 마련한 촛불집회에서 한 시민이 촛불을 들고 팔레스타인 무장 정파 하마스 공격으로 사망한 희생자들을 추모하고 있는 모습이 신문기사로 나왔다. 그러나 미국과 유럽 각국, 심지어 러시아에서까지 팔레스타인 지지자들의 집회가 봇물 터지듯 거세게 나오고 있다.

이스라엘 지지자들도 집회에 나서고 있지만 그 수가 팔레스타인 지지자들의 집회에 비해 크게 대비될 정도로 적다. 이는 다분히 이슬람교와 유대교와의 대립구도로 전개되는 현 중동사태에서 그 세력의 규모로 나타나고 있는 모습이다. 결국 이스라엘과 팔레스타인 무장 정파 하마스 간 무력 충돌이 최소 수개월 이상 지속되겠지만 5차 중동전쟁으로 확전할 가능성은 낮다는 전망이 나왔다.

일부 중동 전문가는 "(이스라엘과 하마스의) 2014년 최장기 전쟁 기간 동안 50일간의 전쟁을 했다"며 "(이번 전쟁은) 최소 한 달은 갈 것이라고 보고 있으며 주한 이스라엘 대사는 "최소 두 달 예측했다"고 말했다. 이어 "이스라엘의 군사작전의 목표가 정확히 뭔지에 따라서 강도나 기간이 결정될 것"이라며 가자지구를 재점령할지 혹은 하마스만 궤멸시킬지에 따라 전쟁 기간도 달라질 것이라고 봤다.

가자지구를 통치하는 팔레스타인의 이슬람주의 무장 정파인 하마스('이슬람저항운동'의 아랍어 약칭)는 지난 7일 이스라엘 남부 지역에 침투해 수백 명의 민간인을 살해하고 일부는 인질로 잡아 가자지구로 끌고 갔다. 4차 중동전쟁(욤 키푸르 전쟁, 1973) 이후 50년 만의 최대 공격이다. 이에 이스라엘이 40만 명의 병력을 동원해 대대적인 반격에 나서며 유혈 충돌이 계속되고 있다.

그러나 전문가들은 이 전쟁이 5차 중동전쟁으로 확대되지는 않을 것이라고 봤다. 그는 "5차 중동전쟁은 없다"며 "4차 중동전쟁은 이집트와 시리아가 이스라엘을 기습 공격한 전쟁이었고, 이번은 이스라엘이라는 국가와 비국가 단체, 하마스 혹은 헤즈볼라와의 전쟁"이라고 설명했다. 주변국 참전도 없을 것으로 봤다. "지금 주변에 있는 아랍 국가들은 이미 이스라엘과 평화 협정을 체결했다"며 "시리아 정부는 아직 내전이 안 끝나서 지금 내전 회복해야 되는 상황이고 레바논은 경제적으로, 군사적으로 이스라엘에 저항할 힘이 없다"고 전했다. 이란에 대해서는 "하마스나 헤즈볼라를 몰래 도와줄 수는 있어도 이란이 이번 전쟁에 공개적으로 참전할 이유가 없다"고 봤다.

다만 "레바논에 있는 헤즈볼라만 이스라엘을 공격할 가능성이 절반 있다"며 "시리아에 있는 민병대가 이스라엘을 공격할 가능성은 있으나 주변에 있는 아랍 국가가 이번 전쟁에 참여할 가능성은 매우 낮다"고 예측했다. 외신에 따르면 이스라엘군이 가자시내에 진입한 11월 초

기준 하마스 측 사망자는 8,000명을 넘었다. 전쟁 초반에 있었던 이스라엘 사망자 900명은 대부분 하마스의 게릴라 공격에 학살당한 민간인이라고 한다.

과거 네 차례의 전쟁에서 이스라엘에 대한 아랍 국가들의 대결에서 나타난 이합집산 형태와 각국의 지금 형편을 감안한다면 이스라엘의 분노는 하늘을 찌르고 있는 상황에서 어느 아랍 국가도 이에 맞설 나라가 없을 것이다. 시리아는 내전으로 다른 곳으로 눈을 돌릴 겨를이 없고 요르단과 레바논은 국력이 미치지 못하며 이집트는 아예 전쟁을 외면하고 있는 상태이며 이란이 서두르고 있지만 호응하는 세력이 기대에 미치지 못한다는 점 등을 고려할 때 더 이상의 중동전쟁은 없을 것이라는 것이 다수의 공통된 의견이다.

5. 가자 지역의 수공작전

1938년 6월 일본군이 중국 정저우로 진격했다. 이곳이 함락되면 총사령부가 있는 우한이 위태로웠다. 장제스는 황허(黃河) 제방을 폭파했다. 수많은 일본군이 강물에 휩쓸리며 발이 묶였다. 그런데 이를 주민에게 알리지 않아 무려 89만 명이 죽고 1,250만 명이 집을 잃었다. 일본군은 정저우를 우회해 그해 10월 우한을 접수했다. 일본군의 진격을 넉 달 지연시킨 대가로 중국 국민 89만 명이 죽었다.

2차 대전 때 독일군도 물을 이용했다. 노르망디 상륙작전과 그 후의 마켓 가든 작전에서 연합군 낙하산 부대를 막기 위해 낙하 예상 지점에 수많은 물웅덩이를 만들었다. 실제로 많은 낙하산병이 이 웅덩이에 빠져 익사했다. 이탈리아에서 북진하는 연합군을 막기 위해 대규모 저수지를 터뜨리기도 했다.

1-3차 중동 전쟁을 모두 이기며 시나이반도를 차지한 이스라엘은 수에즈 운하 옆에 '바레브 라인'이란 모래 방벽을 구축했다. 이집트 침공에 대비한 높이 30m짜리 방어 시설이었다. 이스라엘은 철벽이라고 자신했다. 하지만 바레브 라인은 1973년 10월 6일 4차 중동전쟁 발발 수 시간 만에 무용지물이 됐다. 이집트군이 독일제 고성능 펌프로 물을 뿌리자 모래 방벽은 허무하게 붕괴됐다.

세계 최대의 수력발전소인 중국 후베이성 싼샤(三峽)댐은 높이 185m, 길이 2.3㎞에 총저수량은 393억 t으로 소양강댐의 13배가 넘는다. 이 댐이 무너지면 양쯔강 하류의 광저우, 난징, 상하이 같은 대도시에서 4억 명 넘는 이재민이 발생할 것이란 말도 있다. 우크라이나, 가자지구 다음 전쟁터는 대만해협이 될 것이란 관측이 나오는 상황에서 일부 군사 전문가들은 대만군이 미사일로 싼샤댐을 겨누고 있는 것만으로도 어느 정도 억지력이 될 것이라고 한다.

하마스와 전쟁 중인 이스라엘의 최대 골칫거리는 땅굴이다. 하마스는 서울 면적의 60%인 가자지구에 총연장 500여 ㎞의 땅굴 네트워크를 구축하고 지휘부, 무기고, 벙커, 지하 통로로 활용한다. 과거 이스라엘의 파상 공세에도 궤멸되지 않고 재기할 수 있는 기반이 됐다. 이스라엘로선 땅굴 파괴에 전력을 다할 수밖에 없다.

이미 로봇 부대, 특수공병대, 화학무기, 불도저를 투입해 전방위 공격을 퍼부었다. 그러다 이제는 지중해에서 끌어온 바닷물을 땅굴에 들이붓기 시작했다. 일부에선 전쟁을 끝낼 전략이라고 하고, 일부에선 땅을 황폐화시키는 반인도적 행위라고 한다. 많은 첨단 무기가 있지만 자연을 이용하는 것이 가장 무서운 듯하다.

땅속에 굴을 파는 작업은 필자에게는 평생 밥벌이가 되었던 일이었다. 지하 600m까지 파 내려가서 수직 60m 간격으로 수평갱도를 개설하여 땅속의 유용광물을 찾아내는 일을 천직으로 해 온 필자로서는 이런 갱도굴진 때에 가장 문제가 되는 일은 지하수의 처리 문제였다. 어디서 얼마만 한 양의 지하수층을 맞닥뜨릴지 모르는 상황에서 여간 조심스럽지 않다. 만약 큰 물줄기라도 건드리는 날에는 그 갱도 전체가 수몰되는 화를 맞을 수밖에 없었기 때문이다.

갱도가 광산이 아닌 도시 밑에 개설되어 있을 경우 수몰로 인한 피해는 엄청나다. 우선 인근 지역에서 평형을 이루고 있는 지하수층이 무너지면서 환경파괴는 되돌릴 수 없는 재앙을 맞을 수밖에 없다. 여기에 넣는 물이 민물이 아닌 바닷물이라고 할 경우 그 지역의 자연 생태계는 영영 되돌릴 수 없는 파괴현상이 와서 해당 지역은 지하수를 사용할 수 없을 뿐만 아니라 지반침하 등 더 이상 회복이 불가능한 폐허가 될 것이다. 자연은 있는 그대로 두면서 인류가 보호하고 관리할 때만이 자연의 모습을 유지할 수 있다는 진리를 알아야 할 것이다.

6. 피로 얼룩진 십자군 전쟁

십자군 전쟁(Crusades)은 11세기부터 13세기에 걸쳐 일어난 중세

라틴 교회 원정대와 이슬람 군대 사이에 지중해 동부 지역의 지배권을 놓고 벌어진 여덟 차례에 걸친 종교전쟁이었다. 처음에는 성지를 이슬람 세력으로부터 탈환하기 위한 전쟁으로 시작했으나 중세의 기독교회에서 주동한 다른 전쟁들을 십자군으로 보기도 한다. 이교도나 이단의 토벌, 가톨릭 집단 내부의 분쟁, 정치적 이득 등 전쟁의 동기는 매우 다양했다. 십자군 시대에는 '십자군'이라는 말이 존재하지 않았으며, 1760년경을 전후하여 처음 사용하기 시작했다.

1095년 교황 우르바노 2세가 클레르몽 공의회에서 제1차 십자군을 소환한 것을 최초의 십자군으로 본다. 당시 아나톨리아를 지배하고 있던 튀르크족에게 위협을 느낀 동로마 제국(비잔티움 제국)의 황제 알렉시오스 1세를 위한 군사원조가 그 명분이었지만 우르바노 2세의 1차 목적은 무슬림들이 지배하고 있던 동지중해에 대한 순례자들의 안전보장이었다. 그러나 우르바노 2세의 소환에 응하여 십자군에 참여한 이들의 진정한 동기는 아니었다.

우르바노 2세의 전략은 아마 1054년 동서 교회의 분열 이래로 분열되어 있던 동방교회(정교회)와 서방교회(가톨릭)를 통합하여 자신이 그 통합된 기독교 세계의 수장이 되는 것이었다. 제1차 십자군의 성공으로 지중해 동해안에는 4개의 십자군 국가들(에데사 백국, 안티오키아 공국, 예루살렘 왕국, 트리폴리 백국)이 세워졌다. 우르바노 2세의 선동에 서유럽의 모든 계층이 열광적으로 호응했고, 이것이 이후 다른 모든 십자군들의 선례가 되었다.

제1차 십자군 이후 6개의 주요 십자군 국가들과 그보다 세력이 미미한 여러 군소 국가들이 이에 호응했다. 하지만 동지중해의 십자군 국가들은 결국 모두 멸망하면서 2세기에 걸친 성지 경략은 실패로 돌아갔다. 1291년 최후의 기독교 전초기지가 무너진 뒤 성지 방면으로는 더 이상 십자군이 이루어지지 않았지만, 북유럽과 서유럽 내부에서의 십자군은 여러 번 더 이루어졌다. 12세기 후반에는 벤트 십자군이 조직되어 발트 지역과 메클렌부르크, 루사티아 일대의 비기독교 부족민들을 가톨릭으로 개종시켰다. 13세기 초에는 독일기사단이 프로이센 지역에 새로운 십자군 국가인 독일기사단국을 세웠으며, 프랑스에서는 프랑스왕이 자신의 영토를 지중해까지 확장하기 위해 알비 십자군을 이용했다.

14세기에 오스만 제국이 일어서자 기독교 세계는 다시 십자군을 일으켰다. 하지만 1396년 니코폴리스 전투와 1444년 바르나 전투의 대패로 가톨릭 유럽은 혼란에 빠졌다. 1453년 오스만이 콘스탄티노폴리스를 함락시킨 것과 1492년 이베리아반도에서 무어인들을 몰아내고 그라나다를 정복한 것의 양대 대형 사건은 이 시기 기독교와 이슬람의 관계의 최종적 중심축을 매듭지었다. 이후로도 구호기사단 같은 조직들이 존속하면서 십자군의 개념은 18세기 말까지 계속되었다. 하지만 대항해시대가 열리면서 서유럽 세계의 관심은 이슬람 세계에서 신대륙으로 옮겨 갔다.

십자군들은 이동하는 경로상에서 약탈을 저질렀고, 십자군 지도자들은 획득한 영토를 본래 명분에 따라 비잔티움 제국에 반환하기보다 자기 영토 삼는 경우가 많았다. 민중 십자군 때는 수천 명의 유대인들이 십자군에게 살해당하는 일이 벌어졌고(라인란트 학살), 제4차 십자군 때는 비잔티움 제국의 수도 콘스탄티노폴리스가 십자군에게 함락, 약탈당하기도 했다. 하지만 십자군은 분명히 서양문명사에 유의미한 영향을 남겼다. 십자군으로 인해 지중해의 상업과 교역이 번창, 제노바나 베네치아 같은 해양 공화국들이 번영했다. 교황의 지도에 따라 라틴 교회라는 집합적 정체성이 형성되었으며, 영웅주의, 기사도, 신앙심은 중세 문학과 철학의 촉매가 되었다.

3장

이슬람이라는 종교

1. 이슬람이란 어떤 종교인가

1970년대 인도네시아 자카르타 동쪽 지방으로 자동차로 자원조사를 위해 여행한 적이 있다. 한 두어 시간을 가다가 갑자기 운전기사가 차를 멈춰 세웠다. 그는 차에서 내리더니 길가에서 서쪽으로 엉덩이를 들고 엎드리더니 한참을 웅크리고 있었다. 우리는 영문을 모르기도 했지만 우리가 고용한 운전기사가 자기 멋대로 차를 세우고 자기 할 일을 하고 있는 것에 못마땅했지만 어쩔 수 없이 그 모습을 보고만 있었다. 그때가 이슬람의 명절인 라마단기간이었던 것을 그 후에 알았다.

라마단은 이슬람 달력의 여섯 번째 달인 순회에서 시작하여 끝나는 새 달의 초승달을 통해 결정된다. 그러므로 라마단의 정확한 시작 날짜는 해가 변할 때마다 변동되며 한 해 내에서 약 29-30일 동안 지속되고 이 기간 동안 이슬람 신자들은 금식, 기도, 자선활동 등의 행위를 수행하는 절기로 지키고 있는데 금년은 3월 8일부터 4월 7일까지로 되어 있다.

폭력과 테러 등 살상의 종교로 알려진 이슬람은 전 세계 77억 인구의 23%를 점하고 있는 종교로 최근 들어 교세가 급격히 증가하고 있는 세계 3대 종교 중의 하나다. 유대교나 기독교와 마찬가지로 유일신 하나님을 섬기는 종교이나 유대교에서는 '나의 주님(Adonai)', 기독교에서는 '하나님(Yahweh 또는 Jehovah)'으로 부르는 반면 이슬람에서는 '알라(Alla)'라고 구별해서 부르고 있다.

그래서 구약과 신약 등 기독교경전을 일부 공유하지만 무함마드가 신으로부터 받은 계시를 기록한 쿠란(Quran)을 정경으로 삼으며 신성과 인성을 갖춘 예수를 신성이 없는 선지자의 한 사람으로만 인정하고 있다는 점이 다르다. 이슬람의 경전인 쿠란 18장 110절에 '오직 하나님만 믿으며 그 외 다른 신은 없다'는 유일신관을 주체로 하기 때문에 무함마드(Muhammad) 역시 인간이라고 규정하고 있어서 그를 새로운 종교의 창시자라기보다 그 역시 선지자의 한 사람으로 자칭하고 있다.

무함마드의 언행록(Hadith)에 따르면 신의 사자(Rasul Allah)인 선지자는 역사적으로 124,000명으로 많이 있었지만 이 중 아담, 노아, 아브라함, 모세, 예수가 대표적 선지자였으며 무함마드가 마지막 선지자로 이 땅에 왔다고 설명하고 있다. 이 무함마드는 AD 610년 그가 40세 때 메카에서 신으로부터 계시를 받았으나 주위의 핍박으로 AD 622년 북쪽 메디나로 피신해 갔기에 이 해를 이슬람의 원년으로 삼고 있다.

이들 믿음의 조상으로는 기독교와 마찬가지로 아브라함을 들고 있다. 다만 그 후계자를 이삭으로 이어지지 않고 이스마일을 첫 장자로 인정하고 있기 때문에 이삭과 야곱으로 계속되는 예수의 혈통을 따르지 않는다. 따라서 이들은 유대교나 기독교에서는 우상을 숭배하는 종교이기 때문에 신관이 왜곡되어 있다고 여기고 있다.

이슬람에서는 경전이 모세 5경(Torah), 다윗의 시편(Zabur), 예수복음서(Injil) 등 총 104권이 있었으나 이들이 모두 인간에 의해 첨삭되고 왜곡되었으므로 이를 바로잡기 위해 하나님이 쿠란을 주었다고 믿고 있다. 특히 구약성경 39권은 1천5백 년간 26명에 의해 기록되었고 신약 27권도 100여 년간 9명이 집필하였지만 쿠란은 23년간 단 한 사람에 의해 쓰였으므로 그 내용이 변경되지 않은 완전한 경전이라고 판단하고 있다.

2000년 이전까지 이슬람권에 대한 선교활동은 미미했으나 2010년에 와서는 이슬람국가에 대한 적극적인 선교활동으로 최근까지 무슬림 8백여만 명이 기독교로 개종했다는 보고가 있다. 신성불가침으로 여겨졌던 이슬람권의 문이 열린 이유는 기독교인들의 신실한 신앙적 감동 그리고 편향된 이슬람의 교조주의적 행태에 대한 환멸감이 원인으로 알려져 있다.

2. 황금돔 사원과 알 아크사 사원

이스라엘의 예루살렘에는 세계 3대 종교가 서로의 성지로 다투고 있는 특별한 구역이 있다. 예루살렘의 구시가지에 위치한 이 지역은 이슬람 구역뿐만 아니라 기독교 구역과 유대 구역 그리고 아르메니아 구역으로 나누어져 있는데 황금돔 사원과 알 아크사 사원의 두 사원은 시가지 동쪽 약 777m 고지에 있으며 30㎞ 상거한 거리의 해발 −200m

의 사해를 굽어보는 고지대에 자리하고 있다.

황금돔 사원은 1967년 6일 전쟁 때 이스라엘이 요르단으로부터 얻어 낸 이슬람 성전이고 남쪽으로 100여 m 떨어진 곳에 이슬람 기도처로 세운 건물이 알 아크사(아랍어: المسجد الأقصى, 히브리어: מסגד אל-אקצא, Al-Aqsa Mosque) 사원이다. '아득히 멀다'는 뜻을 가지고 있는 알 아크사 사원은 705년 이슬람의 알 왈리드 1세가 기도처로 세운 사원이다.

황금돔 사원은 원래는 동로마 제국의 교회건물이었으나 이슬람의 팽창으로 예루살렘이 빼앗긴 이후 정통 칼리파 시대에 우마르왕이 예루살렘에 무혈입성하며 이슬람의 관리하에 놓이게 되었다. 우마이야 왕조의 아므드 알 말리크가 691년에 모스크로 개축하고 705년에 완공했다. 1099년 천주교 십자군의 성지 탈환의 결과로 예루살렘 왕국의 궁전으로 사용되기도 했다. 1951년 요르단의 국왕 압둘라 1세가 암살당했던 곳이기도 하며 최근인 1993년 요르단 후세인 국왕이 사제 650만 불을 들여 80kg의 금으로 돔을 장식함으로 황금돔 사원이라는 이름이 붙었다.

이 사원을 기화로 분쟁이 끊이지 않는 것은 각 종교마다 자신들의 정통성을 이곳에서 찾으며 서로 양보할 수 없는 성지로 여기기 때문이다. 유대교는 아브라함이 이삭을 번제로 드리려 했던 반석이 있는 곳으로 BC 960년에 세운 제1성전(솔로몬성전) 터였으며, 기독교인은 예수의 십자가 길과 부활묘지가 있는 곳으로 여기고 있고, 이슬람교는 무함마드가 승천한 곳으로 메카, 메디나와 더불어 3대 성지로 여기고 있기 때문이다.

최근 2021년 4월에는 이스라엘이 팔레스타인 강제이주에 반발한 시위대를 무력진압하면서 이곳으로 대피한 시위대를 강제 진압하여 큰 문제가 발생했으며 이는 유혈 사태의 단초를 만들었다. 2023년 4월에는 이스라엘 경찰이 유대인들이 유월절을 맞이해 염소를 희생시키려는 행사에 반대하는 팔레스타인인들의 시위를 강경하게 대응하면서 약 400명이 체포되는 사건이 발생하는 등 분쟁이 그치지 않는 곳이다.

최근 성경학자를 중심으로 유대교와 기독교에서 제3성전을 세우기 위한 성전 터를 이 황금사원에서 남쪽으로 약 200여 m 떨어진 곳을 추정하고 있어 그 귀추가 주목되고 있다. 다윗의 도시라고 여기고 있는 타작마당 터가 그 유력한 후보지로 대두되고 있다. 기혼 샘 옆에 있는 이 터는 다윗왕이 여부스 사람 오르난으로부터 구입한 장소인데〈대상 21:22〉 인류의 역사를 통치하시는 하나님의 보좌로서, 심판과 구원이 결정된다는 의미를 가지고 있다.

이렇게 자신들의 신앙의 구심점으로 삼기 위하여 성전을 결사적으로 소유하려고 하는 모습은 얼마나 하나님의 뜻에 부합하는가 하는 의문이 있다. 사사시대에 이스라엘 백성은 하나님에 대한 순수한 믿음이 없이 '언약궤'만 있으면 모든 전쟁에서 이길 것이라는 우상으로 전쟁에 임하였다. 그 결과 블레셋과의 전투에서 3만 명의 병사를 잃고 제사장 엘리의 두 아들 홉니와 비느하스도 죽는 패전〈삼상 4:17〉을 경험하게 되었다.

황금돔 사원, 알 아크사 사원이 예루살렘 땅에 지금까지 여전히 그곳에 있게 하신 하나님은 마음속에 모셔야 할 하나님의 진정한 뜻을 알게 하시려는 의도가 아닐까 여겨진다.

3. 이슬람 세력이 심상치 않다

세계에서 가장 살기 좋은 도시로는 늘 호주 멜버른과 캐나다 밴쿠버가 1, 2위를 다투고 있다는 기사를 본 적이 있다. 멜본에서 30년 넘게 살다가 시드니로 이사를 온 우리는 시드니가 왜 그 반열에 들지 않는지 궁금해하며 몇 해를 보냈다. 3년째 살고 있는 우리는 그 이유를 요즈음 조금씩 알아채고 있다. 기후조건이나 풍광 어느 하나도 뒤처지지 않는 시드니가 살기 좋은 도시로 꼽히지 않는 이유는 도시의 범죄 때문이라는 것을 알았다.

시드니 도심의 남서쪽은 이민자들이 몰려오면서 매일 범죄소식으로 매스컴을 장식하고 있다. 특히 중동으로부터 오는 이민자들이 몰려오는 곳이라서 이슬람 사원이 많이 세워지기도 하지만 마약과 범죄들도 함께 들여오다 보니 천하태평 호주 사람들에게는 공포의 대상이 되어가고 있는 실정이다.

호주 정부가 내놓은 2030 인구정책에 의하면 호주 인구를 현 2천 5백만에서 향후 5년 안에 3천만 명까지 늘린다는 계획을 세워 놓고 있다. 인구의 증가는 국력과 직결되어 있기 때문에 21세기에는 주요 선진국 자리를 굳건히 하겠다는 야심찬 계획이다. 인구 증가의 방법은 출산에 의한 자연 증가 방법이 있지만 이런 방법으로는 목적을 달성할 수 없기 때문에 가장 빠른 방법인 이민 확대에 의한 인구의 증가 방법을 택한 것이다.

금년에 이민자들은 작년에 비해 37%가 증가했다고 한다. 매년 3-5% 정도의 이민 증가 속도를 감안하면 경악할 정도의 증가세다.

주변 쇼핑센터에 가 보면 그 모습을 확연히 체감할 수 있다. 히잡을 둘러쓴 중동여인들이 반수 이상이고 턱수염을 다듬어 주는 이발소, 돼지고기를 팔지 않는 푸줏간 등이 자주 눈에 띈다.

세계에서 가장 많은 이슬람 인구를 가지고 있는 인도네시아를 옆에 두고 있는 호주라서 그런지 동양 얼굴을 하고 있는 이슬람 사람들도 심심치 않게 눈에 띈다. 이렇게 우리 주위에는 하루가 다르게 이슬람 종교가 확산하고 있는 데 반해 기독교는 날로 쇠퇴하고 있다 보니 호주의 국교가 이슬람교로 변하는 추세는 어쩔 수 없는 일로 여겨지고 있다.

이렇게 빠른 교세 확장은 이슬람 세계관의 영향이 크지만 두 가지 원인이 있다. 첫째는 많은 자녀 출산을 들 수 있다. 한국을 포함한 유럽 선진국은 신생아 출산율이 1% 내외이지만 이슬람 사람들은 무제한 출산을 원칙으로 하고 있기 때문에 빠른 인구의 증가는 필연적이다. 특히 일부다처제를 허용하고 있는 문화이다 보니 한 가장이 10명의 자녀를 두는 경우도 드물지 않다.

그다음으로는 용이한 종교 편입 방법이다. 이슬람으로 개종하는 사람의 80%가 기독교인이라는 통계가 있다. 기독교에서는 목회자에 대한 불만(30%), 헌금 강요(15%) 그리고 친교활동 등이 중요한 신앙생활의 기초가 되지만 이슬람에는 이런 불편함이 없다는 인식 때문에 쉽게 이슬람으로 옮겨 가는 사람들이 많다는 것도 원인이 된다고 한다.

이렇게 호주사회에 급속히 확산하고 있는 이슬람 종교는 전 세계적으로 이슬람의 확산현상에 힘입어 그 확산세가 예사롭지 않다. 전 국민의 1% 미만만 이슬람인일 경우 평화를 가장하며 생존의 뿌리를 내리지만 2-3%일 경우 사회 불만계층을 포섭하여 세력화를 시도하고

10%가 되면 폭력수단을 활용하여 사회불안을 조성하며 20%에 이르면 폭동 등 소요사태를 야기하며 40%가 되면 이슬람국가 건설을 시도하게 된다는 이슬람화 전략은 우리가 각별히 유의해야 할 사안이다.

4. 시아파의 맹주국 이란을 알아야 한다

끝없이 펼쳐져 있는 모래언덕 위로 바람이 부는 열사의 땅을 사막이라고만 알고 있던 필자는 1970년대 초, 풀 한 포기 없는 바위언덕만 연이어 있는 이란 남쪽 지방에서 지질조사를 하다가 어느 원주민텐트를 찾아 양젖을 한 사발 얻어먹고 갈증을 푼 적이 있다. 커다란 컵에 우유를 따르고 그 속에 달구어진 돌덩이를 넣어 데운 양젖이라서 그런지 뒷맛이 영 개운치 않았던 것으로 기억하고 있다.

당시 이란은 팔레비가 다스리는 왕정국가였다. 비교적 종교냄새가 적었기도 했지만 거리에는 젊은이들로 붐볐고 여자들도 검은 옷으로 치장하지 않고 거리를 활보하는 자유스러웠던 분위기로 보였다. 테헤란 거리에는 한쪽에 개울물 규모의 개천을 만들어 물을 흘리고 있었던 풍경이 생경하게 다가왔었다.

이 이란이 지금 이스라엘을 공격해 무고한 시민 1천여 명을 학살해서 난동을 부리고 있는 팔레스타인 무장단체 하마스(Hamas)의 뒷배를 봐주고 있다는 의심을 강하게 받고 있다. 물론 자신들은 이번 사건과는 무관하다는 발뺌을 하고 있지만 바사제국의 아하수애로왕(다리우스 1세) 때 유대인을 몰살시키려 했던 하만과 같은 인물의 역사적 배경과 사정을 감안한다면 이런 의심은 사실일 가능성이 충분히 있다.

이란은 원래 셈의 맏아들 엘람의 후손들이다. 바빌론에 이어 메데페르시아제국을 일으켰던 민족으로 이슬람 종교 중에서도 소수파인 시아파의 맹주로 자처하면서 유대교를 믿고 있는 이스라엘을 지구상에서 멸절해야 하는 족속이라는 사실을 국시로 삼을 만큼 중동 지역에 유대인을 증오하는 국가로 알려져 있다. 165만 ㎢의 큰 면적에 8,200만 인구를 가진 중동의 대국으로 원래 민족신이었던 조로아스터교를 신봉하던 나라였지만 AD 632년 이슬람으로 개종했다.

1900년, 석유가 나오면서 열강의 각축장이 되었다. 1921년 군사쿠데타로 팔레비왕을 군주로 하는 왕정체제로 이어졌다가 1979년 아야툴라 호메이니가 이끄는 급진혁명으로 이슬람을 추구하는 신정국가가 되었으며 1989년 호메이니 사후 국제 테러집단인 JIHAD(성전)를 배후에서 지원하는 국가가 되었다. 팔레비 왕정체제가 무너진 1979년을 기점으로 이란은 친서방국가에서 완전히 서방적대국가로 바뀌었다.

1979년 11월, 52명의 미국인을 인질로 잡았던 미 대사관 인질사건으로 미국으로부터 사과를 받아 낼 만큼 국수주의를 추구해 왔고 현 대통령 하메네이는 "이스라엘을 핵으로 멸절시키는 것이 나의 목표"라고 할 만큼 이스라엘을 지구상에서 멸절시키기 위해 핵을 개발하려고 애쓰고 있으나 미국과 이스라엘의 견제에 어려움을 겪고 있다. 미국 트럼프 전 대통령은 북한과 핵물질을 공급받고 있으면서 탄도기술을 교환하고 있는 두 나라를 '악의 축'으로 정의한 바 있다.

이란을 주축으로 하는 주위 나라들의 형편도 날이 갈수록 이스라엘을 적대하는 쪽으로 가고 있다. 러시아는 끊임없이 바다로 진출할 수 있는 부동항을 찾아 남하하기 위해 노력하고 있으며 국력을 키우고 있는 터키의 현 에르도안 대통령은 신정국가화로 무함마드의 후계자로 자처하고 있으며 시리아는 러시아, 터키의 후원을 받아 이슬람 난민사태를 정략적으로 이용하여 유럽을 흔들고 있다.

마지막 때에 이란은 주위 이슬람 국가와 함께 이스라엘을 칠 때에 러시아와 더불어 '아마겟돈전쟁'에서 주도적 역할을 할 것〈엣 38-39〉이라고 성경은 기록하고 있다. 페르시아(이란)을 선두로 마곡(러시아)과 메색(튀르키예), 두발(카파도키아)가 앞장을 서고 그 주위에 고멜(튀르키예), 붓(리비아) 그리고 구스(에티오피아) 등의 나라가 합세하는 큰 전쟁이 될 것이라고 예언하고 있다.

5. 팔레스타인 사람들은 누구인가

현재 이스라엘과 전쟁 중인 중동에 근거지를 두면서 전 세계에 테러로 문제를 일으키고 있는 팔레스타인 사람들은 누구이며, 어디서 왔는지가 궁금하다. 특별히 2차 세계대전 이후 전승국이었던 영국과 프랑스가 전 세계에 흩어져 있던 유대 민족을 자신들이 평화롭게 살고 있던 땅으로 이주시켜 분란을 일으키고 있는 것에 큰 불만을 가지고 있는 사람들이 팔레스타인 사람들이다.

따라서 늦게 이주해 들어온 이스라엘 사람들이 오히려 원주민이었던 자신들을 몰아내려고 끊임없이 분쟁을 일으키는 현 사태에 억울해하는 사람들이 또한 팔레스타인 사람들이다. 그러나 현재의 팔레스타인 사람들은 구약성경에 나오는 블레셋 사람들과는 다른 사람들이다. 블레셋의 헬라어 표기가 팔레스타인이라 이를 구약의 블레셋 사람으로 간주하는 것은 잘못이다.

구약에서 나오는 블레셋 사람과 현 팔레스타인 사람과는 같은 이방 민족이라는 공통점이 있지만 서로 지향하는 바가 동일하여 블레셋에 대한 고찰이 팔레스타인을 이해하는 데 많은 도움이 된다. 블레셋인 (Phillistines)들은 노아의 아들 함의 후손 미스라임의 아들인 가슬루힘(Casluhites)을 조상으로〈창 10:14〉한다. 통칭 바다 민족으로 불렸으며, 팔레스타인의 토착세력이 아닌 에게해나 크레타섬 등에서 고대 미케네 문명을 건설한 그리스계 이주세력으로 추정된다.

청동기 시대 말기 철기를 가지고 남하하는 북방 민족들에 의해 그리스 미케네 문명이 멸망하면서, 이들은 정착하기 위한 땅을 찾아 지중해 지역 특히 동부 지역을 돌아다니며 약탈을 하게 되었다. 이들에게 특히 표적이 되었던 것은 부유한 애굽으로, 오랜 기간 해양 민족들은 소규모로 배를 타고 이동하며 애굽을 약탈하곤 하였다.

이들은 강력한 해양민족으로 성장하면서 당시의 제국이었던 애굽과 전쟁을 통해 결국 애굽의 람세스 3세를 죽임으로써 강력했던 애굽을 역사 속으로 사라지게 만든 민족이기도 하다. 구약성서에는 블레셋인에 대하여 약 250번의 언급이 나오는데 이들을 "할례받지 않은 자"라고 부르며, 할례 풍습이 있었던 이스라엘인 등의 셈족들과 구분하고 있다.

이들 블레셋 사람들은 가자 지역을 중심으로 주위의 아스글론, 아스돗, 에글론 지역을 정복하여 그 땅을 그랄 지방이라고 불렀다. 아브라함과 이삭시대에는 블레셋 사람이었던 아비멜릭과 화친하는 좋은 관계를 이어 갔으나 히브리 민족이 출애굽한 이후에는 이들을 정복하지 못한 채 사사시대를 맞으므로 결국 적대적 관계가 되었다.

종교적으로는 반은 물고기이고, 반은 사람 모양의 바다신인 '다곤' 신을 믿었다. 이스라엘 민족이 언약궤만 믿고 이들과 전쟁해서 큰 참패를 당한 경우도 있었다. 블레셋 사람들의 기가 꺾인 결정적인 사건은 다윗과 골리앗의 싸움이었다. 블레셋의 장수였던 골리앗은 르바임(라바)족의 후예로〈창 14:5〉 기골이 장대한 장수였으나 보통 체구의 다윗의 돌팔매 하나로 전쟁에서 지고 말았다.

사사기에는 판관 삼손이 블레셋 여인이었던 들릴라의 유혹으로 블레셋 사람들에게 잡혔는데 다곤 신전을 무너뜨려 블레셋 사람들과 함께 죽었다는 내용이 있다. 그 후 이스라엘이 약할 때마다 이스라엘을 괴롭히기를 거듭하다가 바빌론제국의 느부갓네살 왕에 의해 멸망되는 운명을 맞았다.

이스라엘 민족이 로마제국에 의해 전 세계로 흩어진 이후 그곳에 남겨진 사마리아인 등의 후손들이 638년, 정통 칼리파 아랍 무슬림 세력의 지배 이후에 이슬람교로 개종하고 아랍어를 쓰게 되면서 형성된 민족으로 이집트인, 시리아인 등 중동의 많은 민족들이 이런 과정을 통해 아랍화되어 지금의 팔레스타인 사람이 되었다고 추정하고 있다.

4장
숙명의 역사

1. 가자는 어떤 땅인가

2023년 10월 7일, 팔레스타인 가자 지구(Gaza Stripes)의 무장 정파 하마스(HAMAS)의 대이스라엘 기습전으로 개시된 '가자 전쟁'이 터졌다. 지난 70년간 각종 첩보 · 전쟁 영화의 모티브가 된 '모사드'와 '이스라엘군'이라는 조직을 가진 이스라엘이 촌동네 군대인 하마스에 허를 찔려 자국민 천여 명이 희생되는 처지에 처한 상황은 세계에 큰 충격과 의문을 남겼다.

이스라엘의 가차 없는 보복 공격과 이에 따른 팔레스타인 민간 피해 광경은 차마 눈 뜨고는 볼 수 없을 정도로 처참하다. 반복되는 이들의 분쟁은 과연 '신은 존재하는가'라는 철학적이고 종교적인 질문까지 하게 한다. 신의 존재 여부를 떠나 팔레스타인이나 이스라엘이나 '유일신'을 믿는 이슬람교, 유대교 신자들은 저들의 신이 자신들을 어떻게 보고 있을지 두렵지는 않나 싶다.

가자는 하마스의 땅도 팔레스타인인의 땅도 그렇다고 유대인의 땅도 지금의 이스라엘 땅도 아니다. 누구도 "원래 내 땅이었는데 쟤가 뺏었다"고 말할 자격이 없다는 얘기다. 가나안은 나일강과 유프라테스강 사이 지중해 일대 등을 가리키는 지역 이름이다.

가자는 옛날부터 가나안(Canaan)의 일부분이었다. 가나안은 나라의 이름이 아니다. 고대 중동 지역, 특히 현재의 이스라엘, 팔레스타인, 레바논, 그리고 시리아 일부 지역을 포함하는 지중해 일대를 지칭한다. 그리고 가나안인(人)은 이 지역에 살았던 여러 민족을 총칭한다. 가나안인들 (Canaanites)은 BC 3000년경부터 가나안에 거주한 것으로 알려졌다.

이런 가나안의 일부인 가자 지역은 고대 이집트가 중왕국 시대(BC 2050-1710)와 신왕국 시대(BC 1550-1077)에 차지하고 영향력을 행사했다. 신왕국 시대에 이르러 이집트는 특히 투트모세 3세(BC 1479-1425)와 람세스 2세(BC 1279-1213) 같은 파라오들의 통치하에 가자를 포함한 가나안 지역으로 군사적, 정치적 영향력을 확대했다.

가자는 아프리카와 아시아 대륙을 잇는 교차점에 위치해 있는 탓에 무역 루트였고 상업과 문화의 교류의 중심지이었다. 그렇다 보니 열강이 군침을 흘리며 차지하려 들었던 것이다. 고대 이집트가 BC 2000 년부터 통치한 이래 유대왕국(BC 10C)과 아시리아(BC 8C), 바빌로니아(BC 6C), 페르시아(BC 5C), 헤롯왕국(BC 1C) 그리고 로마제국 등의 열강에 의해 지배되었다.

중세에는 비잔틴제국과 7세기 아랍 칼리파, 12세기에 십자군 세력 이후 아랍 세력인 아이유브 왕조, 맘루크 술탄국, 16세기부터 오스만제국이 지배하다가 1차 세계대전 이후 영국의 위임통치를 받았다. 이후 1948년 아랍·이스라엘 전쟁(1차 중동전쟁)으로 이집트 통치로 들어갔고 1967년의 6일 전쟁(3차 중동전쟁) 이후 이스라엘군이 가자 지구를 포함한 여러 지역을 점령했으며 오슬로협정에 의해 팔레스타인 자치정부 소속으로 되었다가 2007년부터 지금까지 하마스가 사실상 지배하고 있다.

가자 지역은 아프리카와 아시아 대륙을 잇는 교차점이라는 지리적, 군사적 요충지로서 대단히 중요하다. 지중해에 면해 있어 해상 및 육상 무역 루트를 통제함으로써 경제적 이익을 취할 수 있는 위치에 있으며 다양한 문명과 문화가 이 지역을 거쳐 갔고 농업, 어업 등 여러 자원이 풍부해 지역 권력이 호시탐탐 노리는 곳이다.

지중해와 인접해 있고 주변 국가들과 경계를 접하고 있어 군사적으로도 전략적인 기지로 활용될 수 있는 위치이다. 그러나 무엇보다도 유대교와 이슬람교 그리고 기독교의 경전에 포함된 지역이라는 점에서 서로 양보할 수 없는 집념의 땅이라고 할 수 있다.

2. 골수 유대교인 '하레디' 징병론

이스라엘에는 하레디(Haredi)라고 하는 종교 특권층이 있다. 1948년 건국 당시부터 하레디 신자들의 병역을 면제해 왔다. 하레디는 '떨다', '두려워하다'라는 뜻으로 토라 공부, 종교법 준수, 남녀 구별 그리고 히브리어를 사용하는 등 세속주의 문명을 거부하고 유대교의 전통문화를 지키는 폐쇄적 공동체를 추구하는 유대교의 강경 분파다. 일상생활의 대부분을 기도와 교리 연구에 보내고 있는 종교집단이다.

가능한 많은 전 세계의 유대인들을 이스라엘로 불러들이기 위해 이스라엘은 전통 문화 보호와 함께 병역 면제 혜택을 약속하며 이들을 끌어모았다. 나치 독일의 유대인 대학살을 계기로 안전한 공동체 구축이 필요했던 하레디 상당수도 이스라엘로 이주했다. 이스라엘 건국 당시만 해도 하레디 인구는 400여 명에 그쳤기 때문에 이들의 예외적 병역 면제라는 특혜가 주어졌다.

그러나 다산을 강조하는 교리 등으로 세가 커지면서 2022년 말 기준 하레디 인구는 128만 명으로 전체 인구의 13.5%에 달하게 되었다. 남녀를 불문하고 군 복무가 의무인 것으로 유명한 이스라엘에서 다른 때도 아니고 하마스와의 전쟁이 한창인 지금 하레디 인구가 급증한 가운데 이들에 대한 병역 면제가 도마 위에 올랐다. 만 18세 이상 이스라엘 국민은 의무적으로 군 복무를 해야 하는데 의무 복무 기간은 남성 32개월, 여성 24개월이다.

하레디 남성의 경제활동 참가율은 55%에 그친다. "하레디가 군대도 가지 않고 일도 하지 않는다"라는 논란이 점차 커진 가운데, 2017년 이스라엘 대법원은 하레디 군 면제가 위헌이라고 판결했다. 하지만 하레디가 주축인 '샤스' 등 보수 정당들의 거센 반발로 관련 법 개정은 지연됐다. 샤스는 베냐민 네타냐후 이스라엘 총리의 강력한 지지 기반이자 연정 파트너다.

이런 판국에 하마스와의 전쟁이 터지면서 하레디 군 면제를 둘러싼 논란이 거세졌다. 2,000명이 넘는 하레디 남성들이 자발적으로 입대하기도 했지만 논란을 잠재우기엔 역부족이었다. 지난 2월 이스라엘 국방부가 남성 기준 군 의무 복무 기간을 32개월에서 36개월로 늘리는 등 복무 기간 연장 방안을 제시하자 '하레디부터 군대 보내라'는 여론이 들끓었다.

이에 네타냐후 정부가 대법원 결정대로 하레디 병역 면제를 폐지하는 방안을 모색하겠다고 밝혔지만 이후 예루살렘 등지에서 하레디 남성들의 반대 시위가 이어졌다. 대법원 결정에 따른 정부의 관련 법안 정비 시한은 이스라엘 은행의 연례 보고서가 나온 지난달 31일이었는데, 네타냐후는 시한을 30일 연장해 달라고 대법원에 요청한 상태다.

여기에 이스라엘 중앙은행이 거들고 나섰다. "군인의 범위를 하레디로 확대하면 증가하는 국방 수요에 대응하면서 군 인력 운용과 경제에 미치는 영향을 최소화할 수 있다"고 했다. 전체 인구의 13.5%에 달하는 하레디가 군 복무 대열에 합류할 경우 병력 문제를 해결할 수 있고, 또 한창 일할 나이인 30대 예비군들이 전쟁 대신 생업에 종사할 수 있다는 주장이다.

이스라엘의 국내총생산(GDP) 대비 재정수지 비율은 2022년 0.6% 흑자에서 지난해 4.2% 적자로 돌아섰다. 국방비 등 전쟁 지출은 늘어난 반면, 예비군 투입 등으로 경제 활동 인구가 줄면서 세수가 줄었기 때문이다. 이스라엘 은행은 "이 추세(하레디의 군 면제)가 계속되면 이스라엘은 2065년까지 국내총생산(GDP)의 6%를 잃고 세금 부담은 급증할 것"이라고 경고하고 있다.

3. 이스라엘은 미국의 '갑'이다

2023년 10월 팔레스타인 '가자'의 하마스가 이스라엘을 공격해 많은 인명살상을 일으켜 세계를 깜짝 놀라게 한 사건은 당사자였던 이스라엘뿐만 아니라 그 뒷배를 봐주고 있는 미국에게도 놀라운 일이 되었다. 러시아가 과거 자신들의 속국이었던 우크라이나를 침공했을 때에는 느긋이 계산기를 두드리면서 딴전을 피우고 있던 미국이 이번 사건이 나던 다음 날 바이든 대통령이 직접 나와 '우리는 이스라엘 편에 서 있다'라고 강경하게 편을 드는 모습에 세계는 더 놀랐다.

도대체 세계의 강대국 미국이 왜 작은 나라 이스라엘에 어쩔 수 없이 편을 들고 있는 이유가 무엇인지 궁금하다. 마치 할아버지 수염을 잡아당기면서 떼를 쓰는 손자를 어쩔 줄 몰라 하며 그 수염이 다 뜯겨나도 한마디 말도 못 하는 할아버지 꼴이다.

가자 지역은 한국의 거제도만 한 크기에 약 200만이 넘는 세계 최고 인구과밀 지역이다. 1948년 이스라엘이 독립을 선언할 때만 해도 인구가 겨우 8만 명을 조금 넘는 한적한 시골동네였는데 이스라엘-팔레스타인 간의 몇 번의 전쟁으로 팔레스타인 사람들이 몰려오면서 도시의 기능이 마비될 정도로 커졌고 이번 전쟁으로 사방에서 가해지는 압력으로 거대한 감옥으로 변해 버렸다.

서쪽 지중해에는 제럴드 포드 항모전단이 득달같이 달려와 세를 과시하고 있는데 이내 드와이트 아이젠하워 항모전단마저 가세해 자못 그 위용이 대단하다. 세계 어디서든 전쟁이 발발하면 미국이 가장 먼저 꺼내드는 항모전단카드가 그것도 두 척씩이나 투입하는 것은 세 과시를 넘어 과잉대응처럼 보이기도 하다.

미국은 철없는 손자 이스라엘을 껴안고 있는 할아버지다. 그것은 미국의 독특한 선거제도에서 비롯된 관습에서 유래하고 있다. 미국의 선거에는 막대한 비용이 들어간다. 이 비용을 출마자 개인이 감당할 수 없는 규모이다 보니 어디선가 그 비용을 부담하는 단체가 있게 마련인데 이 단체가 유대인으로 구성된 미국 유대인공동위원회(AIPAC)이다. 회원이 약 10만 명 정도인데 하나같이 한국의 재벌급이라고 하니 그 막강한 영향력은 가히 짐작할 수도 없다.

전체 국민의 2%인 6백만 정도의 유대인이 미국의 정치, 산업, 금융, 언론, 영화계를 장악하고 있기 때문에 이들이 미국 선거의 뒷배가 되어주고 있어 대통령은 물론 상하원의원과 주지사 등 선거에 출마하는 모든 후보들은 이들의 지원에 목숨을 걸 정도로 예속되어 있다. 그렇기 때문에 이 위원회 총회가 열리는 때에는 대통령은 물론 줄을 대고 있는 모든 공직자들은 이들에게 얼굴도장 찍기에 혈안이 되어 있다고 할 수 있다.

미국의 국무장관 블링컨이 이스라엘에 가서 제일 먼저 한 말도 유별하다. "나는 미국 국무장관으로 이곳에 온 것이 아니라 유대인의 한 사람으로 왔다"라고 하여 자신의 정체성을 나타낸 것만 보아도 얼마나 미국이 이스라엘에 뒷덜미가 잡혀 있는지를 알 수 있다. 이것 때문에 세계로부터 지지를 받고 있던 젤렌스키 우크라이나 대통령은 낙동강 오리알 신세로 전락하는 비운을 맞고 있다.

세계 최강국 미국이 이렇게 작은 나라 이스라엘에 코가 꿰여 역사가 진행된다면 하나님의 나라에 있어야 할 공의는 어디서 찾을 것이며 다시 올 메시아는 언제 올 것인지 자못 혼돈스럽기 그지없다. "내가 또 전염병과 피로 그를 심판하며 쏟아지는 폭우와 큰 우박덩이와 불과 유황으로 그와 그 모든 무리와 그와 함께 있는 많은 백성에게 비를 내리듯 하리라〈겔 38:22〉"라는 예언이 무서움으로 다가온다.

4. 한 조상 두 민족, 커져만 가는 갈등

1차 세계대전 때 가나안 땅에 흩어져 살고 있던 팔레스타인 사람들은 1915년에 있었던 후세인-맥마흔선언으로 자기네 나라를 건국할 수 있다는 꿈을 꾸기 시작했다. 오랫동안 오스만투르크의 지배에서 탈출할 수 있다는 희망을 가졌지만 시아크스-피코협정에 따라 그 땅을 식민통치하고 있던 영국이 유대인에게도 국가건설을 약속한 벨포어선언(1917)으로 전쟁이 끝나도 나라를 세울 수 없게 되었다.

식민통치를 하고 있던 영국이 한 집을 두고 두 사람에게 이중으로 사기분양을 했던 것이다. 이 선언으로 거의 2천 년 동안 세계를 떠돌던 유대인들은 그 땅으로 몰려들었고 그 이전부터 그곳에 터를 잡고 살고 있던 팔레스타인 사람들은 유대인들의 출현에 아연하게 되었다. 이때부터 팔레스타인과 유대인 간에 피비린내 나는 싸움은 시작되었다.

1947년 이 두 민족 간의 분쟁은 UN이 나서서 중재를 하게 되었는데 이 중재안이 팔레스타인 사람들을 격분하게 만들었다. 이미 그곳에서 전 지역의 97% 이상을 차지하며 천 년 이상 터를 잡고 살고 있던 팔레스타인 사람들이 새로 들어온 유대인들에게 57%의 땅을 내어 주라는 내용이었기 때문이었다. 여기에 시온이즘으로 무장한 유대인이 몰려옴에 따라 두 민족 간의 분쟁은 그때부터 시작되어 날로 커져만 가고 있었다.

결국 1948년 5월 이스라엘은 전격적으로 국가를 수립하게 되었는데 이에 뒤통수를 얻어맞은 팔레스타인 사람들은 크게 격분하게 되었다. 바로 국가 수립 그다음 날인 5월 15일, 주위 레바논, 요르단, 시리아 그리고 이집트 등 이슬람 국가들은 연합하여 신생국 이스라엘을 전격 공격하기에 이르렀다. 이스라엘이 처음에는 얼떨결에 당한 공격이었지만 구미열강의 도움으로 주위 이슬람 국가들을 물리칠 수 있었다. 이것이 제1차 중동전쟁이다.

연이어 있었던 2차, 3차, 4차 중동전쟁을 통해 판판히 깨지기만 했던 팔레스타인 사람들은 그 억울함이 날이 갈수록 커져만 가고 있었다. 특히 현재 팔레스타인 사람들이 거주하는 지역은 가자 지역과 서안 지역 그리고 골란고원 지역으로 3분되어 쫓겨 있는 데다가 이스라엘정부의 유대인정착촌정책으로 팔레스타인 사람들이 당하는 인종차별은 말할 수 없는 형편에까지 와 있다.

현재 전쟁을 치르고 있는 가자지구는 팔레스타인 사람들의 거대한 감옥으로 간주되고 있다. 높이 6m의 담벼락으로 둘러쳐진 거제도만 한 땅에 2백2십만의 인구가 오밀조밀 살고 있는데 이들이 이스라엘 당국의 허가 없이는 밖으로 한 발자국도 밖으로 나갈 수 없는 창살 없는 감옥이다. 그들이 외부와 연결할 수 있는 길은 오직 땅 밑 지하갱도뿐이라 결사적으로 땅굴을 파고 있다는 사실만 보아도 알 수 있다.

이슬람의 성지라고 알려진 황금사원에 대한 쟁탈전도 두 민족 간의 불화를 심화하는 요인이다. 솔로몬성전 터에 세워져 있는 이슬람성전 자리를 유대교에서는 제3성전 터로 간주하고 탈취하려는 시도 때문에 이곳은 종교의 첨예한 대립장소로 간주되고 있다.

이 두 민족의 조상을 거슬러 올라가면 결국 노아의 세 자식들 중 같은 셈족의 후예들인데 긴 역사를 통해 갈라진 민족성으로 지금은 화합할 수 없는 견원지간이 되었던 것이다. 유대민족의 건국도 이해 못 할

바는 아니지만 늘 당하기만 했던 팔레스타인 사람들의 억울함은 하늘을 찌르고 있다. 이로 인해 이슬람 종교로 무장한 팔레스타인 사람들과 하나님을 믿는 유대교를 신봉하는 유대 사람들 간에는 영원히 화합할 수 없는 불구대천의 원수지간이 되고 말았다.

땅의 역사 이야기

ⓒ 배용찬, 2024

초판 1쇄 발행 2024년 12월 3일

지은이   배용찬
펴낸이   이기봉
편집   좋은땅 편집팀
펴낸곳   도서출판 좋은땅
주소   서울특별시 마포구 양화로12길 26 지월드빌딩 (서교동 395-7)
전화   02)374-8616~7
팩스   02)374-8614
이메일   gworldbook@naver.com
홈페이지   www.g-world.co.kr

ISBN   979-11-388-3778-1 (03230)